Das Transplantationswesen in Deutschland, Österreich und der Schweiz

Europäische Hochschulschriften

Publications Universitaires Européennes
European University Studies

Reihe II
Rechtswissenschaft

Série II Series II
Droit
Law

Bd./Vol. 3696

PETER LANG
Frankfurt am Main · Berlin · Bern · Bruxelles · New York · Oxford · Wien

Elmar Sebastian Hohmann

Das Transplantationswesen in Deutschland, Österreich und der Schweiz

Unter Einbeziehung ethischer und rechtspolitischer Aspekte

PETER LANG
Europäischer Verlag der Wissenschaften

Bibliografische Information Der Deutschen Bibliothek
Die Deutsche Bibliothek verzeichnet diese Publikation in der Deutschen Nationalbibliografie; detaillierte bibliografische Daten sind im Internet über <http://dnb.ddb.de> abrufbar.

Zugl.: Innsbruck, Univ., Diss., 2002

ISSN 0531-7312
ISBN 3-631-50900-6

www.peterlang.de

Danksagung

Die vorliegende Untersuchung wurde in ihrer ursprünglichen Fassung im Wintersemester 2002 / 2003 von der Rechtswissenschaftlichen Fakultät der Leopold-Franzens-Universität Innsbruck als Dissertation angenommen. Die ethischen und rechtspolitischen Aspekte sowie die Statistiken wurden seitdem auf den aktuellen Stand gebracht.

Herrn Professor Dr. Heinz Barta danke ich herzlich für die Anregung zum Thema sowie für Betreuung und Begutachtung meiner Arbeit. Ganz besonders bedanke ich mich für sein Vorwort in dieser Ausgabe.
Ferner danke ich Herrn Professor Dr. Theo Mayer-Maly für die zügige Zweitbegutachtung.

Herzlich danke ich meinen Eltern und meiner Schwester, denen ich diese Arbeit widme. Ihre tatkräftige Hilfe – insbesondere bei den Korrekturen – hat zum Gelingen der Arbeit wesentlich beigetragen.

Darüber hinaus gilt mein Dank all den Freunden, die mich bei der Fertigstellung der Dissertation unterstützt haben.

Budenheim, im März 2003

Elmar Sebastian Hohmannn

Vorwort

Elmar Hohmann hat ein aktuelles Thema für seine Dissertation gewählt, wenn er das Transplantationswesen in Deutschland, Österreich und der Schweiz rechtsvergleichend untersucht und neben den rechtlichen auch ethische und rechtspolitische Aspekte berücksichtigt. Dabei konnte ich im Rahmen der Betreuung seiner Arbeit feststellen, daß Herr Hohmann nicht nur ambitioniert am Thema gearbeitet, sondern sich auch sehr gut in die schwierigen medizinischen Fragen des Transplantationswesens eingearbeitet hat. – Die Vergleichsländer erscheinen gut gewählt: Deutschland beschloß 1997 ein neues Transplantationsgesetz, die Schweiz bereitet ein neues Gesetz vor; und die österreichische Regelung aus dem Jahr 1982 ist veraltet, aber der akute rechtspolitische Handlungsbedarf wurde bislang noch nicht akzeptiert.

I.

Die Dissertation wurde übersichtlich in sieben Teile gegliedert, denen eine kurze „Einführung“ ins Thema (S. 25 ff) vorangestellt ist. Teil 1 (S. 29 ff) behandelt die allen Vergleichsländern gemeinsamen „Medizinischen Aspekte des Transplantationswesens“; Teil 2 (S. 51 ff) geht auf die „Institutionen des Transplantationswesens“ ein; Teil 3 (S. 59 ff) ergänzt die Darstellung um die „Ethischen und rechtspolitischen Aspekte des Transplantationswesens“; Teil 4 stellt eingehend die „Rechtslage in Deutschland, Österreich und der Schweiz“ dar (S. 99 ff); Teil 5 wirft einen kurzen Blick auf die Rechtslage im übrigen Europa (S. 189 ff); Teil 6 behandelt die „Akzeptanz der Organspende in Deutschland und Österreich“ (S. 195 ff) und Teil 7 faßt die Ergebnisse der Dissertation übersichtlich und substantiell zusammen (S. 227 ff).

Hervorgehoben werden soll, daß Herr Hohmann im Rahmen des 4. Teils eine **rechtstatsächliche Untersuchung** eingeschoben hat, die die „Akzeptanz der Organspende in Deutschland und Österreich“ betrifft. Dazu wurden anschauliche Graphiken erstellt, die auch einen guten optischen Eindruck vermitteln. Darüber hinaus wurden weitere Graphiken erstellt: zB S. 32 (Wartelisten 1997-2001), S. 32 (Transplantationen 1997-2001), S. 33 (Sterberate auf den Wartelisten 1997-2001), S. 34 (Spendermeldungen etc. 1997-2001), S. 144 (Multiorganentnahmen 1997-2001) uvam.

Im medizinischen Teil gibt Hohmann einen „Historischen Überblick“ über die klinische **Entwicklung der Transplantationsmedizin**. Er behandelt die Formen der Organtransplantation (Auto-, Iso-, Allo-, Xenotransplantation), geht mit interessanten Statistiken auf die „Spendersituation“ ein und behandelt dabei auch das in Österreich seit 1995 existierende Widerspruchsregister sowie den häufigsten Fall der postmortalen Organspende; dabei wird auch die immer noch

Fragen aufwerfende Todesfeststellung behandelt. Darauf werden Lebendspende, Nachbehandlung, Organkonservierung, „andere Behandlungsmöglichkeiten“ (zB Kunstherz, Dialyse, Stammzellentherapie, Xenotransplantation) und die Kosten der Organtransplantation dargestellt.

Teil 2 behandelt die wichtigsten **Institutionen des Transplantationswesens**, die heute in der Form von Vermittlungs-, Koordinierungsstellen und Transplantationszentren existieren. Sie bilden die Keimzelle einer künftigen gesamteuropäischen Lösung. – Eingehend dargestellt wird dabei die „Stiftung Eurotransplant“, die für die untersuchten Länder Deutschland und Österreich große Bedeutung besitzt, während die Schweiz ihr Transplantationswesen in einer eigenen nationalen Stiftung – „Swisstransplant“ – organisiert hat.

Das dTPG 1997 hat in Deutschland zur Errichtung der „Deutschen Stiftung Organtransplantation“ geführt, während die österreichische ÖBIG-Transplant eine rechtsstaatlich schlampige Lösung darstellt, die das Vertrauen in das Transplantationswesen nicht fördert und im Clinch mit dem Legalitätsprinzip des Art 18 B-VG liegt. Dazu kommen Ausführungen über die Transplantationskoordination, Transplantationsbeauftragte und Transplantationszentren. – Darüber hinaus wird hier auf das **„Spanische Modell“** eingegangen, das als Vorbild einer finanziellen Förderung des Transplantationswesens gilt und in Österreich bereits eine nicht unproblematische Nachahmung erfahren hat. – Hohmann beläßt es hier nicht bei bloßer Schilderung, sondern wagt erfreuliche Kritik (S. 88 ff, 160 ff).
Aufrüttelnd das Ergebnis, daß Österreich nach der Statistik bei Multiorganentnahmen vor Deutschland und der Schweiz liegt, obwohl in unserem Land die Multiorganentnahme im Gegegensatz zu unseren Nachbarländern rechtswidrig ist. Im Jahr 2000 waren 83 % der postmortalen Organentnahmen Multiorganentnahmen, in Deutschland waren es 68 %, in der Schweiz 77 %. Ein Beispiel für die mangelnde Gesetzesbindung der Transplantationsmedizin. Der Gesetzgeber sieht dieser Entwicklung seit langem zu und macht sich mitschuldig. – Wichtig auch das Ergebnis (S. 142 ff), daß Österreich „eine gesetzliche Regelung nötig (erscheint), daß auch Vorbereitungsmaßnahmen für eine Explantation erst nach Feststellung des Todes und Prüfung des Vorliegens eines Widerspruchs vorgenommen werden dürften“. – Auch die Verteilung vermittlungspflichtiger Organe ist in Österreich gesetzlich nicht geregelt. Verstöße gegen die Eurotransplantregeln bleiben in Österreich derzeit ungeahndet. Berechtigte Kritik wird auch für die Bereiche „Aufnahme in die Warteliste“, „Organverteilung“, und „Ausländerexplantation“ vorgetragen. Letztere Frage stellt weder dem Gesetzgeber, noch der Hermeneutik des öffentlichen Rechts ein gutes Zeugnis aus. – Auch die weiteren Ausführungen über die Lebendspende, Fragen des Datenschutzes und der Dokumentation, Verbotsvorschriften und die nunmehr erst vor kurzem erfolgte finanzielle Förderung des Transplantationswesens durch den

Gesetzgeber sind gut und mit kritischem Geist geschrieben und sollten dem Gesetzgeber zu denken geben.

Ergiebig ist auch der Vergleich der Rechtslage in den Vergleichsländern ausgefallen, der mit einem Katalog rechtspolitischer Ergebnisse und Forderungen gekoppelt wurde. Derartige Vorarbeiten sind als Vorbereitung für eine europäische Lösung wichtig.

II.

So wie die Frage der Gerechtigkeit keinesfalls bloß ein juristisches Problem darstellt – und daher nicht zufällig häufiger von Philosophen und anderen Disziplinen behandelt wird als von juristischer Seite –, erscheint „das“ Problem der Organtransplantation (d. h. der Verfügbarkeit über den menschlichen Körper durch Einzelne und die Gemeinschaft) primär nicht – wie viele meinen – als rein medizinisches, sondern vielmehr – auch, ja vornehmlich – als philosophisches, soziologisches, theologisches und juristisches. Man kann die Medizin hier fast als Hilfswissenschaft ansehen, die Auskunft darüber geben soll, was technisch-handwerklich möglich ist und was nicht; nicht aber, ob Mögliches auch wünschenswert ist. Darüber haben andere mindestens im gleichen Maße zu befinden. Dazu ist neben der Frage der tèchne (im Sinne von Machbarkeit) auch jene der aretè (also nach dem sittlich, ethisch, gesellschaftlich, rechtlich Wünschens- und Erstrebenswerten) zu stellen und zu beantworten. Die Medizin muß verstehen lernen, daß sie auch in zentralen Bereichen – die Transplantationsmedizin als Feld der sogenannten Spitzenmedizin erscheint hier als gutes Anschauungsfeld – in einen gesamtgesellschaftlichen Kontext eingebettet bleibt, der disziplinäre splendid isolation ebenso verbietet wie Überheblichkeit und Willkür.
Stimmt es wirklich, daß – immer – recht hat, wer heilt? Oder offenbart sich in einem solchen, auch von Medizinethikern propagierten, Ansinnen nicht eine gefährliche Hybris? Man sollte dem medizinischen Berufsstand nicht zu viel zumuten. – Teile der Medizin bewegen sich aber seit geraumer Zeit an der Grenze der Demokratie und nehmen für sich durch ein kalkuliertes Überschreiten gesetzlicher Regeln einen nicht ungefährlichen politischen Sonderstatus in Anspruch. – Eine Jurisprudenz, die sich ernst nimmt, kann das auf Dauer nicht hinnehmen.

III.

Wie die Generationen vor uns, haben auch wir unser **Weltbild** aufzubauuen, das immer weniger dem unserer Vorfahren gleicht. Teil dieses Weltbildes ist das Menschenbild und – daraus fließend – das Verständnis von **Menschenwürde**. Zu unserem Menschenbild und unserem Verständnis der Menschenwürde zählen die über den Tod hinaus reichenden Persönlichkeitsrechte auf ein würdevolles Sterben und einen pietätvollen Umgang mit dem toten menschlichen Körper. Dazu tritt der strafrechtliche Schutz der Totenruhe und die bisher geltende – aber bereits gefährdete Auffassung, daß im Bereich des Transplantationswesens „das Geld" nicht bestimmend sein soll. – Mit dem Weltbild – das keine statische Größe darstellt – ändern sich auch seine Teile. Fragen von Recht und Medizin reichen tief in diese Sektoren hinein, was für unser Thema von Bedeutung ist. Weltbilder werden aber von Gesellschaften nicht vorgefertigt, mag es auch (vor)herrschende Strömungen und Antworten geben. Wir alle sind vielmehr gefordert, einen Beitrag zum gegenwärtigen Weltbild sowie zu den Konturen des Menschenbildes und der Menschenwürde zu leisten. Bestehen diese Begriffe doch aus Versatzstücken kollektiver und individueller Provenienz.

Die Medizin bräuchte längst ein ganzheitliches Menschenbild, das auf der Höhe der Zeit steht. Aber auch Medizin- und Bioethik greifen immer wieder zu kurz. Der Begriff des Menschenbildes wird zwar bemüht, aber meist nur zur Rechtfertigung eigenen Handelns. In Frage gestellt wird zu wenig. – Aber ist die Transplantationsmedizin im Vergleich zu gentechnischen Anthropotechniken nicht harmlos? Darauf ließe sich antworten, daß jeder **Antihumanismus** seine Wegbereiter braucht. Und könnte nicht eine Transplantationsmedizin, die nicht nur innere Organe, sondern auch die Gliedmaßen anderer Menschen nützt, zu einem Vorreiter jener Methoden werden, mit denen dann, gleichsam als bessere Lösung nach der Transplantationsmedizin, neue Menschen oder Hominiden als körperliche „Reparaturlager" gezüchtet werden? Mündet der (vordergründige) medizinische Humanismuns ins Inhumane? Man braucht daher zu dem, was die Medizin macht, nicht nur Beifall klatschen. Seit meiner Gymnasialzeit trage ich in mir den Satz Thomas von Aquins: „Quidquid agis, prudenter agas, ac respice finem". – Es erhebt sich daher die unabweisbare Frage auch für Medizintechniken: Sollen wir wirklich alles machen und wollen, was wir können?

Die vorliegende Arbeit von Herrn Hohmann liefert für viele derartige Fragen Denkanstöße.

Innsbruck, im März 2003

Prof. Heinz Barta, Institut für Zivilrecht an der Universität Innsbruck

Inhalt

Verzeichnis der Statistiken und Abbildungen

Abkürzungen

Abb	Abbildung
ABGB	Allgemeines Bürgerliches Gesetzbuch (Österreich)
Abs	Absatz
AG	Amtsgericht
AGTPG	Landesgesetz zur Ausführung des Transplantationsgesetzes (Rheinland-Pfalz)
AGTTG	Gesetz zur Ausführung des Transplantationsgesetzes und des Transfusionsgesetzes (Bayern)
a M	am Main
AMG	Arzneimittelgesetz (Deutschland)
Anm	Anmerkung
AOK	Allgemeine Ortskrankenkasse (Deutschland)
Art	Artikel
ASVG	Allgemeines Sozialversicherungsgesetz (Österreich)
Bd	Band
Beschl	Beschluß
BGB	Bürgerliches Gesetzbuch (Deutschland)
BGE	Entscheidungen des Schweizerischen Bundesgerichts
BGHZ	Entscheidungen des Bundesgerichtshofs in Zivilsachen (Deutschland)
Blg	Beilage(-n)
BlgNR	Beilage(-n) zu den stenographischen Protokollen des Nationalrats
BR-Drs	Bundesrats-Drucksache
BT-Drs	Bundestags-Drucksache
BV	Bundesverfassung (Schweiz)
bzw	beziehungsweise
ca	cirka
chStGB	schweizerisches Strafgesetzbuch
dBGBl	deutsches Bundesgesetzblatt
DDR	Deutsche Demokratische Republik
d h	das heißt
Dig	Digesten
DSO	Deutsche Stiftung Organtransplantation
dStGB	deutsches Strafgesetzbuch
DTG	Deutsche Transplantationsgesellschaft
dTPG	deutsches Transplantationsgesetz

EUR	Euro
f	folgender
FamRZ	Zeitschrift für das gesamte Familienrecht
ff	folgende
Fn	Fußnote
gem	gemäß
GewO	Gewerbeordnung (Deutschland)
GG	Grundgesetz (Deutschland)
GP	Gesetzgebungsperiode
GVBl	Gesetz- und Verordnungsblatt
Hg	Herausgeber
HIV	Humanes Immundefizienz-Virus
HLA	Humane Leukozytenantigene
i d S	in diesem Sinne
IPRG	Bundesgesetz über das internationale Privatrecht (Österreich)
Jg	Jahrgang
JZ	Juristenzeitung
KAG	Bundeskrankenanstaltengesetz (Österreich)
LG	Landgericht
lit	litera
LT-Drs	Landtags-Drucksache
m w N	mit weiteren Nachweisen
NJW	Neue Juristische Wochenschrift
Nr	Nummer
NT	nicht transplantabel
öBGBl	österreichisches Bundesgesetzblatt
ÖBIG	Österreichisches Bundesinstitut für Gesundheitswesen
OR	Obligationenrecht (Schweiz)
öStG	österreichisches Strafgesetz
öStGB	österreichisches Strafgesetzbuch
Rn	Randnummer
RP	Rheinland-Pfalz

RV	Regierungsvorlage
S	Satz
S.	Seite
SAMW	Schweizerische Akademie der Medizinischen Wissenschaften
schriftl	schriftlich(-e)
SFR	Schweizer Franken
SGB	Sozialgesetzbuch (Deutschland)
sog	sogenannt(-e)
StProtNR	stenographische Protokolle des Nationalrats
SVK	Schweizerischer Verband für Gemeinschaftsaufgaben der Krankenversicherer
TirKAG	Tiroler Krankenanstaltengesetz
u a	unter anderem
UKTSSA	United Kingdom Transplant Service Support Authority
Urt	Urteil
v	vom
vgl	vergleiche
WHO	World Health Organisation
z B	zum Beispiel
ZGB	Schweizerisches Zivilgesetzbuch

„Zeus hielt Wort; er sandte dem Gefesselten einen Adler, der als täglicher Gast an seiner Leber zehren durfte, die sich immer wieder erneuerte. Die Qual sollte nicht eher aufhören, bis ein Mann kommen würde, der an seiner Stelle freiwillig den Tod auf sich nehmen solle."
Gustav Schwab, Prometheus, in: Die schönsten Sagen des klassischen Altertums

Einführung

Am 23. Dezember 1954 führten J. Murray und J. Merrick in Boston die erste klinisch erfolgreiche Nierentransplantation durch.[1] Seitdem entwickelte sich die Organtransplantation zu einem heute allgemein anerkannten medizinischen Behandlungsverfahren.
Das im Vergleich zu anderen Behandlungsarten Außergewöhnliche bei Transplantationen ist, daß zu ihrem Erfolg nicht die gewöhnliche Arzt-Patient-Beziehung ausreicht, sondern ein Dritter, ein Organspender, benötigt wird.
Prometheus sollte von seiner Qual nur erlöst werden, wenn ein anderer an seiner Stelle den Tod auf sich nehmen würde. Zwar muß heute niemand sein Leben opfern, um das eines an einer Organerkrankung leidenden Patienten zu retten. Es bedarf aber entweder der Organspende eines Verstorbenen oder, in Ausnahmefällen, eines Lebenden.
Das Eingangszitat aus der Prometheus-Sage spiegelt nicht nur bildlich die Situation der postmortalen Organspende wider, bei der mit dem Organ eines Toten das Leben eines anderen Menschen gerettet werden kann. Hinsichtlich der Lebendorganspenden gibt die Sage daneben den interessanten Hinweis, daß es schon damals bekannt war, daß die Leber nachwächst, wenn man Teile von ihr entfernt.
Bei einer Organtransplantation besteht ein Beziehungsgeflecht aus Organempfänger, lebendem oder verstorbenem Spender, Angehörigen verstorbener Spender sowie Ärzten. Jeder von ihnen verfolgt dabei unterschiedliche Interessen, die es auszugleichen gilt. Damit verbunden sind zahlreiche gesellschaftliche und rechtliche Fragen. Ein in der Öffentlichkeit häufig und breit diskutiertes Thema ist das Problem des Mangels an postmortal gespendeten Organen. Dieses Problem, das in erster Linie die Organempfänger betrifft, darf die weiteren Fragen, die den Schutz der Rechte der anderen Beteiligten im Blick haben, allerdings nicht in den Hintergrund stellen.[2]

Das Organtransplantationswesen ist, wie kaum ein anderer medizinischer Bereich, von der Akzeptanz und der Spendenbereitschaft der Bevölkerung abhängig. Nur wenn Menschen bereit sind, in erster Linie nach ihrem Tod Organe zu spenden, können Organe auch transplantiert werden. Durch die

---

[1] Land, Historie 3
[2] I. d. S. Schaupp 110

öffentlichen Diskussionen und infolge immer wieder aufkommender Medienberichte über Mißbrauchsfälle wird die Bevölkerung aber stets erneut verunsichert.
Das Recht spielt bei der Förderung der Akzeptanz der Organspende in der Bevölkerung, und damit für das Funktionieren des Transplantationswesens überhaupt, eine bedeutende Rolle. Es hat die Aufgabe, die ethischen und rechtlichen Fragen zu klären und, wo nötig, der Medizin auch Grenzen zu setzen. Mit seiner Hilfe sollen die gegensätzlichen Interessen der an Organtransplantationen Beteiligten zum Vorteil der gesamten Gesellschaft ausgeglichen werden. Aufgrund der Vielfalt der gesellschaftlichen und rechtlichen Fragen sind bei der Beurteilung der Transplantationsmedizin, wie sonst selten, gleichzeitig viele unterschiedliche Disziplinen, wie Medizin, Philosophie, Soziologie, Theologie, Rechts-, Politik- und Wirtschaftswissenschaften gefordert.

Medizinisch-technisch ist heute nahezu alles transplantierbar. Doch ob das auch wünschenswert ist, erscheint aus ethischer und auch aus rechtlicher Sicht immer häufiger fraglich. Seit Etablierung der Organtransplantation als Standardbehandlung schwerst kranker Menschen versuchen Ärzte, die ursprünglichen Anwendungsgrenzen, nämlich Lebensrettung und Leidensminderung, zu durchbrechen. Sie wollen Transplantationen auch in Fällen einsetzen, in denen keine Lebensgefahr oder ernsthafte Gesundheitsbeeinträchtigung für den Patienten besteht, wie es beispielsweise bei Gliedmaßen- oder Uterustransplantationen sowie neuerdings bei Gesichtstransplantationen der Fall ist.

Die Transplantation menschlicher Organe läßt sich heute schon als „herkömmliche Transplantation" bezeichnen. Die Forschung beschäftigt sich nämlich intensiv mit anderen Behandlungsverfahren, die einmal als Ersatz zur Übertragung menschlicher Organe in Betracht kommen sollen. Die Entwicklung künstlicher Organe, wie Kunstherz oder Kunstlunge, deren Einsatz bereits teilweise am Menschen erprobt wird, die Herstellung von Organen aus embryonalen sowie adulten Stammzellen oder die Verwendung von Tierorganen zur Übertragung auf den Menschen gewinnen zunehmend an Bedeutung. Doch bereits in der Forschungsphase stellen sich viele ethische und rechtliche Fragen für den Fall ihrer Anwendung in der Praxis und ihre Auswirkung auf die Beurteilung der „herkömmlichen" Organtransplantation.

Trotz der gemeinsamen medizinischen Probleme finden sich in den europäischen Staaten zur Regelung des Transplantationswesens zahlreiche unterschiedliche Gesetze, teilweise gibt es überhaupt keine.

Das Ziel dieser Dissertation als juristische Arbeit ist es, insbesondere die aktuelle rechtliche Situation der Transplantationsmedizin darzustellen. Aber

auch die medizinischen, ethischen und rechtspolitischen Aspekte sollen aufgezeigt werden.
Am Beispiel der drei Nachbarländer Deutschland, Österreich und Schweiz soll dargestellt werden, daß trotz der weltweit gemeinsamen medizinischen und der – in Europa – ähnlichen gesellschaftlichen, ethischen sowie rechtspolitischen Probleme unterschiedliche Gesetze, sofern sie überhaupt vorhanden sind, bestehen.
Diese Arbeit soll einen Beitrag zur rechtspolitischen Diskussion leisten und Defizite in den bestehenden deutschen, österreichischen und schweizerischen Normen aufzeigen.
Nicht zuletzt soll sie zu Überlegungen zu einer – wenn auch voraussichtlich erst in Zukunft realisierbaren – einheitlichen rechtlichen Lösung in Europa anregen.

Im ersten Teil werden die grundsätzlichen medizinischen Aspekte des Transplantationswesens aufgezeigt, ohne deren Kenntnis eine diesbezügliche rechtliche Beurteilung nicht möglich ist.
Im zweiten Teil werden die wichtigsten Institutionen des Transplantationswesens vorgestellt.
Anschließend erfolgt im dritten Teil eine Diskussion der ethischen und rechtspolitischen Aspekte zur Transplantationsmedizin und den in der Forschung befindlichen Verfahren, die die „herkömmliche Organtransplantation“ einmal ersetzen sollen.
Der vierte Teil stellt die Rechtslage in Deutschland, Österreich und der Schweiz dar und vergleicht sie. Am Ende werden die rechtspolitischen Forderungen für alle drei Länder zusammengefaßt.
Der fünfte Teil bietet einen Überblick über die Rechtslage in Europa und diskutiert eine einheitliche europäische Lösung für die Transplantationsmedizin.
Das Dissertationsthema gab Anlaß für eine Umfrage zur Einstellung der Bevölkerung gegenüber der Transplantationsmedizin. Die Befragung wurde in Deutschland und Österreich durchgeführt. Neben Fragen zur Akzeptanz der Transplantationsmedizin wurde auch untersucht, inwiefern die jeweiligen Staatsangehörigen die rechtlichen Voraussetzungen für eine Organspende in ihrem Land kennen und wie sie die noch in der Forschung befindlichen Verfahren, mit deren Hilfe der Organmangel beseitigt werden soll, beurteilen.
An den geeigneten Stellen wird bereits in den ersten fünf Teilen das Umfrageergebnis skizziert. Die gesamten Ergebnisse finden sich nebst Statistiken im sechsten Teil.
Die Arbeit endet mit einer Zusammenfassung.

1. Teil: Medizinische Aspekte des Transplantationswesens

Die rechtliche Beurteilung des Transplantationswesens setzt Kenntnisse der medizinischen Grundlagen voraus. Nur so läßt sich eine konstruktive Zusammenarbeit von Medizinern und Juristen zur Lösung der juristischen, rechtspolitischen und gesellschaftlichen Probleme erreichen.

A. Allgemeines

Organe, Zellen oder Gewebe des menschlichen Körpers können derart geschädigt werden, daß sie ihre meist lebenswichtige Funktion nicht mehr wahrnehmen können. Gründe für solche Schädigungen sind beispielsweise Gifte wie Rauchen und Alkohol, chronische Infektionskrankheiten wie Hepatitis B und C, Tumore, angeborene gesundheitliche Dysfunktionen oder Autoimmunerkrankungen. Den Patienten steht meistens ein langer Leidensweg bevor, der, je nachdem welches Organ betroffen ist, unter Umständen mit dem Tod endet.

So führt ein Funktionsausfall der Niere dazu, daß der Patient dialysiert werden muß, was eine erhebliche Einschränkung seiner Lebensqualität zur Folge hat. Entweder muß der Patient dreimal in der Woche vier bis sechs Stunden an einen Apparat angeschlossen werden, der das Blut wäscht (= Hämodialyse) oder er muß sich viermal täglich eine Flüssigkeit über einen Bauchfellkatheder zuführen, die das Blut reinigt (= Peritonealdialyse). Mit diesen Behandlungen sind Nebenwirkungen wie Müdigkeit, Kreislaufprobleme, Hautjucken, Calziummangel, Osteoporose und die Gefahr einer Bauchfellentzündung verbunden.[3]

Ein allmähliches Nachlassen der Funktion von Herz, Leber oder Lunge hat eine erhebliche Leistungseinbuße des Körpers, verbunden mit Müdigkeit und abnehmender Belastbarkeit zur Folge. Das Leiden des Patienten mit einer Dauer von einigen Tagen bis zu einigen Jahren endet in diesen Fällen mit dem Tod.

Das Ziel einer Organtransplantation ist es, die Funktion des erkrankten oder zerstörten Organs bestmöglich oder vollständig durch das neue zu ersetzen.[4] Dabei überträgt man Zellen, Gewebe oder Organe von einem auf ein anderes Individuum oder an einer Person von einer an eine andere Stelle.[5] Dadurch sollen die Folgen eines lebensbedrohlichen Versagens vital wichtiger Organe wie Herz, Leber oder Lunge abgewendet oder Komplikationen eines Organversagens, wie bei Niere oder Pankreas, vermieden oder rückgebildet werden.[6]

---

[3] Arbeitskreis Organspende 4 ff (2001)
[4] Pichlmayr / Lauchart / Wonigeit 19
[5] Pschyrembel 1557
[6] Buchborn 4

Den Möglichkeiten der Transplantation sind heute aus medizinisch-technischer Sicht kaum Grenzen gesetzt. So können Bluttransfusionen vorgenommen oder Augenhornhäute, Gehörknöchelchen, Gefäße, Haut, Nieren, Leber, Knochenmark, Herz, Lungen, Knochen, Dünndarm und vieles mehr übertragen werden.[7] Grundsätzlich indiziert ein nicht rückbildungsfähiger Organausfall eine Organtransplantation, soweit nicht Erkrankungen und Befunde vorliegen, die den Transplantationserfolg gefährden.

B. Historischer Überblick über die klinische Entwicklung der Transplantationsmedizin

Die Geschichte der Organtransplantation reicht bis in die vorchristliche Zeit zurück.[8] Ihre „Erfindung" in der heutigen Form ist auf den Chirurgen Kocher am Ende des 19. Jahrhunderts zurückzuführen. Kocher versuchte, die unerwarteten Folgen der damals neuen Therapie der Schilddrüsenentfernung bei Erkrankungen dieses Organs durch Einpflanzen von ganzen Schilddrüsen oder Teilen davon, die er sowohl vom Tier als auch vom Menschen entnahm, zu behandeln.[9] Dieser Methode waren jedoch keine Erfolge beschieden.

In Tierversuchen wurde die Transplantation technisch verbessert. Einen wesentlichen Fortschritt brachte die von Carrel entwickelte Gefäßnaht, die einen Anschluß der implantierten Organe an den Blutkreislauf ermöglichte.[10]

Die folgenden klinischen Organtransplantationen zwischen verschiedenen Menschen waren dennoch – vornehmlich bedingt durch immunologische Probleme – zunächst zum Scheitern verurteilt.

Erste Erfolge zeigte 1954 eine von Murray und Merrick in Boston durchgeführte Nierentransplantation bei eineiigen Zwillingen.

Die erste allogene Transplantation[11] eines Herzens führte 1967 der Herzchirurg Barnard in Kapstadt durch.

Die Entwicklung der Unterdrückung des Immunsystems (sog. Immunsuppression)[12] ermöglichte Organtransplantationen auch zwischen genetisch verschiedenen Menschen. Mit der Einführung des Immunsuppressivums Cyclosporin Anfang der 80er Jahre wurden Organübertragungen zunehmend erfolgreicher.[13]

Heute ist die Organtransplantation ein etablierter Bestandteil des Gesundheitswesens. Sie stellt ein modernes chirurgisches Behandlungsverfahren und eine anerkannte Therapieform dar.[14]

---

[7] Pschyrembel 1557
[8] Zur geschichtlichen Entwicklung: Wagner 11 ff
[9] Schlich 19 f
[10] Schlich 27
[11] Vgl. 1. Teil C. III., S. 31
[12] Vgl. 1. Teil E., S. 43 ff
[13] Neuhaus / Pfitzmann 780
[14] Gubernatis 12 (1998); Land, Prinzipien der Organspende 13

C. Formen der Organtransplantation

In der Beziehung zwischen Organspender und Organempfänger werden vier Formen der Organtransplantation unterschieden.

I. Autotransplantation

Bei der Autotransplantation (= autologe, autogene Transplantation) werden körpereigene Gewebe oder Organe innerhalb des gleichen Organismus verpflanzt.[15]

II. Isotransplantation

Isotransplantation (= isogene, syngene Transplantation) nennt man die Verpflanzung von Organen und Geweben von einer auf eine genetisch identische andere Person.[16] Sie ist nur bei eineiigen Zwillingen möglich.

III. Allotransplantation

Von Allotransplantation (= allogene Transplantation) spricht man, wenn Organspender und Organempfänger genetisch nicht identisch sind, aber derselben Spezies angehören.[17]

IV. Xenotransplantation

Bei der Xenotransplantation (= xenogene Transplantation) werden Organe und Gewebe von einem Tier auf den Menschen übertragen, d. h. Spender und Empfänger gehören verschiedenen Spezies an.[18]

D. Spender

Grundvoraussetzung einer Organtransplantation ist das Vorhandensein eines Transplantats und somit eines Organspenders. An dieser Voraussetzung scheitern viele Organtransplantationen. Die Zahl der Patienten, die auf ein Organ warten, übersteigt in den Vergleichsländern deutlich die Zahl der vorgenommenen Transplantationen. So warteten im Jahr 2001 in Deutschland 11.193, in Österreich 919 und in der Schweiz 557 Patienten auf ein Organ.[19]

---

[15] Pichlmayr / Nagel 265
[16] Land, Historie 4
[17] Pschyrembel 1557
[18] Pschyrembel 1557; vgl. auch: 1. Teil G. V., S. 49 und 3. Teil J. I., S. 91 f
[19] Die Bevölkerungszahl beträgt in Deutschland ca. 82 Millionen, in Österreich ca. 8 Millionen und in der Schweiz ca. 7 Millionen.

Statistik 1: Wartelisten in den Jahren 1997 - 2001[20]

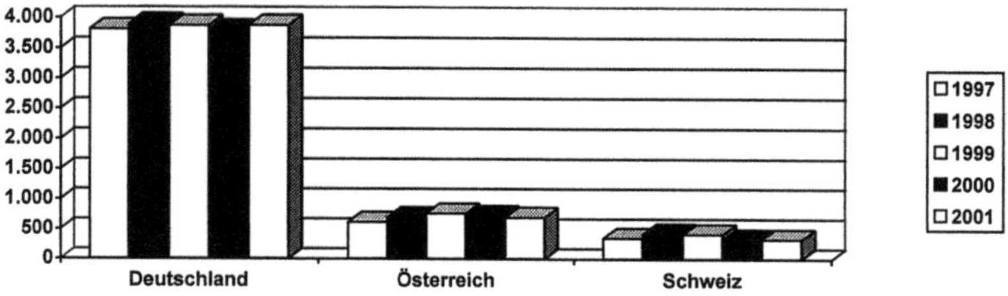

	Deutschland	Österreich	Schweiz
1997	9.619	1.027	609
1998	10.294	994	920
1999	10.794	900	956
2000	11.098	897	952
2001	11.193	919	557

Demgegenüber wurden in demselben Jahr in Deutschland 3.876, in Österreich 692 und in der Schweiz 328 Transplantationen[21] durchgeführt.

Statistik 2: Transplantationen in den Jahren 1997 - 2001[22]

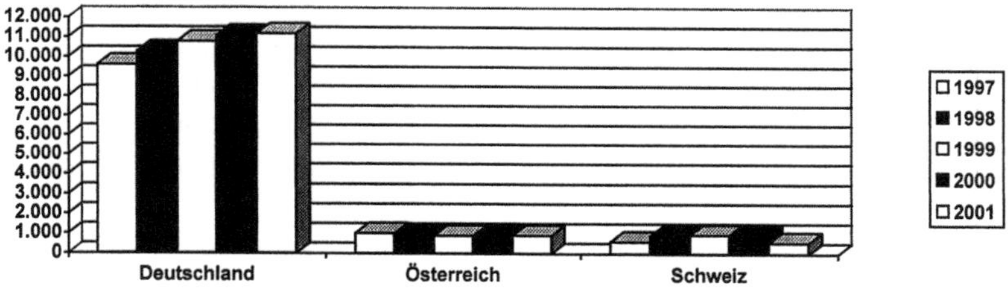

[20] Eurotransplant, Annual Report 2000, 82 f; Eurotransplant, Annual Report 2001, 80; Swisstransplant, schriftl. Auskunft v. 4.4.2001; Swisstransplant, www.swisstransplant.org (6.2.2002 und 22.1.2003)

[21] Organe von postmortalen Spendern und Lebendspendern.

[22] Eurotransplant, Annual Report 1997, 29, 43; Eurotransplant, Annual Report 1998, 29, 43; Eurotransplant, Annual Report 1999, 29, 45; Eurotransplant, Annual Report 2000, 35, 51, 82 f; Eurotransplant, Annual Report 2001, 40, 59, 83; Swisstransplant, schriftl. Auskunft v. 4.4.2001; Swisstransplant, www.swisstransplant.org (6.2.2002 und 22.1.2003)

	Deutschland	Österreich	Schweiz
1997	3.810	613	348
1998	3.898	693	420
1999	3.869	761	413
2000	3.794	720	325
2001	3.876	692	328

Im Jahr 2000 starben in Deutschland 841, in Österreich 116 und in der Schweiz 50 Patienten, während sie auf ein Spenderorgan warteten. In Österreich ist im Zeitraum von 1997 bis 2000 die Zahl der Patienten, die während der Wartezeit starben, leicht gesunken. In der Schweiz und in Deutschland ist sie leicht gestiegen.

Statistik 3: Sterberate auf den Wartelisten in den Jahren 1997 - 2000[23]

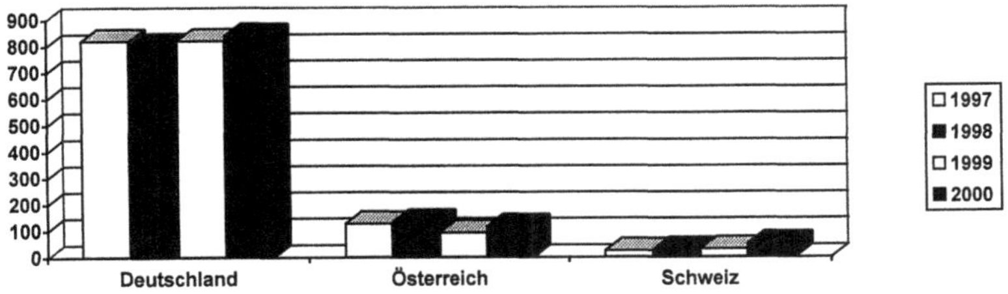

	Deutschland	Österreich	Schweiz
1997	820	127	25
1998	803	134	28
1999	821	93	30
2000	841	116	50
2001	Zahlen nicht verfügbar	Zahlen nicht verfügbar	Zahlen nicht verfügbar

Eine Untersuchung in Deutschland hat ergeben, daß dort die Zahl der Spendermeldungen deutlich höher ist, als die der daraus tatsächlich realisierten Organspenden.

[23] Eurotransplant, Annual Report 2000, 85; Swisstransplant, www.swisstransplant.org (23.3.2001); Swisstransplant, www.swisstransplant.org (6.2.2002)

Statistik 4: Spendermeldungen – Potentielle Spender – Realisierte Spenden in Deutschland in den Jahren 1997 - 2001[24]

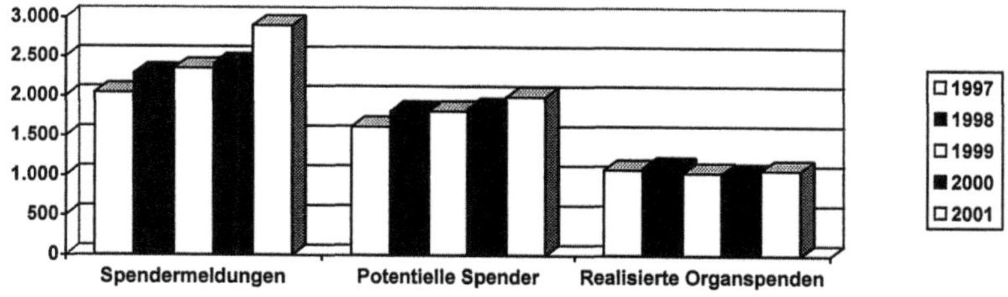

	Spender-meldungen[25]	**Potentielle Spender**[26]	**Realisierte Organspenden**[27]	**Anteil der Meldungen, die zu einer Spende führten**
1997	2.044	1.681	1.079	52,8 %
1998	2.285	1.810	1.111	48,6 %
1999	2.352	1.814	1.039	44,2 %
2000	2.410	1.847	1.026	42,6 %
2001	2.899	1.996	1.073	37,0 %

Die Gründe für das Scheitern einer Organspende sind vielfältig. So können medizinische Kontraindikationen – wie organische Vorerkrankungen, Infektionskrankheiten des Spenders und vieles mehr –, Ablehnung der Organspende, Kreislaufversagen beim Spender, in Deutschland keine Möglichkeiten der Feststellung der Einwilligung zur Organentnahme,[28] keine Freigabe der Leiche durch den Staatsanwalt und in sehr seltenen Fällen organisatorische Gründe eine Organspende verhindern.[29]
Die Ablehnung der Organspende durch Verstorbene zu Lebzeiten oder durch ihre Angehörigen nach dem Tod ist in Deutschland der bedeutendste Grund für

[24] Molzahn / Tuffs / Köhler 25 ff; Smit / Molzahn / Kirste / Grupp / Köhler 13; DSO 10 ff (2002)
[25] Zahl verstorbener Patienten, die von den behandelnden Ärzten als in Betracht kommende Organspender gemeldet wurden.
[26] Zahl gemeldeter Verstorbener, die aus medizinischer Sicht als Organspender in Betracht kamen.
[27] Zahl der Spendermeldungen, die tatsächlich zu einer Organspende führten.
[28] Vgl. auch: 4. Teil A. III. 1. d., S. 109 ff
[29] Smit / Molzahn / Kirste / Grupp / Köhler 12

das Scheitern einer Transplantation. Die Zahl der Ablehnungen stieg hier in den letzten Jahren stetig an.[30]

Statistik 5: Ablehnung der Organspende in Deutschland in den Jahren 1997 - 2001[31]

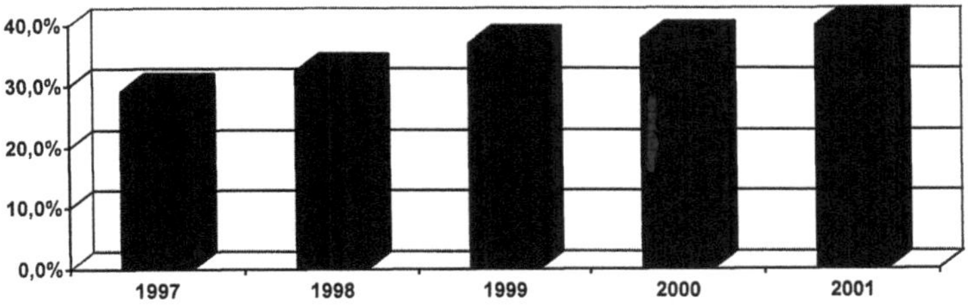

	Ablehnung der Organspende
1997	29,2 %
1998	32,5 %
1999	37,0 %
2000	37,7 %
2001	40,2 %

In Österreich enthielt das seit 1995 existierende Widerspruchsregister[32] im Jahr 2001 insgesamt 6.785 eingetragene Widersprüche. Davon waren 6.341 von Personen mit Wohnsitz in Österreich. Der Anteil der Widersprüche von der österreichischen Wohnbevölkerung betrug 0,08 %.

[30] Vgl. zur Akzeptanz der Organspende in der Bevölkerung: 3. Teil A., S. 59 f und 6. Teil, S. 195 ff

[31] Molzahn / Tuffs / Köhler 29; DSO 13 (2002)

[32] Vgl. auch: 2. Teil B. II., S. 56 und 4. Teil B. III. 1. c., S. 146 f

Statistik 6: Widerspruchsregister in Österreich in den Jahren 1995 - 2001[33]

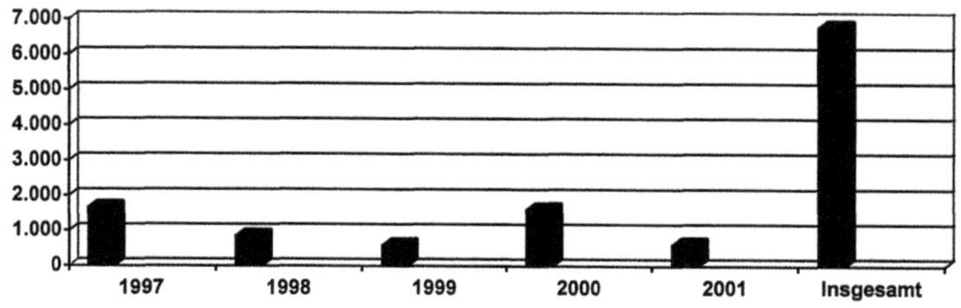

	Eintragungen
1995	323
1996	1.153
1997	1.665
1998	853
1999	570
2000	1.611
2001	615

Insgesamt	6.785
Davon Personen mit Wohnsitz in Österreich	6.341
Anteil an der österreichischen Wohnbevölkerung	0,08 %

Für die Schweiz waren vergleichbare Daten nicht zu erhalten.

I. Postmortale Organspende

Die postmortale Organspende ist die häufigste. In Österreich lag die Zahl der postmortalen Organspender pro Million Einwohner im Jahr 2001 bei 23,0. In der Schweiz gab es 13,2 und in Deutschland 12,8 Organspender pro Million Einwohner. In Spanien, dem Land mit der höchsten Rate in Europa, waren es sogar 32,5.[34]

---

[33] ÖBIG, Jahresbericht 2001, 27 f

[34] Eurotransplant, Annual Report 1997, 21; Eurotransplant, Annual Report 1998, 21; Eurotransplant, Annual Report 1999, 21; Eurotransplant, Annual Report 2000, 27; Eurotransplant, Annual Report 2001, 29; Matesanz / Miranda 18 (2002); Swisstransplant, www.swisstransplant.org (6.2.2002 und 22.1.2003); vgl. auch: 3. Teil I., S. 88 ff

Statistik 7: Postmortale Organspender pro Million Einwohner in den Jahren 1997 - 2001[35]

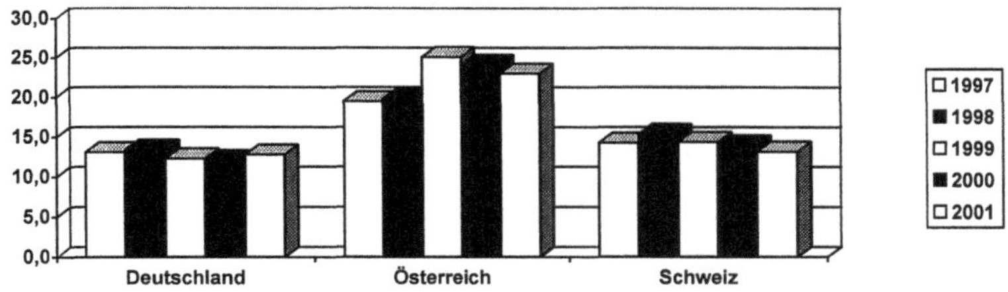

	Deutschland	**Österreich**	**Schweiz**
1997	13,1	19,5	14,3
1998	13,4	20,8	15,4
1999	12,3	25,4	14,4
2000	12,1	24,1	14,0
2001	12,8	23,0	13,2

Medizinische Grundvoraussetzung postmortaler Organspenden ist die Feststellung des Todes – in Deutschland und Österreich infolge des irreversiblen Erloschenseins der integrativen Gesamtfunktion des Großhirns, des Kleinhirns und des Hirnstamms bei einer durch kontrollierte Beatmung noch aufrechterhaltenen Herz-Kreislauf-Funktion, auch Hirntod genannt.[36] In der Schweiz dürfen daneben Organe nach Feststellung des irreversiblen Herzstillstandes ohne zusätzlichen Nachweis des irreversiblen Ausfalls des Gesamthirns entnommen werden.[37]
In der Medizin gibt es verschiedene Todeskriterien, zu denen der irreversible Ausfall des Gesamthirns nahezu weltweit gezählt wird.[38]
Vor etwa 150 Jahren wurde bei der Todesfeststellung vor allem auf die Kennzeichen der Leichenstarre und Totenflecken abgestellt.[39]

---

[35] Eurotransplant, Annual Report 1997, 21; Eurotransplant, Annual Report 1998, 21; Eurotransplant, Annual Report 1999, 21; Eurotransplant, Annual Report 2000, 27; Eurotransplant, Annual Report 2001, 29; Swisstransplant, www.swisstransplant.org (6.2.2002 und 22.1.2003)
[36] Lange 417; vgl. auch: 3. Teil D., S. 71 ff; 4. Teil A. III. 1. d. aa., S. 112 f; 4. Teil B. III. 1. c., S. 150 ff
[37] Eidgenössisches Departement des Innern 40 ff; vgl. auch: 3. Teil D., S. 71 ff und 4. Teil C. I., S. 165 f
[38] Schlake / Roosen 48 ff; Land, Prinzipien der Organspende 15
[39] Mayrhofer 54

Bis zur Mitte des letzten Jahrhunderts kam als weiteres Merkmal die Aussetzung der Atmung und der Herzaktion – auch Herztod genannt – hinzu,[40] das bereits vor den zuerst genannten Kriterien zu erkennen ist. Mit dem Stillstand der Herztätigkeit und der Atmung geht auch der Stillstand des Kreislaufs einher. Dieser bewirkt wiederum den Ausfall der Blutversorgung und der Tätigkeit der Organe.[41] Zu Beginn der 50er Jahre des letzten Jahrhunderts wurde die sog. cardio-pulmonale Reanimation – eine äußere Herzmassage – entwickelt, mit deren Hilfe Patienten mit einem Stillstand von Herz und Atmung wiederbelebt werden können.[42]

Unter Umständen kann die Herzfunktion auch wieder von selbst in Gang kommen. Anhand des Herzstillstandes läßt sich der Tod daher nur nachweisen, wenn der Stillstand irreversibel ist. Doch auch für die Beurteilung, wann Irreversibilität vorliegt, herrscht heute keine Einigkeit. Es gibt zur Zeit keine wissenschaftliche Studie, nach der sich die Zeitspanne, in der das Herz nicht mehr von selbst in Gang kommen kann, exakt bestimmen läßt. Ebenso verhält es sich mit der Frage, wie lange Reanimationsmaßnahmen erfolgversprechend erscheinen.[43]

Die Feststellung des Todes ausschließlich anhand der Diagnose des Herz-Kreislauf-Stillstands unterliegt heute erheblichen Zweifeln und Unsicherheiten.[44] Diese darf deshalb als alleiniges Todeszeichen nicht maßgebend sein.

1959 bemerkten französische Wissenschaftler, daß manche Patienten, deren Herz- und Atmungsfunktion mittels der neu entwickelten maschinellen Hilfe wieder in Gang gebracht und aufrechterhalten werden konnte, dennoch keine Hirnfunktion mehr aufwiesen und ihr Zustand sich nicht mehr verbessern ließ.[45] Im Laufe der Zeit entstand aus dieser Entdeckung das Todesmerkmal des irreversiblen Ausfalls des Gesamthirns. Er entsteht durch eine mit einer inkraniellen Drucksteigerung verbundenen Läsion, die etwa durch Schädelhirntraumata, primäre Hirnerkrankungen – wie Hirntumore oder Blutungen aus einem Aneurysma – oder sekundäre Hirnaffektionen – wie Embolien, die beispielsweise durch eine Herzerkrankung ausgelöst, in das Gehirn ziehen – verursacht wird.[46] Die Folge des irreversiblen Ausfalls des Gesamthirns ist der Ausfall der Atmung und der Kreislaufregulation und nach wenigen Minuten der völlige Kreislaufzusammenbruch und Herzstillstand. Mit Hilfe intensivmedizinischer Maßnahmen können diese Folgen hinausgezögert werden. Der zeitliche Abstand zwischen den Kennzeichen „Hirntod“ und „Herztod“ wird dadurch verlängert.[47] Das bedeutet jedoch nicht, daß der irreversible Ausfall des

---

[40] Mayrhofer 54

[41] Deutsche Bischofskonferenz 17

[42] Mayrhofer 54

[43] Eidgenössisches Departement des Innern 42 f

[44] Kloth 21 ff

[45] Feldkamp 10

[46] Land, Prinzipien der Organspende 15

[47] Pichlmayr / Pichlmayr 18

Gesamthirns nach dem derzeitigen Kenntnisstand und mit Hilfe der heute zur Verfügung stehenden Intensivmaßnahmen überwunden werden kann. Diese sind nämlich nicht in der Lage, beispielsweise Störungen der Kreislaufregulation, des Elektrolythaushalts und des Blutzuckers, die zu einem nicht mehr beherrschbaren Kreislaufversagen führen und einige Stunden nach Eintritt des Gesamthirnausfalls auftreten, zu verhindern.[48]
Den irreversiblen Ausfall des Gesamthirns als solchen gibt es schon immer. Er stellt entweder Ursache – so bei den oben beschriebenen Hirnschädigungen – oder aber öfter Folge des „Herztodes" dar.[49] Die Möglichkeit, ihn als Todeszeichen zu werten, entstand allerdings erst in den letzten Jahrzehnten.
Herz, Lunge, Leber, Niere und Pankreas müssen unmittelbar nach der Feststellung des irreversiblen Ausfalls des Gesamthirns bei maschineller Aufrechterhaltung der Herzfunktion entnommen werden.[50] Da es nach dem Hirntod keine Schmerzempfindung mehr gibt, sind bei der Organentnahme keine Maßnahmen zur Schmerzverhütung erforderlich. Lediglich die künstliche Beatmung, die Kontrolle der Herztätigkeit und des Kreislaufs sowie die Ruhigstellung der Muskulatur müssen zur Erhaltung der Funktionsfähigkeit der zu entnehmenden Organe fortgesetzt werden.[51]
Die Entnahme von Hornhaut, Haut, Herzklappen, Hirnhaut, Gehörknöchelchen, Knochen, Blut und Sperma ist dagegen noch nach Auftreten von Totenflecken und Totenstarre bis 48 Stunden nach Todeseintritt möglich.[52]
Die Diagnose des Gesamthirnausfalls erfolgt in Deutschland, Österreich und der Schweiz nach bestimmten, in Richtlinien festgehaltenen Kriterien.
In Deutschland wurden die Kriterien erstmals im Jahr 1982 durch den wissenschaftlichen Beirat der Bundesärztekammer aufgestellt. Seitdem wurden sie ohne wesentliche Änderung in drei Fortschreibungen, zuletzt 1998, den Erfahrungen und Entwicklungen angepaßt.[53]
Die aktuellen Richtlinien zur Diagnose des irreversiblen Ausfalls des Gesamthirns in Österreich wurden vom Obersten Sanitätsrat im Jahr 1997 beschlossen.[54]
In der Schweiz wurden die erstmals im Jahr 1969 erlassenen Richtlinien der Schweizerischen Akademie der Medizinischen Wissenschaften zur Definition und Feststellung des Todes 1996 zuletzt überarbeitet und aktualisiert.[55]
Die Hirntoddiagnose erfolgt in Deutschland, Österreich und der Schweiz in verschiedenen Schritten. Nach Feststellung einer der oben beschriebenen Hirnschädigungen wird untersucht, ob keine reversible Hirnfunktionsstörung infolge

---

[48] Lange 417
[49] Schlake / Roosen 15
[50] Spann 21 ff
[51] Bundesärztekammer, Erklärung zum Hirntod
[52] Spann 21 ff
[53] Bundesärztekammer, Erklärung zum Hirntod
[54] ÖBIG, Jahresbericht 1997, 48
[55] Eidgenössisches Departement des Innern 21; Schweizerischer Bundesrat 35 ff (2002)

eines Intoxikationsphänomens, einer medikamentösen Relaxation, einer Hypothermie (Unterkühlung), eines hypovolämischen Schocks (durch Verminderung des zirkulierenden Blut- oder Plasmavolumens ausgelöster Schock), eines endokrinen und / oder metabolischen Komas oder einer postinfektiösen Polyneuritis vorliegt. Nach Ausschluß einer reversiblen Hirnfunktionsstörung erfolgen Untersuchungen nach einem tiefen Koma, einer Hirnstammareflexie und einem Ausfall der zentralen Atemregulation (Apnoe), sowie Lichtstarre der Pupillen.[56]
In Deutschland sind bei Erwachsenen und älteren Kindern mit primärer Hirnschädigung die Untersuchungen während mindestens 12 Stunden zu wiederholen. Liegt eine sekundäre Hirnschädigung vor, sind die Befunde während mindestens 3 Tagen übereinstimmend nachzuweisen. Bei Neugeborenen, Säuglingen und Kindern bis zum 2. Lebensjahr sind die Untersuchungen während 72 bzw. 24 Stunden mehrmals vorzunehmen.[57] Neben den wiederholten ärztlichen Untersuchungen sind die Diagnoseverfahren der Elektroenzephalographie, frühen akustisch evozierten Potentiale, somato-sensibel evozierten Potentiale, konventionellen zerebralen Angiographie, planaren Hirnszintigraphie und trans- und exkraniellen Dopplersonographie zugelassen. Diese Methoden gestatten eine Bestätigung der ersten Untersuchung ohne eine weitere Beobachtungszeit.[58]
Dasselbe gilt auch in Österreich, wo allerdings bei primären Hirnschädigungen in jedem Fall neben den klinischen Untersuchungen ergänzende, wie Elektroenzephalographie, zerebrale Angiographie oder sonographische Untersuchungen, durchzuführen sind.[59]
In der Schweiz hat eine zweite klinische Beurteilung bei Erwachsenen und Kindern über 5 Jahren nach 6 Stunden zu erfolgen, wenn die Komaursache bekannt ist, es keine Hinweise auf Intoxikation gibt und kein Verdacht auf eine Infektion des Nervensystems oder die Einnahme sedierender Medikamente besteht. Bei Kindern unter 5 Jahren darf die zweite Untersuchung erst nach Ablauf von 24 Stunden stattfinden. Ist die Komaursache unbekannt, gilt bei Erwachsenen und Kindern für die zweite Untersuchung eine Wartefrist von 48 Stunden. Die zweite Untersuchung kann durch eine zerebrale Angiographie ersetzt werden, wobei eine Wartefrist von 6 Stunden immer zu beachten ist.[60]
Die Befunde sind in einem Protokoll niederzuschreiben.
Weitere unabdingbare Voraussetzungen für eine Organtransplantation sind die Funktionsfähigkeit des zu übertragenden Organs und der Ausschluß einer Übertragung von Krankheiten.[61] Blutgruppe und Gewebeeigenschaften von Empfänger und Spender müssen übereinstimmen oder sollten sich zumindest

---

[56] Kloth 42 ff; Mayrhofer 55; ÖBIG, Jahresbericht 1997, Anhang 4; Pohlmann-Eden 68
[57] Kloth 42; ÖBIG, Jahresbericht 1997, Anhang 4
[58] Pohlmann-Eden 69 ff
[59] ÖBIG, Jahresbericht 1997, Anhang 4
[60] Schweizerische Akademie der Medizinischen Wissenschaften
[61] Neuhaus / Pfitzmann 784

weitgehend entsprechen.[62] Zudem muß eine maligne Tumorerkrankung beim Spender ausgeschlossen sein.[63] Ausgenommen hiervon sind Hirntumore, da diese nicht systematisch metastasieren. Das Alter spielt bei der Organspende grundsätzlich keine Rolle.[64]

II. Lebendspende

Als mögliche Lebendspender kommen nur gesunde Menschen in Betracht. Dabei werden vor allem paarig angelegte Organe (Nieren), in letzter Zeit aber auch Teile der Leber, des Dünndarms oder der Lunge, sowie Blut und Knochenmark übertragen.[65]

Der Anteil von Nieren-Lebendspenden an Nierentransplantationen betrug im Jahr 2001 in Deutschland 16,5 %, in Österreich 12,3 % und in der Schweiz 34,3 %.

Statistik 8: Nieren-Lebendspende – Anteil an Nierentransplantationen in den Jahren 1997 - 2001[66]

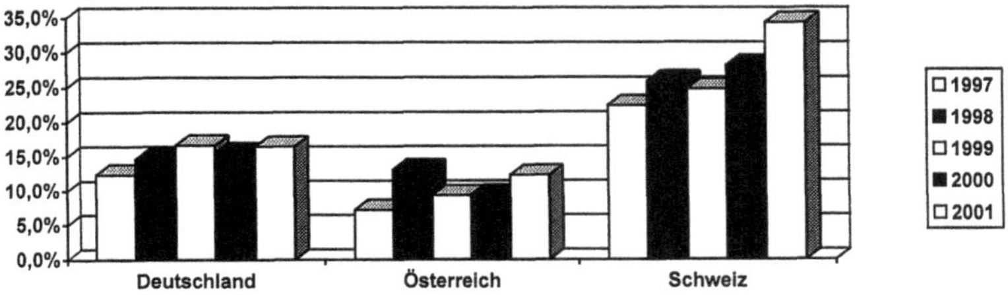

	Deutschland	Österreich	Schweiz
1997	12,4 %	7,2 %	22,4 %
1998	14,7 %	13,1 %	25,9 %
1999	16,7 %	9,3 %	24,8 %
2000	15,6 %	9,4 %	28,1 %
2001	16,5 %	12,3 %	34,3 %

62 Grundmann / Pichlmayr 123
63 Pichlmayr / Lauchart / Wonigeit 22
64 Neuhaus / Pfitzmann 784 f
65 Land, Prinzipien der Organspende 14; Spann 21 ff
66 Eurotransplant, Annual Report 1997, 29; Eurotransplant, Annual Report 1998, 29; Eurotransplant, Annual Report 1999, 29; Eurotransplant, Annual Report 2000, 35; Eurotransplant, Annual Report 2001, 39 f Swisstransplant, www.swisstransplant.org (22.1.2003)

Lebersegment-Lebendspenden machten im Jahr 2001 an Lebertransplantationen einen Anteil in Deutschland von 12,5 %, in Österreich von 1,6 % und in der Schweiz von 6,8 % aus.

Statistik 9: Lebersegment-Lebendspende – Anteil an Lebertransplantationen in den Jahren 1997 - 2001[67]

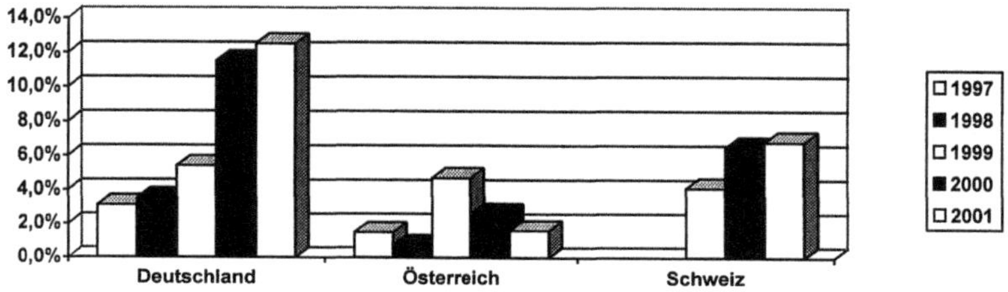

	Deutschland	Österreich	Schweiz
1997	3,1 %	1,5 %	Keine Zahlen verfügbar
1998	3,5 %	0,75 %	Keine Zahlen verfügbar
1999	5,4 %	4,7 %	4,1 %
2000	11,5 %	2,6 %	6,5 %
2001	12,5 %	1,6 %	6,8 %

Grundvoraussetzung von Lebendspenden ist, daß dem Spender keine gesundheitlichen Nachteile entstehen.[68] Die Gewebemerkmale von Empfänger und Spender müssen übereinstimmen und das Spenderorgan muß gesund sein. Zum Schutz des Spenders wird bei Lebendspenden im Vergleich zu postmortalen Spenden verstärkt besonderes Augenmerk auf die Übereinstimmung der Gewebemerkmale und die Organqualität gelegt, da bei Lebendspenden in einen gesunden Spenderorganismus eingegriffen wird und dieser Eingriff nur bei sicherer Erfolgsprognose gerechtfertigt erscheint.
Lebendspenden bieten gegenüber Totenspenden gewisse Vorteile. Die Transplantat-Überlebensrate ist bei Organen von Lebenden höher, wobei auch die verwandtschaftliche Beziehung zwischen Spender und Empfänger eine Rolle spielt. So funktionierten beispielsweise in Deutschland fünf Jahre nach einer Nierentransplantation noch ca. 90 % der Organe von HLA-identischen

---

[67] Eurotransplant, Annual Report 1997,43; Eurotransplant, Annual Report 1998, 43; Eurotransplant, Annual Report 1999, 45; Eurotransplant, Annual Report 2000, 51; Eurotransplant, Annual Report 2001, 57 ff Swisstransplant, schriftl. Auskunft v. 4.4.2001; Swisstransplant, www.swisstransplant.org (23.3.2001, 6.2.2002 und 22.1.2003)
[68] Pichlmayr / Nagel 266

Geschwistern (eineiige Zwillinge). Ungefähr 80 % der noch funktionsfähigen Organe stammten von übrigen Lebendspendern. Dagegen funktionierten nur noch rund 65 % der Organe von postmortalen Spendern.[69]
Die guten Ergebnisse bei Organen von HLA-identischen Geschwistern und übrigen Lebendspendern deuten auf eine bessere Organqualität bei Lebendspenden hin, die unter anderem auf einer kürzeren Ischämiezeit, also der Zeit, in der das Organ nicht durchblutet ist, beruht. Ein weiterer Vorteil für den Empfänger liegt in der Ersparnis langer Wartezeiten und damit eines langen Leidensweges. Zudem wird die Transplantation planbar. Dieser Vorteil wirkt sich auch unter ökonomischen Gesichtspunkten positiv aus. So kann etwa eine Niere dem Empfänger unter Umständen schon vor dessen Dialysepflichtigkeit eingepflanzt werden.[70] Das hätte die Ersparnis der erheblichen Dialysekosten zur Folge.[71]
Lebendspenden bieten auch die Möglichkeit, das Immunsystem vor der Operation zu manipulieren,[72] was geringere Abstoßungsreaktionen zur Folge hat.
Die Nachteile von Lebendspenden sind eher gering. So führt beispielsweise die Explantation einer Niere weder zu ernsthaften Folgeerkrankungen noch zu einer kürzeren Lebenserwartung. In weniger als 0,01 % Fällen stirbt der gesunde Spender an den Folgen der Explantation. Häufiger ist mit den üblichen frühen und späten chirurgischen Komplikationen – wie Nachblutungen oder Infektionen – zu rechnen,[73] die auch bei jeder Operation auftreten können. Ein weiterer Nachteil besteht durch den Eingriff in einen gesunden Spenderorganismus, der aber in der Regel problemlos verkraftet wird.

E. Nachbehandlung

Um den operativen Erfolg der Organübertragung zu sichern, muß das Immunsystem des Empfängers unterdrückt werden. Dieses gilt in erster Linie für allogene Transplantationen[74] und grundsätzlich auch für Xenotransplantationen.[75] Da letztere in der Praxis aber noch nicht vorkommen, beschränken sich die folgenden Ausführungen auf Allotransplantationen.
Nach der Implantation des Organs erkennt das Immunsystem des Empfängers die fremden Antigene des Transplantats.[76] Die Transplantationsantigene werden unter dem Namen „Histokompatibilitätsantigene“ zusammengefaßt. Dabei sind vor allem die „Humane Leukozytenantigene“ (HLA) bedeutsam. Gegen diese

---

69 Molzahn / Tuffs / Köhler 46; Wujciak / Döhler / Opelz 9
70 Pichlmayr / Nagel 266
71 Vgl. ausführlich: 1. Teil H., S. 49 f
72 Land, Prinzipien der Organspende 14
73 Land, Prinzipien der Organspende 14
74 Alexandre / Wonigeit / Bunzendahl 205; vgl. 1. Teil C. III., S. 31
75 Vgl. 1. Teil C. IV., S. 31; 1. Teil G. V., S. 49; 3. Teil J. I., S. 91 f
76 Wonigeit 447

Antigene richtet sich das Immunsystem des Empfängers. Die Abstoßungsreaktion führt unbehandelt innerhalb ungefähr einer Woche zur Zerstörung des Transplantats.[77] Es muß daher kurz vor oder zum Zeitpunkt der Transplantation mit der Unterdrückung des Abwehrmechanismus, der sog. Immunsuppression, begonnen werden. Diese Behandlung dauert während der gesamten Funktionszeit des Transplantats, also praktisch lebenslang, an.[78] Man unterscheidet hyperakute (= innerhalb weniger Stunden), akute (= innerhalb weniger Tage oder Wochen) und chronische (= innerhalb von Jahren) Abstoßungsformen.[79]
Die Immunsuppression erfolgt meist durch eine kombinierte Gabe der Medikamente Cyclosporin, Azathioprin und Steroiden. Manchmal werden zudem auch poly- oder monoklonale Antikörper gegeben.[80] Die alleinige Verabreichung des entscheidenden immunsuppressiven Cyclosporin hätte erhebliche Nebenwirkungen wie Nephrotoxizität (= Schädigung des Nierengewebes), Hepatotoxizität (= Schädigung des Lebergewebes), Hypertonie (= Bluthochdruck) und vieles mehr zur Folge,[81] die durch die beschriebene Medikamentenkombination verhindert oder zumindest abgeschwächt werden.
Allgemein führt die immunsuppressive Behandlung zu einer Schwächung der Abwehrkräfte gegen Viren und Bakterien sowie zu einer höheren Gefahr, an Krebs zu erkranken.[82]
Neue Forschungsprojekte geben Anlaß zu der Hoffnung, daß die immunsuppressive Behandlung nicht mehr für den Rest des Lebens des Patienten andauern muß. Durch Manipulationen des Immunsystems vor einer Transplantation sollen die sich gegen das fremde Gewebe richtenden T-Zellen des Empfängers beispielsweise eliminiert oder zur Toleranz gegenüber dem fremden Organ „erzogen“ werden.[83]
Bei Auto- und Isotransplantationen[84] kommt es aufgrund der genetischen Identität des Gewebes zu keinen Abstoßungsreaktionen. Lediglich bei Isotransplantationen kann es zu einem chronischen Transplantatversagen kommen, was aber sehr selten ist.[85]

Trotz der Nachbehandlung überleben transplantierte Organe häufig nur einen begrenzten Zeitraum. Die Funktionsrate ist je nach Organ unterschiedlich.
Von postmortal entnommenen Nieren funktionieren nach einem Jahr ca. 87 % und nach fünf Jahren ca. 70 %.[86]

---

[77] Land, Historie 4 f
[78] Wonigeit 447 f
[79] Land, Historie 4
[80] Land, Historie 8
[81] Wonigeit 447 f
[82] Pichlmayr / Pichlmayr 15
[83] Hobom
[84] Vgl. 1. Teil C. I., II., S. 31
[85] Land, Historie 3 f
[86] ÖBIG, Jahresbericht 2001, 43

Die Funktionsrate nach Herztransplantationen beträgt nach einem Jahr ungefähr 82 % und nach fünf Jahren etwa 70 %.[87]
Ein Jahr nach der Transplantation von postmortal gespendeten Lebern funktionieren noch rund 77 % und nach fünf Jahren ca. 67 %.[88]
Von transplantierten Lungen arbeiten nach einem Jahr etwa 71 % und drei Jahre nach der Transplantation ungefähr 54 %.[89]

Im Jahr 1991 galten allgemein als maximale Transplantatüberlebenszeiten für Nieren von Lebendspendern 29, für Nieren von Totenspendern 27, für Lebern 22, für Herzen 21, für Bauchspeicheldrüsen 13,5, für Lungen 4,5 und für Knochenmark 23 Jahre.[90]
Wenn ein transplantiertes Organ seine Funktion verliert, wird häufig eine erneute Transplantation durchgeführt, sofern es der Gesundheitszustand des Patienten erlaubt und ein geeignetes Spenderorgan zur Verfügung steht.

F. Organkonservierung

Zur Zeit ist die Möglichkeit der Organkonservierung und der Einrichtung von Organbanken begrenzt. Die kurzfristige Konservierung bis zu 24 Stunden dient der Durchführung der üblichen Gewebetests und dem Transport des Organs zum Empfänger. Die mittelfristige Konservierung, die je nach Organ von 72 bis 96 Stunden dauern kann, macht die Implantation plan- und gestaltbar. So muß man beispielsweise ein nachts zur Verfügung gestelltes Organ unter Umständen nicht sofort implantieren. Mit der langfristigen Organkonservierung in Organbanken soll die Lagerung von Organen über Wochen und Monate möglich werden. Bei Bedarf könnte dann das für einen Empfänger bestgeeignete Transplantat aus einem Organpool ausgewählt werden. Letzteres läßt sich heute vor allem nur mit Zellen, Haut und Augenhornhaut durch Einfrieren praktizieren. Niere, Leber, Herz und Lunge lassen sich lediglich mittel- oder sogar nur kurzfristig konservieren.[91] Neueste Forschungsergebnisse aus Kanada geben jedoch Anlaß zu der Annahme, daß es einmal möglich sein wird, diese Organe auch langfristig, etwa durch Tiefkühlung, zu konservieren. In Tierexperimenten gelang es, Eierstöcke von Ratten zu transplantieren, nachdem sie nach der Entnahme mit einer physiologischen Lösung behandelt, tiefgekühlt, wieder aufgetaut und erneut mit einer physiologischen Lösung gespült worden waren.[92]

---

87 ÖBIG, Jahresbericht 2001, 45
88 ÖBIG, Jahresbericht 2001, 44
89 ÖBIG, Jahresbericht 2001, 46
90 Albert 34
91 Grundmann / Pichlmayr 123 f
92 Eierstöcke auf Eis – Spenderorgane bald tiefgekühlt?, Frankfurter Allgemeine Zeitung v. 24.1.2002

G. Andere Behandlungsmöglichkeiten

Zur Organtransplantation gibt es Ersatztherapien, die häufig jedoch nur als kurzfristige Alternative in Betracht kommen oder sich noch in der Forschungsphase befinden. Beispielhaft seien folgend die in Praxis und Forschung relevanten genannt:

I. Kunstherztherapie, Herzverkleinerung, Schrittmachertherapie

Bei lebensbedrohlich herzkranken Patienten werden vor allem die Kunstherztherapie, die Herzverkleinerung oder die multifokale Schrittmachertherapie eingesetzt, wenn ein Spenderherz nicht sofort zur Verfügung steht oder andere Organe zusätzlich geschädigt sind, so daß die erforderliche immunsuppressive Behandlung dadurch nicht mehr sinnvoll durchzuführen wäre. Der Einsatz eines mechanischen Pumpsystems kann beispielsweise die Zeit bis zum Eintreffen eines geeigneten Transplantats überbrücken und eine Verbesserung gestörter anderer Organfunktionen zur Folge haben, so daß eine erfolgreiche Herztransplantation ermöglicht wird.[93]

II. Hybride Perfusionssysteme

Einen gleichwertigen künstlichen Ersatz der Leber gibt es in der Praxis derzeit nicht. Mit Hilfe von hybriden Perfusionssystemen, die sich noch in der Forschungsphase befinden, konnte aber bereits bei Patienten mit einem Funktionsausfall der Leber dieser zeitweise bis zur Verfügbarkeit eines geeigneten Transplantats überbrückt werden. Das gelang durch Kultivierung von Schweineleberzellen in Bioreaktoren, die den menschlichen lebertypischen Stoffwechsel übernahmen.[94]

III. Dialyse

Die oben[95] beschriebene Hämo- oder Peritonealdialyse kann langfristig den Ausfall der Niere ausgleichen. Verbunden sind damit jedoch die genannten erheblichen Einschränkungen der Lebensqualität und Nebenwirkungen.

Eine Langzeitdialyse kann auch negative Folgen auf eine anschließende Transplantation haben. So traten bei Niereninsuffizienten, die zuvor keine Langzeitdialyse erhalten hatten, im ersten Jahr nach der Transplantation 52 % weniger Abstoßungen auf als bei den zuvor dialysierten Patienten. Im zweiten und dritten Jahr lag die Rate sogar bei 82 % bzw. 86 %.[96]

---

[93] Bücherl 42 f

[94] Gerlach 95

[95] Vgl. 1. Teil A., S. 29

[96] Mange

IV. Stammzelltherapien

Die neuesten Forschungsverfahren zur Entwicklung neuer Behandlungstherapien, die als Ersatz für eine „herkömmliche Organtransplantation" dienen sollen, konzentrieren sich auf die Züchtung von Stammzellen.
Stammzellen können aus sich heraus alle möglichen Körpergewebe, wie beispielsweise Nerven, Hautzellen oder Organgewebe, bilden.[97] Der Vorteil in der Behandlung mit Stammzellen würde darin bestehen, daß es allenfalls nur zu geringen Abstoßungsreaktionen gegenüber dem geschaffenen Transplantat kommt. Außerdem müßte der Patient nicht erst auf einen geeigneten Spender warten. Ein Hauptproblem liegt in der Gewinnung der Stammzellen.[98]

1. Embryonale Stammzellen

In den USA und seit 31. Januar 2001 in England – als erstem europäischen Land – dürfen Stammzellen aus embryonalem Gewebe gewonnen werden. Bei embryonalen Stammzellen handelt es sich um ein sehr frühes Stadium einer befruchteten Eizelle – Blastozyste genannt –, die aus erst vier bis sechzehn Zellen besteht, sich aber nicht in der Gebärmutter befindet. Solche „frühen Embryonen" entstehen beispielsweise bei der künstlichen Befruchtung. Das Klonen dieser Zellen soll die Züchtung von Körpergewebe jeder Art ermöglichen. Bisher gelang die Züchtung von Muskel- und Nervenzellen. Die Realisierung der Herstellung von Organen wird noch einige Jahre dauern.[99] Es soll jedoch einmal möglich sein, beispielsweise für einen nierenkranken Mann, eine Niere zu züchten. Dabei wird dem Mann eine beliebige Zelle – etwa eine Hautzelle – und einer Frau eine Eizelle entnommen. Der isolierte Zellkern der Zelle des Mannes, der dessen Erbgut enthält, wird in die entkernte Eizelle eingebracht. Durch Zellteilung entsteht die Blastozyste. Die daraus gewonnenen embryonalen Stammzellen werden durch entsprechende Steuerung zu einer Niere gezüchtet, die dem Mann implantiert wird.[100]
Diese Methode der Stammzelltherapie wird bereits jetzt in der Forschungsphase heftig diskutiert. Denn zum einen benötigt man Eizellspenden in großer Zahl und erzeugt zum anderen künstlich Embryonen. Das ist aus ethischer Sicht problematisch, da die künstlich geschaffenen Embryonen zur Lebensrettung eines Patienten wieder geopfert werden. Bei dem Klonvorgang wird nämlich der maximal 14 Tage alte Embryo zerpflückt, um ihm die Stammzellen entnehmen zu können.[101] Auch aus naturwissenschaftlicher Sicht bestehen Bedenken gegenüber dem therapeutischen Klonen. Bis heute sind die Prozesse

---

[97] Gerhardt
[98] Gerhardt
[99] Gerhardt
[100] Gerhardt; Humml
[101] Schwägerl, Erste Schritte zur Klonindustrie; vgl. zu den ethischen und rechtspolitischen Aspekten: 3. Teil J. II., S. 92

der Kernprogrammierung unbekannt, so daß man Fehlentwicklungen und damit Schäden am Patienten nicht ausschließen kann.[102]

2. Adulte Stammzellen

Zur Gewinnung von Stammzellen müssen nicht unbedingt Embryonen geschaffen werden. Sog. adulte Stammzellen kann man beispielsweise auch aus dem Nabelschnurblut gewinnen. Dieses schadet niemandem, da die Nabelschnur in aller Regel nach der Geburt entsorgt wird. Durch Konservierung kann das Nabelschnurblut im späteren Leben des Neugeborenen bei Bedarf als Quelle für Stammzellen dienen.[103]

Eine andere Quelle für die Gewinnung von adulten Stammzellen ist das Knochenmark. In Forschungsprojekten gelang es in Tierversuchen, beispielsweise isolierte Stammzellen aus dem Knochenmark einer männlichen Maus in die Gegend von durch einen Herzinfarkt zerstörtem Herzgewebe einer weiblichen Maus zu injizieren, worauf sich dieses regenerierte.[104]

Diese Methoden der Gewinnung von Stammzellen sind ethisch und moralisch weniger belastet und in der Forschungsphase weiter als die von embryonalen Stammzellen.[105]

Auch ein neu entwickeltes Verfahren läßt hoffen, daß die Therapieforschung mit embryonalen Stammzellen eines Tages überflüssig wird. So beschäftigt sich die Forschung derzeit mit der Herstellung von Zellen, die embryonalen Stammzellen äußerst ähnlich sind. Es handelt sich um einen sog. Zytoplasmatransfer. Dabei wird nicht das Erbgut, sondern die Zellflüssigkeit einer unbefruchteten weiblichen Eizelle in eine normale Körperzelle injiziert. Bei einem Versuch an Kühen wurden nach der Injektion die Körperzellen zu Zellen mit den Eigenschaften embryonaler Stammzellen.[106]

Die Entdeckung sog. ultimativer Stammzellen gibt ebenfalls Anlaß zur Hoffnung von einer Abkehr der Nutzung embryonaler Stammzellen. Diese multipotenten Vorläuferzellen können zahlreiche Gewebetypen bilden und lassen sich nahezu unbegrenzt vermehren. Sie sind mit embryonalen Stammzellen vergleichbar.[107]

Eine weitere, aus ethischer Sicht jedoch wiederum zweifelhafte Neuheit ist die Beeinflussung weiblicher Eizellen in einem frühen Stadium. Während der Meiose, bei der ein einfacher Chromosomensatz aus einem ursprünglich doppelten gebildet wird, wird die Abstoßung von Chromosomen in Polkörpern künstlich verhindert. Dadurch entwickelt sich die Zelle zu einer Eizelle, verfügt aber durch den Eingriff weiterhin über einen vollen doppelten Satz ihres

---

[102] Brüstle B-1361
[103] Gerhardt
[104] Wade
[105] Zylka-Menhorn (2000)
[106] Schwägerl, Strohhalme für die Ethik
[107] Schwägerl, Die ultimative Stammzelle

Erbgutes. Der Nachteil dabei ist, daß so dennoch ein Embryo hergestellt wird, der bei Säugetieren aber keine Chance hat, zu einem erwachsenen Organismus heranzureifen. Die Eizelle wächst lange genug, um Stammzellen zu liefern und verkümmert dann. Auf diese Weise konnten bereits Nerven-, Haut,- Herz- und Leberzellen geschaffen werden. Es handelt sich bei der Herstellung dieser Zellen aber um die Verwendung eines Embryos, obgleich er nach kürzester Zeit in jedem Falle stirbt.[108]

V. Xenotransplantation

Die Xenotransplantation[109] ist heute in der Praxis aufgrund der starken Abstossungsreaktionen des menschlichen Körpers gegenüber Tierorganen irrelevant. Zudem besteht die Gefahr, bislang unbekannte Viren vom Tier auf den Menschen zu übertragen.[110] Außerdem ist das genetisch festgelegte biologische Alter von Tieren und Menschen und ihren Organen völlig unterschiedlich. Beim Menschen beträgt es ungefähr 80 Jahre und beispielsweise beim Hausschwein ca. 12 Jahre. Organe eines Schweines wachsen und altern also schneller als die eines Menschen. Bei einer Xenotransplantation würde sich das festgelegte Alter nicht dem menschlichen Empfängerorganismus anpassen. Weiterhin gibt es physiologisch-biochemische Unterschiede, die derzeit als unüberwindbar eingeschätzt werden. Hierzu zählen etwa die höhere Viskosität des menschlichen Blutes, die abweichende Größe und die unterschiedliche Sauerstoffkapazität der Erythrozyten und die Blutgruppenmerkmale.[111]
Auch die seit einigen Jahren bestehende Möglichkeit, transgene Tiere herzustellen, mit deren Hilfe die auf der großen genetischen Differenz zwischen tierlichem Spender und menschlichem Empfänger beruhenden starken Abstossungsreaktion abgeschwächt werden soll, läßt eine praktische Anwendung der Xenotransplantation nicht in greifbare Nähe rücken. Erste klinische Anwendungen erwartet man frühestens in 15 bis 20 Jahren.[112]

H. Kosten

In Deutschland kostet eine Organtransplantation durchschnittlich 51.000 bis 128.000 EUR.
Die Kosten für die Transplantation etwa einer Niere betragen einschließlich der nachfolgenden Krankenhausbehandlung 51.000 EUR. Die immunsuppressive Nachbehandlung verursacht je nach Gewebeverträglichkeit und Häufigkeit der

---

[108] Schwägerl, Strohhalme für die Ethik
[109] Vgl. 1. Teil C. IV., S. 31 und zu den ethischen und rechtspolitischen Aspekten: 3. Teil J. I., S. 91 f
[110] Ach 44
[111] Stübner B-279
[112] Ach 44

Abstoßungsreaktionen des Organs Behandlungskosten von 7.700 bis 10.500 EUR im Jahr.
Demgegenüber kostet die Behandlung eines Dialysepatienten je nach Dialyseart jährlich 23.000 bis 46.000 EUR.[113] Es gibt durchschnittlich rund 50.000 Dialysepatienten in Deutschland.[114]
Die Kosten einer Herztransplantation variieren zwischen 51.000 und 77.000 EUR. Die durchschnittlichen Kosten einer Lebertransplantation belaufen sich auf ungefähr 103.000 EUR. Eine Transplantation der Lunge kostet ca. 82.000 EUR. Die Kosten für die immunsuppressive Behandlung belaufen sich auf 10.500 bis 51.000 EUR je Organtransplantation im Jahr. Die Höhe ist abhängig vom verabreichten Medikament und der Dosis.[115]
In der Schweiz kostet eine Transplantation je nach Organ zwischen 50.000 und 241.000 SFR.[116]
Auch in diesem Land ist die Nierentransplantation im Vergleich zur Hämodialyse kostengünstiger. Die Kosten für die Transplantation einer Niere belaufen sich auf 50.000 SFR gegenüber 50.000 bis 100.000 SFR im Jahr für eine Dialysebehandlung. Im Durchschnitt gibt es jährlich 2.500 bis 3.000 Dialysepatienten in der Schweiz.[117]
Ebenso erweist sich die Herztransplantation als weniger kostenintensiv. Eine künstliche Herzpumpe kostet ca. 4.000 SFR pro Tag. Für die Implantation eines tragbaren Kunstherzens sind rund 500.000 SFR zu zahlen, für eine Herztransplantation dagegen ca. 78.000 SFR.[118]
Eine Lebertransplantation kostet durchschnittlich 119.000 SFR und die Transplantation einer Lunge 65.000 SFR.[119]
In Österreich ließen sich trotz intensiver Bemühungen und Anfragen bei Ministerien und Transplantationszentren keine Informationen über durchschnittliche Kosten von Transplantationen erhalten. Die entsprechenden Stellen verwiesen darauf, daß ihnen selbst keine Zahlen vorlägen. Zur Schaffung eines transparenten Transplantationswesens gehört allerdings auch die Erfassung der Kosten.

---

[113] Arbeitskreis Organspende 32 (2001)
[114] Arbeitskreis Organspende 10 (2001)
[115] AOK Rheinland-Pfalz, schriftl. Auskunft v. 3.7.2001
[116] Schweizerischer Bundesrat 9 (1997)
[117] SVK, schriftl. Auskunft v. 13.7.2001
[118] Schweizerischer Bundesrat 9 (1997)
[119] Schweizerischer Bundesrat 9 (1997)

2. Teil: Wichtige Institutionen im Transplantationswesen

Im europäischen Transplantationswesen, und insbesondere in dem der Länder Deutschland, Österreich und Schweiz, kann man im wesentlichen zwischen drei Institutionen unterscheiden, ohne die die effektive und in kürzester Zeit zu erfolgende Durchführung von Organtransplantationen heute kaum noch denkbar wäre. Dieses sind Vermittlungsstellen, Koordinierungsstellen und Transplantationszentren.

A. Vermittlungsstellen

In Europa gibt es verschiedene Vermittlungsstellen, die entweder nur für ein Land oder gleichzeitig für mehrere Länder die Vermittlung von postmortal entnommenen vermittlungspflichtigen Spenderorganen vornehmen. Als vermittlungspflichtig gelten grundsätzlich Herz, Niere, Leber, Lunge, Bauchspeicheldrüse und Darm.

I. Eurotransplant

Eine der bedeutendsten Organvermittlungsstellen in Europa ist die Stiftung Eurotransplant mit Sitz im niederländischen Leiden. Die gemeinnützige Stiftung wurde 1967 von Prof. Dr. Jon J. van Rood gegründet. Ihre Tätigkeit ist nicht auf Gewinnerzielung ausgerichtet.[120]

Die Gründung erfolgte, nachdem man erkannt hatte, daß die Unterschiede insbesondere in den Blut- und Gewebemerkmalen zwischen Spender und Empfänger zur Abstoßung des Transplantats führen. Durch die Registrierung der Patienten, die auf ein Spenderorgan warten, und der damit verbundenen Möglichkeit, einen Spender mit zumindest dem Empfänger ähnlichen Merkmalen zu finden, konnten die Transplantationsergebnisse stark verbessert werden.[121]

Eurotransplant organisiert die internationale und zum Teil auch die nationale Verteilung von Spenderorganen für Belgien, Deutschland, Luxemburg, Niederlande, Österreich und seit 1.1.2000 auch für Slowenien. Diese Länder haben sich verpflichtet, Eurotransplant alle Organspendefälle zu melden und die wartenden Transplantationsempfänger registrieren zu lassen.[122]

Dabei werden nach der Anmeldung von Patienten durch den behandelnden Arzt in einer zentralen Datenbank deren Daten wie etwa Name, Adresse, Versicherung, Geschlecht, Geburtsdatum, gewünschtes Organ, Transplantationszentrum, Blutgruppe, Gewebetypisierung, Diagnose und vieles mehr gespeichert. Nach Erhalt aller Daten kommt der Patient auf die Warteliste.[123]

---

120 Eurotransplant, Information für Patienten 1; Kalchschmid 40

121 Eurotransplant, Eine internationale Schlüsselstellung 3

122 Conrads 300

123 Eurotransplant, Information für Patienten 1

Die Wartezeit hängt besonders von der Verfügbarkeit eines Organs ab, dessen medizinische Daten zu denen des Patienten passen.
Patienten, die aus gesundheitlichen Gründen besonders dringend ein Organ benötigen, werden bevorzugt.
Sobald im Gebiet von Eurotransplant ein Spender gemeldet worden ist, ermittelt ein Computersystem anhand der Spenderdaten einen Empfänger. Je nach Organ wendet das Computersystem einen bestimmten Algorythmus an, der nach medizinischen und logistischen Kriterien die in Betracht kommenden wartenden Patienten auswählt.[124]
Für die Nierentransplantation spielen beispielsweise folgende Faktoren eine maßgebende Rolle: Übereinstimmung in den Gewebemerkmalen zwischen spendender und empfangender Person (HLA-Match), Höhe der Wahrscheinlichkeit, daß der wartende Patient ein gutes HLA-Match erreicht, Wartezeit, Transportweg, Herkunftsland von Spender und Empfänger zur Berücksichtigung der Austauschbilanz zwischen den Mitgliedsstaaten von Eurotransplant.
Je günstiger die Prognose bezüglich der einzelnen Faktoren ausfällt, um so höher ist der Punktwert, den die in Betracht kommenden Patienten erhalten. Der Patient mit der höchsten Punktzahl wird transplantiert.[125]
Wenn Eurotransplant einen am besten geeigneten Empfänger gefunden hat, bietet sie das Organ unverzüglich dem zuständigen Transplantationszentrum an. Dieses muß innerhalb 60 Minuten das Angebot annehmen oder mit einer Begründung ablehnen. Im Falle der Ablehnung wird das Organ einem anderen Patienten angeboten. Das zweite Angebot erfolgt aus Gründen der Zeitersparnis immer bereits zeitgleich mit dem ersten Angebot.[126]
Da die meisten Organe nur eine kurze Überlebensdauer haben,[127] ist auf kurze Transportwege zu achten. Außerdem nimmt die Organqualität ab, wenn viel Zeit zwischen der Entnahme und der Implantation in den Körper des Empfängers liegt, da das Organ dann schneller altert.[128] Organe werden daher möglichst innerhalb derselben Region oder innerhalb desselben Landes transplantiert.
Wünschenswert ist aber auch ein internationaler Organaustausch, insbesondere in dringenden Fällen, wie bei der Leber oder bei schwieriger Gewebeverträglichkeit, beispielsweise bei Nieren oder Knochenmark.[129]
Wenn ein Patient aufgrund von Veränderungen seines Gesundheitszustandes vorübergehend nicht transplantabel ist, wird er im Computer von Eurotransplant

---

[124] Nickel / Schmidt-Preisigke / Sengler § 12, Rn 15
[125] Eidgenössisches Departement des Innern 53
[126] Conrads 304
[127] Kopetzki 71 (1987)
[128] Vorzeitig alternde Spendernieren, Frankfurter Allgemeine Zeitung v. 7.3.2002
[129] Matesanz / Miranda 16 (1999); vgl. zur Rechtslage in Europa: 5. Teil, S. 189 ff

mit „NT" gekennzeichnet und für die Dauer der Nichttransplantierbarkeit bei der Vermittlung nicht berücksichtigt.[130]
Falls kein geeigneter Empfänger in der Datenbank gefunden wird, nimmt Eurotransplant zu ihren Schwesterorganisationen, wie etwa United Kingdom Transplant Service Support Authority (UKTSSA), Kontakt auf.
Nach einer erfolgten Transplantation sammelt Eurotransplant deren Ergebnisse und analysiert diese Daten. So können Faktoren – beispielsweise verschiedene Gewebegruppen, Lagerungstechniken der Organe, Alter der Spender – festgestellt werden, die das Ergebnis einer Transplantation auf längere Sicht beeinflussen.[131]
Obwohl die angeschlossenen Länder Eurotransplant jedes gespendete Organ zu melden haben, führt die Stiftung nicht für jedes Organ die Vermittlung international durch. Dieses ist der Fall, wenn auf der internationalen Warteliste kein potentieller Empfänger registriert ist, dem zum Beispiel als hochdringlichem Fall oder aufgrund idealer Gewebeverträglichkeit das Organ zuzuteilen wäre.[132]
Für Österreich bedeutet dieses, daß es dann dem meldenden Transplantationszentrum freigestellt ist, ob es die Verteilung selbst vornimmt oder das Organ Eurotransplant zur internationalen Vermittlung überläßt.[133]
In Deutschland waren, wie heute noch in Österreich, vor Inkrafttreten des dTPG[134] die Transplantationszentren für die Verteilung der Organe zuständig, wenn ein Organ nicht zwingend von Eurotransplant zu vermitteln war. § 12 dTPG hat sie von dieser Aufgabe entbunden.[135]
Aufgrund eines am 16. Juli 2000 in Kraft getretenen Vertrages zwischen den deutschen Spitzenverbänden der Krankenkassen, der Bundesärztekammer und der Deutschen Krankenhausgesellschaft vermittelt nun Eurotransplant die gespendeten Organe in Deutschland dort auch national.
Gem. § 1 Abs 4 S 1 des Vertrages ist Eurotransplant dabei verpflichtet, die Vermittlung nach den Regelungen des dTPG vorzunehmen.[136]
Die Finanzierung der Stiftung erfolgt durch die Krankenversicherungen in den angeschlossenen Ländern. Für österreichische Patienten stellt Eurotransplant dem behandelnden Transplantationszentrum eine Gebührenrechnung. Für deutsche Patienten läuft die Abrechnung der Registrierungsgebühr zentral über die dafür angewiesene bundesweite Organisation Deutsche Stiftung Organtransplantation (DSO).[137]

---

[130] Nickel / Schmidt-Preisigke/ Sengler § 12, Rn 13
[131] Eurotransplant, Eine internationale Schlüsselstellung 4
[132] Conrads 300; Kalchschmid 44
[133] Conrads 300; Kalchschmid 44; vgl. ausführlich: 4. Teil B. III. 1. c., S. 152 f
[134] Vgl. 4. Teil A., S. 99 ff
[135] Heuer / Conrads 200
[136] Vgl. ausführlich: 4. Teil A. III. 1. d. bb., S. 124 ff
[137] Eurotransplant, Information für Patienten 3

II. Swisstransplant

Die im Jahre 1985 gegründete schweizerische nationale Stiftung Swisstransplant organisiert das Transplantationswesen in der Schweiz.
Sie koordiniert und registriert unter anderem die Transplantationsaktivitäten der Transplantationszentren und veröffentlicht Jahresberichte.[138]
Seit 1992 erfaßt die von Swisstransplant gegründete nationale Koordinationszentrale die zur Verfügung stehenden Organe und verteilt diese an schweizerische und ausländische Transplantationszentren. Organe werden im Ausland nur angeboten, wenn in der Schweiz kein geeigneter Empfänger ermittelt werden konnte.[139]
Auf einer nationalen Warteliste sind alle Patienten erfaßt, die auf ein Organ warten. Transplantationszentren und Koordinationszentrale haben jederzeit mittels eines Computersystems Zugang zu der Liste. Jeder potentielle Organspender wird der nationalen Koordinationszentrale gemeldet. Diese speichert alle transplantationsrelevanten Daten. Sobald ein geeignetes Organ zur Verfügung steht, bietet es die Zentrale einem Transplantationszentrum an.[140]
Die Organentnahme erfolgt regelmäßig durch ein mobiles Entnahmeteam des begünstigten Transplantationszentrums in dem Spital, in dem sich der Spender befindet.[141]
Transplantationszentren, in denen Patienten warten, deren Gesundheitszustand eine Notfalloperation erfordert, erhalten bevorzugt ein Organ, wenn es mit den medizinischen Daten des Patienten übereinstimmt.[142]

III. Andere Vermittlungsstellen

Den Stiftungen Eurotransplant und Swisstransplant ähnliche Organisationen sind in Europa beispielsweise: Etablissement Francais des Greffes für Frankreich, Hispano Transplant für Spanien, Scandiatransplant für die skandinavischen Länder, die bereits erwähnte UKTSSA für Großbritannien und Irland und viele mehr.
Zwischen den Austauschorganisationen bestehen Vereinbarungen, mit denen verhindert werden soll, daß sich ein Patient für dasselbe Organ gleichzeitig bei mehreren Organisationen anmeldet.[143]

B. Koordinierungsstellen

In Österreich und Deutschland gibt es Koordinierungsstellen, die es als generelles Ziel haben, das Transplantationswesen in den jeweiligen Ländern zu

---

[138] Bundesamt für Gesundheit 14
[139] Eidgenössisches Departement des Innern 54
[140] Eidgenössisches Departement des Innern 55 ff
[141] Largiadèr 28
[142] Eidgenössisches Departement des Innern 55; vgl. ausführlich: 4. Teil C. I. 1., S. 166 ff
[143] Eurotransplant, Information für Patienten 3

fördern. Die bedeutendste Aufgabe ist es dabei, das Organtransplantationswesen zu organisieren. Die wichtigsten Einrichtungen sind die folgenden:

I. Deutsche Stiftung Organtransplantation

In Deutschland organisiert die Deutsche Stiftung Organtransplantation (DSO) alle Maßnahmen, die für eine Organtransplantation erforderlich sind.

Die Organisation und die Aufgaben der 1984 gegründeten Stiftung sind neuerdings in § 11 dTPG und einem am 16. Juli 2000 in Kraft getretenen Vertrag zwischen den deutschen Spitzenverbänden der Krankenkassen, der Bundesärztekammer, der deutschen Krankenhausgesellschaft und der DSO geregelt.

Danach gibt es sieben Organisationsregionen in Deutschland, in denen Organisationszentralen und teilweise zusätzliche Stützpunkte mit Organisationsschwerpunkten eingerichtet sind.[144]

Wenn ein Transplantationszentrum die DSO über einen Patienten, der ein Spenderorgan benötigt, informiert hat, registrieren Administratoren (Empfängerkoordinatoren) der Stiftung die klinischen, immunologischen und administrativen Daten der Patienten. Die vermittlungsrelevanten Daten werden über das Transplantationsdatenzentrum der DSO in den Zentralrechner von Eurotransplant geleitet. Die Administratoren aktualisieren die Daten, wenn eine Änderung eintritt.[145]

Sobald ein Krankenhaus die nächstgelegene DSO-Zentrale über einen potentiellen Organspender informiert hat, beraten und unterstützen die Transplantationskoordinatoren (Spenderkoordinatoren) die Ärzte und das Pflegepersonal der Intensivstation des Krankenhauses bei der Klärung der Voraussetzungen einer Organspende – wie etwa Diagnose des Hirntodes, Einwilligung, Aufrechterhaltung des Kreislaufs und vieles mehr. Sie organisieren die virologische Spenderdiagnostik und die Bestimmung der immunologischen Parameter. Weiterhin bereiten die Transplantationskoordinatoren die Vermittlung des Organs durch Eurotransplant sowie die Organentnahme vor und organisieren den Transport zum Transplantationszentrum des Empfängers.[146]

Außerdem ist es Aufgabe der DSO, die Transplantationszentren bei Maßnahmen der Qualitätssicherung zu unterstützen und einen jährlichen Bericht über die Tätigkeiten der Transplantationszentren zu erstellen und zu veröffentlichen.

Die DSO hat auch die Krankenhäuser bei der Identifizierung potentieller Organspender und deren Meldung zu unterstützen. Hierzu bietet sie unter anderem Konsiliardienste mittels eines eigens für die Organspende einge-

---

144 Molzahn / Tuffs / Köhler 8

145 Smit / Sasse / Zickgraf / Schoeppe / Molzahn 48

146 Smit / Molzahn / Kirste / Grupp / Köhler 9; Smit / Sasse / Zickgraf / Schoeppe / Molzahn 48

richteten Bereitschaftsdienstes an, der aus Neurologen, Urologen und Chirurgen besteht.[147]

II. ÖBIG-Transplant

Seit 1991 gibt es am Österreichischen Bundesinstitut für Gesundheitswesen (ÖBIG) das Koordinationsbüro für das Transplantationswesen (ÖBIG-Transplant).
Diese Einrichtung organisiert beispielsweise Informationsveranstaltungen für Fachpersonal, betreibt Öffentlichkeitsarbeit, um die Bevölkerung über die Notwendigkeit von Organtransplantationen und den Spendermangel aufzuklären und fördert und führt Projekte durch, mit denen das Transplantationswesen in Österreich verbessert werden soll. Sie dokumentiert das österreichische Transplantationsgeschehen und erstellt Analysen sowie Statistiken, um weiteren Bedarf im Organspendewesen aufzudecken.[148]
Zudem ist ÖBIG-Transplant für die Führung des Widerspruchsregisters gegen Organspende zuständig. Das Register wurde am 1. Januar 1995 eingerichtet. Das Koordinationsbüro betreibt in Kooperation mit der Vergiftungsinformationszentrale des ÖBIG die gesamte Abwicklung von der Information der Bevölkerung über die Eintragung eines Widerspruchs bis zur Abfrage durch die Transplantationszentren, die rund um die Uhr möglich ist.[149]

III. Transplantationskoordinatoren

Die eigentliche Koordination von Organtransplantationen führen in Österreich sog. Transplantationskoordinatoren durch. Diese arbeiten in den einzelnen Transplantationszentren.
Wenn ein verstorbener Patient als potentieller Organspender in Betracht kommt, nimmt die Krankenanstalt, in der sich dieser Patient befindet, mit dem Koordinator des nächsten Transplantationszentrums Kontakt auf. Der Transplantationskoordinator recherchiert sodann in der Regel nach möglichen Widersprüchen im zentralen Widerspruchsregister. Wenn er keinen Widerspruch feststellen konnte, klärt er die vermittlungsrelevanten klinischen Fragestellungen ab und nimmt Kontakt mit Eurotransplant auf. Weiterhin organisiert er den gesamten organisatorischen Ablauf, von der Organentnahme bis zur Organübertragung, wie er oben im Zusammenhang mit der DSO dargestellt worden ist.[150]

IV. Transplantationsbeauftragte

In Österreich gibt es in zahlreichen Krankenanstalten sog. Transplantationsbeauftragte. Sie haben die Funktion, potentielle Organspender besser zu

---

[147] Smit / Sasse / Zickgraf / Schoeppe / Molzahn 48
[148] ÖBIG, Jahresbericht 1999, 11 f
[149] ÖBIG, Jahresbericht 1997, 49 f; vgl. auch: 1. Teil D., S. 35 f; 4. Teil B. III. 1. c., S. 146 f
[150] ÖBIG, Jahresbericht 1995, 22; vgl. 2. Teil B. I., S. 55 f

identifizieren und dadurch die Zahl der Organspenden zu erhöhen. Transplantationsbeauftragte sind vor allem für die Bewußtseinsbildung in der eigenen Krankenanstalt zuständig, daß es sich bei der Organtransplantation um eine wichtige Therapieform handelt. Dieses kann beispielsweise durch Informationsveranstaltungen für Ärzte und Pflegepersonal geschehen.[151] Außerdem sind sie Ansprechpartner für die Transplantationszentren.

Zur Zeit wird im Rahmen eines Pilotprojekts von ÖBIG-Transplant untersucht, ob die Einrichtung von „Landestransplantationsbeauftragten" die Zahl der Identifizierung potentieller Organspender erhöhen kann. Der Landestransplantationsbeauftragte soll die Krankenanstalten in seiner Region motivieren, potentielle Organspender zu melden. Dabei hält er beispielsweise engen Kontakt zu den Krankenanstalten, analysiert Schwachstellen bei der Spenderführung und -meldung und organisiert Weiterbildungsveranstaltungen in seiner Region.[152]

Auch in Deutschland gibt es Transplantationsbeauftragte. Ihre Aufgaben sind in einigen Bundesländern in den Landesgesetzen geregelt[153] und entsprechen weitgehend denen in Österreich.

C. Transplantationszentren

Transplantationszentren sind Krankenhäuser, in denen das Spenderorgan in den Empfänger implantiert wird.[154]

In Deutschland, Österreich und der Schweiz sind die Transplantationszentren auch für Organentnahmen zuständig. Diese erfolgen grundsätzlich in dem Krankenhaus, in dem sich der tote Spender befindet durch ein mobiles Entnahmeteam des zuständigen Transplantationszentrums.

Sie entscheiden über die Annahme eines Patienten zur Organübertragung sowie seine Aufnahme auf die Warteliste und führen zentrumsspezifische Wartelisten.

In der Schweiz gab es im Jahr 2002 sechs Transplantationszentren. Aufgabe der schweizer Transplantationszentren ist es, neben der eigentlichen Organübertragung, über die Aufnahme eines Patienten auf die Warteliste zu entscheiden. Weiterhin teilen sie die ihnen angebotenen Organe ihren Patienten zu.[155]

In Österreich werden besondere Anforderungen an den Ort, an dem Organe entnommen werden, gestellt. Gem. § 62 a Abs 3 KAG dürfen Organe nur in Krankenanstalten entnommen werden, die die Voraussetzungen des § 16 Abs 1 lit a und lit c bis g KAG erfüllen. Das sind alle öffentlichen und privaten gemeinnützigen Krankenanstalten sowie Universitätskliniken und medizinische

---

151 ÖBIG, Jahresbericht 1995, 44

152 ÖBIG, Jahresbericht 1999, 53 f

153 Z. B. Bayerisches AGTTG, Bayerisches GVBl. 1999, 464 ff; Rheinland-Pfälzisches AGTPG, GVBl-RP 1999, 424 f

154 Kopetzki 69 (1987)

155 Eidgenössisches Departement des Innern 54 ff; vgl. ausführlich: 4. Teil C. I. 1., S. 166 ff

Universitätsinstitute, sofern sie zugleich Abteilungen einer öffentlichen oder gemeinnützigen Krankenanstalt sind.[156]
Die Regelung bezieht sich lediglich auf den Ort der Entnahme. Es dürfen daher auch mobile Entnahmeteams die Explantation in den entsprechenden Krankenanstalten vornehmen. Die Vorschrift gilt nur für die Organentnahme und nicht auch für die Transplantation als solche. Die Implantation darf an jedem geeigneten Ort, der regelmäßig ein Transplantationszentrum ist – also eine Krankenanstalt –, an dem Transplantationen durchgeführt werden, erfolgen.[157]
Im Jahr 2002 gab es vier Transplantationszentren in Österreich.
In Deutschland sind, entgegen den Regelungen in Österreich, besondere gesetzliche Anforderungen an den Ort der Organübertragung, die Transplantationszentren, gestellt.
Transplantationszentren sind gem. § 10 Abs 1 S 1 dTPG Krankenhäuser oder Einrichtungen an solchen, die nach § 108 SGB V – oder nach § 30 GewO bei Krankenhäusern für Privatpatienten[158] – für die Übertragung von vermittlungspflichtigen Organen zugelassen sind. Nur hier dürfen vermittlungspflichtige Organe übertragen werden.
Im Jahr 2002 gab es 46 Transplantationszentren in Deutschland.[159]

---

[156] Kalchschmid 147
[157] Kopetzki 67 (1987); vgl. ausführlich: 4. Teil B. III. 1. c., S. 153 f
[158] Ugowski 120
[159] Smit / Molzahn / Kirste / Grupp / Köhler 24

3. Teil: Ethische und rechtspolitische Aspekte des Transplantationswesens

Die Möglichkeit der Organtransplantation wirft nicht nur medizinisch-technische Probleme, sondern auch aus ethischer und rechtspolitischer Sicht viele Fragen auf.[160]

A. Akzeptanz der Organspende

Vor der Diskussion der ethischen und rechtspolitischen Aspekte bietet sich ein Blick auf die Akzeptanz der Organspende in der Bevölkerung an.
In Deutschland und der Schweiz befürworten 82 % der Deutschen und 80 % der Schweizer eine postmortale Organspende, wobei nur 11 bis 14 % in beiden Ländern einen Organspendeausweis besitzen.[161]
Für Österreich liegen repräsentative Umfrageergebnisse nicht vor.
Das gab den Anlaß, die Akzeptanz der Organspende in Deutschland und in Österreich durch eine eigene Umfrage zu ermitteln, um einen Vergleich zu ermöglichen.
Dabei wurde insgesamt 120 Personen, 60 in Deutschland und 60 in Österreich – jeweils 30 Männer und 30 Frauen –, ein Fragebogen vorgelegt. Der Fragebogen beinhaltete in beiden Ländern im wesentlichen dieselben Fragen. Lediglich Fragen zu den rechtlichen Voraussetzungen einer postmortalen Organspende berücksichtigten die unterschiedlichen gesetzlichen Regelungen. Um einen Querschnitt durch die betroffenen Alters- und Berufsgruppen zu erreichen, wurden Schüler, Studenten der Fachbereiche Rechtswissenschaften, Medizin und sonstige Wissenschaften, Juristen, Mediziner, Theologen, Angehörige sonstiger Berufsgruppen und Rentner befragt.
Die Umfrageergebnisse sind aufgrund der geringen Anzahl an befragten Personen nicht repräsentativ. Sie geben aber einen Hinweis zu den Meinungen in der Bevölkerung und sollten als Anreiz dienen, für die rechtspolitische Diskussion eine repräsentative Umfrage zu starten.
Insgesamt läßt sich nach meiner Umfrage feststellen, daß das Organtransplantationswesen in beiden Ländern überwiegend positiv beurteilt wird. 95 % der Deutschen und 96,7 % der Österreicher halten das Organtransplantationswesen für gesellschaftlich wertvoll. Die meisten der Befragten würden einer postmortalen Organspende zustimmen. Interessant ist, daß die Spendebereitschaft sich häufig aber nur auf eine begrenzte Anzahl von Organen und manchmal sogar auf ganz bestimmte Organe erstreckt.
Die tatsächlichen Kenntnisse der rechtlichen Voraussetzungen, vor allem zur postmortalen Organspende, lassen besonders in Österreich zu wünschen übrig. Aber auch die allgemeine Information der Bevölkerung über Organtransplantationen ist – in beiden Ländern – verbesserungsbedürftig.

---

160 Vgl. zu den rechtlichen Fragen: 4. Teil, S. 99 ff

161 Bundesamt für Gesundheit 43; Molzahn / Tuffs / Köhler 10

Die Meinungen zu Organverteilungsregeln entsprechen im wesentlichen den heute angewandten Allokationskriterien. Doch werden teilweise auch extreme, mit einem Rechtsstaat nicht vereinbare Auffassungen vertreten, nach denen beispielsweise alte Menschen nicht die gleiche Chance auf den Erhalt eines Organs haben sollen wie junge, oder Organe nur an bestimmte Patientengruppen vergeben werden sollen.
Für eine Lebendspende unter Verwandten und Bekannten zeigen sich die meisten der Befragten bereit. Doch auch die anonyme Lebendspende findet Zustimmung bei etwa 18 % der gesamten Befragten.
Ein legaler Handel mit Organen Verstorbener oder Lebender stößt überwiegend auf Ablehnung. Doch sind immerhin ca. 10 % der Meinung, ein legaler Organhandel solle zugelassen werden.
Der überwiegende Teil der Befragten befürwortet eine einheitliche rechtliche Regelung für das Transplantationswesen in Europa.
Zu den heute noch in der Forschungsphase befindlichen anderen Behandlungsmethoden, die einmal als Ersatz für Organtransplantationen in Betracht kommen sollen, äußern sich viele Befragte kritisch. Während die Transplantation von künstlichen und von aus adulten Stammzellen geschaffenen Organen auf überwiegende Zustimmung stößt, herrscht gegenüber der Xenotransplantation eher Skepsis. Die Transplantation embryonaler Stammzellen wird von den meisten abgelehnt.
Die Ergebnisse zu den einzelnen Fragen und die unterschiedlichen Auffassungen in Deutschland und Österreich sind im 6. Teil zusammengestellt.

„Sollen wir wirklich alles machen und wollen, was wir können?“
Barta, Rechtsfragen 41 (2001)

B. Organtransplantationen im Allgemeinen

Das primäre Ziel von Organtransplantationen ist die Rettung von Menschenleben. Die aus ethischer Sicht wesentliche Besonderheit besteht darin, daß sie nur in Verbindung mit einem Eingriff an einem anderen als dem zu behandelnden Menschen, meist an einem Toten, erfolgen können.[162] Menschen, die an einem Funktionsausfall eines Organs leiden, sind mangels einer zumindest langfristigen Behandlungsalternative darauf angewiesen, daß andere ihre Organe im Todesfall, selten während sie noch leben, für Transplantationen zur Verfügung stellen.[163]
Grundsätzlich stellt sich bei Organtransplantationen die Frage nach der Vertretbarkeit der Übertragung menschlicher Organe. In erster Linie geht es um ein

[162] Schreiber 97
[163] Vgl. 1. Teil, S. 29 ff

Abwägen der Werte Lebensrettung und Gesundheit für andere Lebende oder Erhalt des rasch verfallenden Körpers in seiner nach Todeseintritt vorliegenden Form.[164] Unter dem Aspekt der Lebensrettung des Empfängers läßt sich die Zulässigkeit von Transplantationen kaum vertretbar anzweifeln, solange dem Spender nicht ein Schaden in gesundheitlicher, wirtschaftlicher und moralischer Hinsicht zugefügt wird und man eine Identitätsänderung des Empfängers als Folge der Transplantation ausschließen kann. Letzteres ist für die Verpflanzung von Organen wie Niere, Leber, Lunge und Herz geklärt.
Die Pläne, Köpfe zu transplantieren,[165] überschreiten nach dem heutigen Kenntnisstand diese Grenze. Ihnen ist Einhalt zu gebieten, da das Gehirn die menschliche Individualität bestimmt.[166]
Besonders kritisch zu hinterfragen ist die – im April 2000 erstmals in Saudi-Arabien vorgenommene – Uterustransplantation.[167] Die Transplantation dieses Organs dient weder der Lebensrettung noch einer erheblichen Gesundheitsverbesserung von Frauen. Hier ist bereits das ethische Ziel von Organtransplantationen, nämlich Lebensrettung und Leidensminderung, auf eine experimentelle Ebene herabgesetzt worden. Bei der Uterustransplantation handelt es sich wohl eher um einen Versuch, die Grenzen des Machbaren zu erforschen.
Ebenso verhält es sich mit der Transplantation von Gliedmaßen, wie etwa Händen, zumal hier unter Umständen die Möglichkeit der Behandlung mit Prothesen besteht.
Die in jüngster Vergangenheit in Erwägung gezogene Gesichtstransplantation, bei der neben Haut, Lippen, Kinn, Nase und Ohren, Blutgefäße sowie Gesichtsknochen und -muskeln verpflanzt werden,[168] begegnet den gleichen Bedenken. Hinzu kommt hier, daß bei dieser Transplantation der Schutz des postmortalen Persönlichkeitsrechts und der Totenruhe mißachtet wird. Für diese ästhetischen Zwecken dienende Form der Transplantation ist kein Rechtfertigungsgrund ersichtlich, auch wenn äußerlich verunstaltende Verletzungen noch so gravierend sein sollten, da sie nicht der Lebensrettung oder Lebenserhaltung dient. Lockerte man diese restriktiven Transplantationsvoraussetzungen, wäre der Gefahr des Mißbrauchs kaum vorzubeugen. Die Transplantationsmediziner sollten diesen ethisch und rechtlich heiklen Bereich der Medizin nicht aus wirtschaftlichen Gründen oder aus Sensationslust durch den Versuch des Aufweichens ethischer Grenzen und den Einsatz menschenunwürdiger Methoden in Verruf bringen.

---

[164] Pichlmayr / Pichlmayr 20
[165] Hein 10 ff
[166] Pendl 109
[167] Fremder Uterus – Gebärmutter als Spenderorgan, Frankfurter Allgemeine Zeitung v. 7.3.2002
[168] www.aerztezeitung.de

„Dominus membrorum suorum nemo videtur"
– Niemand wird als Eigentümer seiner eigenen Glieder angesehen –
Dig. 9.2-13 Ulpian

C. Selbstbestimmungsrecht des Spenders

Problematisch ist die Bewertung des Willens potentieller Spender. Unstreitig dürfen Organentnahmen bei Lebenden nur mit ausdrücklicher Einwilligung des Spenders erfolgen.

Bei postmortalen Spenden wird dagegen diskutiert, ob die Gesellschaft ein Recht zur Entnahme von Organen hat oder ob der Wille des Verstorbenen, was mit seinen Organen nach dem Tod geschehen soll, Vorrang einnimmt. Die Befürworter eines höherwertigen Rechts der Gesellschaft argumentieren unter anderem, die Gesellschaft dürfe den Leichnam zur Aufklärung von Verbrechen öffnen. Dann müsse sie auch ohne Einwilligung des Verstorbenen zur Organentnahme befugt sein.[169] In beiden Fällen diene der Eingriff dem Lebensschutz Dritter – bei der Obduktion indirekt im Wege der Strafprävention durch Aufklärung von Verbrechen, bei der Organentnahme direkt nach der Transplantation dem Empfänger. Im übrigen rechtfertige die Rettung eines Menschenlebens prinzipiell ohne weitere Voraussetzung die Organentnahme bei Verstorbenen.[170]

Gegen diese Auffassung spricht, daß die Situation der Leichenöffnung, etwa zur Aufklärung eines Verbrechens, nicht mit der zur Organentnahme vergleichbar ist. Der grundsätzliche Unterschied besteht bereits darin, daß bei Obduktionen entnommene Körperteile wieder in den Leichnam zurückgelegt und der Bestattung zugeführt werden.[171] Aber auch die Ziele der Eingriffe sind unterschiedlich. Obduktionen dienen beispielsweise der Verbrechensaufklärung, der Krankheitserforschung oder der Qualitätssicherung in Krankenhäusern und nicht, wie Organentnahmen, der Weiterverwertung eines Organs.

Wenn der Verstorbene zu Lebzeiten bestimmen kann, was nach seinem Tod mit seinem Vermögen zu geschehen hat, muß dieses erst recht für seinen Körper gelten,[172] da der Mensch an materiellen Werten nicht gemessen werden kann und über ihnen steht. Ansonsten würde es sich bei der Organspende um eine „Zwangsorganabgabe" handeln.[173]

Eine Grenze findet das Verfügungsrecht in dem bereits von Ulpian verfaßten Rechtssatz „dominus membrorum suorum nemo videtur".[174] Auch heute noch ist allgemein anerkannt, daß niemand wie ein Eigentümer frei über seinen Körper oder dessen Bestandteile verfügen kann. Grenzen ergeben sich insbesondere aus den „guten Sitten", auf die sich die meisten Rechtsordnungen berufen. So gilt

---

[169] Birnbacher 19
[170] Hoerster 109 ff
[171] Pendl 114
[172] Albrecht 35; Birnbacher 19
[173] Ach / Wiesing 142
[174] Dig. 9.2-13 Ulpian

vor allem der Verkauf von Organen oder die Auflage, entnommene Organe sollten nur bestimmten Personen zustehen, als unzulässig.
Sachenrechtlich gelten Leichen und Leichenteile als Sachen.[175] Sie stellen aber besondere Sachen dar, an denen beispielsweise ein Eigentumserwerb ausgeschlossen ist. Die Beurteilung des Umgangs mit der Leiche wird also durch den Umstand geprägt, daß es sich vor Todeseintritt um einen Menschen mit eigenem Willen und Charakter handelte. Zwar hat ein Toter keine Interessen mehr, er hatte sie aber als Lebender. Die Mißachtung des zu Lebzeiten bekundeten Willens eines Verstorbenen käme einer Mißachtung seiner Wertvorstellungen, Lebensziele und Ideale gleich, was geeignet wäre, einem Menschen einen Teil seines Lebenssinns zu nehmen. Denn für einen Lebenden kann es etwa aus religiösen Gründen von besonderer Bedeutung sein, um den Schutz seiner körperlichen Integrität nach dem Tod zu wissen. Unsicherheit hierüber vermag die Lebensqualität des einzelnen zu beeinträchtigen.[176]
Zwar endet die Rechtsfähigkeit des Menschen mit dem Tod, doch das Selbstbestimmungsrecht, das eines der höchsten Rechtsgüter unserer Gesellschaft ist,[177] muß auch im Bereich postmortaler Organspenden fortwirken. Es handelt sich um einen höchstpersönlichen Bereich, in dem das Recht des einzelnen dem der Gesellschaft vorgeht. Die Annahme einer Pflicht zur Organspende würde die Mißachtung der Identität der Person beinhalten.[178]
So wie die Vorstellung eines Lebenden, seine Organe könnten nach seinem Tod ein Menschenleben retten, befriedigend sein kann, ist die Vorstellung, ein Teil des eigenen Körpers werde nach dem Tod in einem anderen fremden Körper „weiterleben", möglicherweise belastend.[179] Es muß daher für postmortale Organspenden wie bei Lebendspenden auf den Willen des einzelnen ankommen.
Die großen Religionen Christentum, Judentum und Islam äußern heute gegen Organtransplantationen keine Einwände mehr, da sie der Lebensrettung und Leidensminderung dienen.[180] Bei einer Entscheidung für oder gegen eine Organentnahme darf aber nicht die Religionszugehörigkeit maßgeblich sein. Nur für den Fall, daß eine Erklärung des Verstorbenen für oder gegen eine postmortale Organspende nicht vorliegt, kann die Religionszugehörigkeit einen gewissen Hinweis auf seine Einstellung geben.
Der Schutz des zu Lebzeiten erklärten Willens eines Verstorbenen ist heute in vielen europäischen Ländern unter dem Begriff des postmortalen Persönlich-

---

175 Kopetzki 107 (1988); Heinrichs, vor § 90 BGB, Rn 11; Schick 124
176 Albrecht 36; Bülow 79; Samson 2030
177 Ach / Wiesing 142
178 Nagel 7
179 Albrecht 37; Maurer 11
180 Fritsch-Oppermann; Hoheisel

keitsrechts anerkannt. Lediglich die rechtliche Herleitung ist dabei teilweise streitig.[181]

Mit dem Problem des Stellenwerts des Willens des Verstorbenen eng verbunden ist die Frage, wie die Einwilligung oder Ablehnung der Organspende nach dem Todesfall festzustellen ist und welche Rolle dabei die möglicherweise vorhandenen Angehörigen des Verstorbenen spielen.

Da Leichen und Leichenteile nicht den eigentums- und sachenrechtlichen Vorschriften unterliegen, können Angehörige ein „Verfügungsrecht" nur aus dem gewohnheitsrechtlich begründeten Totensorgerecht ableiten.[182] Das Totensorgerecht wird als Ausfluß des allgemeinen Persönlichkeitsrechts angesehen und gibt den Angehörigen eine eigene Rechtsposition, obwohl sie in erster Linie Sachwalter der postmortalen Persönlichkeitsrechte des Verstorbenen sind.[183]

Das Verfügungsrecht der Angehörigen ist zum Selbstbestimmungsrecht des Verstorbenen subsidiär. Hat der Verstorbene zu Lebzeiten keine Anordnungen getroffen, was nach seinem Tod mit seinem Leichnam geschehen solle, können die Angehörigen entsprechende Entscheidungen treffen.[184] Grenzen ergeben sich hierbei wiederum insbesondere aus den „guten Sitten".

Zivil- und öffentlich-rechtlich ist das Verfügungsrecht des Verstorbenen und der Angehörigen neben dem Grundsatz der „guten Sitten" noch weitergehend eingeschränkt. So können etwa nur Anordnungen über die Wahl der Bestattungsart und in gewissen Grenzen des Bestattungsortes getroffen, Zustimmungen zu Obduktionen und Zustimmungen oder Widersprüche zu Organentnahmen ausgesprochen werden.

Für Organentnahmen sehen die folgenden Modelle eine unterschiedliche Gewichtung des zu Lebzeiten geäußerten Willens des Verstorbenen sowie eine unterschiedliche Beteiligung der Angehörigen vor, wenn der Verstorbene nicht selbst eine Anordnung getroffen hat.

I. Enge und erweiterte Zustimmungslösung

Bei der Zustimmungslösung unterscheidet man zwischen enger und erweiterter Zustimmungslösung.

Die Vertreter der engen Variante fordern, daß der Verstorbene selbst zu Lebzeiten seine schriftliche Einwilligung zur Organspende verfaßt haben müsse. Fehle sie, hätten Angehörige kein Zustimmungsrecht. Eine Organentnahme sei unzulässig.[185]

Für diese Lösung spricht, daß sie den Willen des Verstorbenen in den Vordergrund stellt und ihn umfassend berücksichtigt. Das postmortale Persönlichkeits-

---

[181] Vgl. Albrecht m. w. N.; Frick m. w. N.

[182] Hirsch / Schmidt-Didczuhn 49; Kopetzki 107 (1988); Maurer 13

[183] Hirsch / Schmidt-Didczuhn 49; Kopetzki 107 f (1988)

[184] Hirsch / Schmidt-Didczuhn 49; Kopetzki 107 f (1988)

[185] Thiel 213 (2000)

recht genießt absolute Priorität. Die Grundrechte auf freie Entfaltung der Persönlichkeit, Gewissensfreiheit, Menschenwürde und Selbstbestimmung werden vollständig gewahrt.[186]
Es scheint aber fraglich, ob sie tatsächlich auch dem Willen der Bevölkerung entspricht. Denn sowohl 76,7 % der von mir befragten Deutschen als auch Österreicher befürworten eine eigene postmortale Organspende.[187] Dennoch besitzen nur ca. 14 % der Deutschen einen Organspendeausweis.[188]
Die Zustimmungslösung birgt daneben weitere erhebliche Nachteile in sich. So bleiben die Interessen der Organempfänger völlig unberücksichtigt.[189] In der Praxis ist sie außerdem nur realisierbar, wenn die Bevölkerung sich mit den Themen Organspende und Tod auseinandersetzt. Hierzu sind die wenigsten Menschen bereit, da sie nicht über den eigenen Tod nachdenken wollen und diesen vielmehr verdrängen. Über die Gründe der mangelnden Bereitschaft, einen Organspendeausweis auszufüllen, läßt sich nur mutmaßen. Bequemlichkeit und Angst, sich mit einem unterschriebenen Dokument zu einer Organspende zu verpflichten, dürften hier eine Rolle spielen.
Würde ein Land die enge Zustimmungslösung einführen, käme die postmortale Organspende nahezu zum Erliegen. So fand beispielsweise in Japan seit Einführung der engen Zustimmungslösung im Sommer 1997 bis zumindest zum Jahr 2000 keine Leichenorganentnahme zur Transplantation statt. Folglich reisen Japaner in andere Länder, um sich dort Organe implantieren zu lassen.[190]
Die Verwirklichung des ethisch wünschenswerten Ziels der absoluten Beachtung des Spenderwillens fördert hier den als unethisch zu bewertenden Organhandel.
Gefordert wird daher teilweise, die Bevölkerung müsse gezwungen werden, eine Entscheidung, die jederzeit änderbar sei, abzugeben.[191] Dagegen spricht aber, daß keine ethische oder gar rechtliche Pflicht besteht, sich für oder gegen eine Organspende zu entscheiden und sich mit dem damit verbundenen Thema Tod auseinanderzusetzen. Es gibt viele Menschen, die eine solche Entscheidung nicht treffen können oder wollen. Sie müßte dann mit Zwangsmitteln durchgesetzt werden, was aus ethischer Sicht zweifelhaft scheint.

Die erweiterte Zustimmungslösung[192] versucht, vorrangig den Willen des Verstorbenen zu beachten. Hat dieser zu Lebzeiten keine schriftliche Entscheidung getroffen, sollen seine Angehörigen – wie etwa Familienmitglieder, Ehe- und Lebenspartner oder sonstige Personen mit einer besonders nahen

---

186 Kalchschmid 61; Kopetzki 10 (1988); Samson 2035
187 Vgl. 6. Teil, S. 204
188 Molzahn / Tuffs / Köhler 10
189 Kalchschmid 61
190 Thiel 205 (2000)
191 Thiel 206 (2000)
192 Vgl. zu den rechtlichen Problemen in Deutschland: 4. Teil A. III. 1. d. aa., S. 109 ff

Beziehung zum Verstorbenen – nach einer entsprechenden mündlichen Willenskundgebung befragt werden. Läßt sich der Wille des Verstorbenen auch auf diese Weise nicht ermitteln, dürfen die Angehörigen eine Entscheidung im Sinne des Verstorbenen treffen. Sie sollen dabei nicht ihrem eigenen Willen folgen. Ist weder der Wille des Verstorbenen noch eine Entscheidung von Angehörigen bekannt oder zu erhalten, dürfen Organe nicht entnommen werden.

Häufig wird die Auffassung vertreten, der Vorteil der erweiterten Zustimmungslösung bestehe darin, daß sie dem Willen des Verstorbenen gegenüber den Interessen der wartenden Organempfänger den Vorrang einräume und ihm nicht eine mutmaßliche Einwilligung zur Organentnahme aufzwinge. Einzig diese Lösung respektiere den Willen des Verstorbenen wirklich. Eine Entscheidung zu treffen, bliebe jedem selbst vorbehalten.[193]

Wie bei der engen Zustimmungslösung, berücksichtigt auch diese Auffassung nicht den Willen eines Großteils der Bevölkerung, der einer Organspende nach dem Tod zustimmt, dieses aber nicht dokumentiert.[194]

Die erweiterte Zustimmungslösung berücksichtigt daher nicht den Willen derjenigen, die mit einer Organspende einverstanden sind, ihren Willen aber nicht kundgetan haben.

Der Wille eines Großteils der Bevölkerung, nämlich der Spendewilligen, bleibt demnach sowohl bei der engen, als auch bei der erweiterten Zustimmungslösung unberücksichtigt.

Wie die enge, birgt auch die erweiterte Zustimmungslösung einige Nachteile in sich. Im Falle einer Entscheidung durch die Angehörigen können letzte Zweifel, ob diese auch wirklich dem Willen des Verstorbenen entspricht, niemals ausgeschlossen werden, da die Gefahr besteht, daß Angehörige bei einem Entscheid ihrem eigenen Willen den Vorzug geben.[195] Diese Gefahr scheint um so größer, je schlechter die Beziehung zwischen dem entscheidungsbefugten Angehörigen und dem Verstorbenen zu dessen Lebzeiten war – wie etwa bei in Scheidung lebenden Ehepaaren. Daneben stellt sich die Frage, wie die Entscheidungsfindung bei mehreren Angehörigen aussehen soll. Muß eine einstimmige Entscheidung getroffen werden oder reicht die Mehrheit der Stimmen? Hat das Votum von Angehörigen, die mit dem Verstorbenen in einer weniger vertrauten Beziehung standen, das gleiche Gewicht wie das von denen mit enger Bindung an den Toten?

Außerdem werden die Angehörigen mit der Bitte nach einem Entscheid häufig emotionell überfordert,[196] da sie bereits der Tod eines geliebten Menschen erschüttert.

---

[193] Karl 70; Kloth 176 f; Rieder 118; Samson 2035

[194] Vgl. 3. Teil C. I., S. 65

[195] Thiel 204 (2000)

[196] Kalchschmid 62; Thiel 204 (2000)

Fraglich ist auch, welche Maßnahmen überhaupt getroffen werden müssen, um vor einer Anhörung der Angehörigen den Willen des Verstorbenen zu ermitteln. Reicht es, seine persönlichen Unterlagen, die er bei sich hat, zu durchsuchen? Müssen sämtliche Papiere bei ihm zu Hause oder gar ein Testament eingesehen werden? Ein solcher Aufwand würde eine Organtransplantation zumindest gefährden, wenn nicht sogar vereiteln, da sie nur zeitlich begrenzt möglich ist und umfassende Maßnahmen zur Erforschung des Willens des Verstorbenen viel Zeit in Anspruch nehmen würden. Sie scheinen in Anbetracht der Möglichkeit der Rettung eines Menschenlebens auch nicht verhältnismäßig.
Teilweise wird zu bedenken gegeben, daß die Befragung der Angehörigen in eine Werbung um die Zustimmung ausarten könne, die durch illegale Praktiken betrieben werde.[197] Hiergegen spricht, daß sich eine Mißbrauchsgefahr niemals ausschließen läßt. Illegale Praktiken können in jedem Stadium eines Transplantationsfalls auftreten, so daß man nach dieser Auffassung die Organtransplantation konsequenterweise völlig ablehnen müßte. Solchen Gefahren kann durch entsprechende Strafandrohungen und Kontrolleinrichtungen begegnet werden. Ganz ausschließen lassen sie sich aber niemals.
Zu einigen dieser Probleme versucht das deutsche Transplantationsgesetz eine Lösung zu bieten. Doch viele Unsicherheiten und Schwierigkeiten beseitigt auch dieses Gesetz nicht.[198]
Die Unsicherheiten der erweiterten Zustimmungslösung, ob beispielsweise der Wille des Verstorbenen hinreichend berücksichtigt wird, belegen auch folgende Zahlen. So basierten im Jahr 2001 in Deutschland nur 5,2 % der Organspenden auf dem dokumentierten Willen des Verstorbenen, wie etwa einem Organspendeausweis. Bei 8,8 % der Organspenden war der Wille des Verstorbenen den Angehörigen mündlich mitgeteilt worden. 78,1 % der Spenden beruhten auf dem mutmaßlichen Willen des Verstorbenen und 7,9 % auf der eigenen Entscheidung der Angehörigen.[199] 94,8 % der Explantationen waren demnach mit Zweifeln belastet, ob der Wille des Verstorbenen tatsächlich erfüllt wird, denn ganz abgesehen von den Fällen, in denen eine eigene Entscheidung der Angehörigen zugrunde lag, ist eine Kontrolle über angeblich mündliche Erklärungen zur Organspendebereitschaft oder des mutmaßlichen Willens des Verstorbenen nicht möglich.
Wenn überhaupt, läßt sich die erweiterte Lösung allen Interessen gerecht werdend nur praktizieren, wenn die Bevölkerung ungeachtet der damit verbundenen Kosten über die Notwendigkeit von Organspenden und ihre rechtlichen Voraussetzungen umfassend informiert wird und ein zentrales Register, in dem Einwilligungen und Widersprüche aufgenommen werden können, zur Verfügung steht.

---

[197] Kalchschmid 62
[198] Vgl. ausführlich: 4. Teil A. III. 1. d. aa., S. 109 ff
[199] DSO 13 (2002)

Ein Organspenderegister bietet eine verläßliche Quelle für die Feststellung des Willens eines Verstorbenen für oder gegen eine Organspende. Außerdem stärkt es das Vertrauen der Bevölkerung, der zu Lebzeiten geäußerte Wille werde respektiert.

81,7 % der deutschen Befragten würden ein solches Register in Anspruch nehmen.[200]

II. Informationslösung

Die Informationslösung ist der erweiterten Zustimmungslösung ähnlich. Für die Zulässigkeit einer postmortalen Organentnahme muß danach eine zu Lebzeiten abgegebene Einwilligung des Verstorbenen vorliegen oder die Angehörigen dürfen nach der Information über die geplante Explantation innerhalb einer angemessenen Bedenkfrist nicht widersprochen haben.[201]

Als Vorteil dieser Lösung wird die absolute Priorität des Willens des Verstorbenen und die Wahrung seines Selbstbestimmungs- und Persönlichkeitsrechts genannt. Zudem würde den Angehörigen nicht die Last einer Entscheidung für oder gegen die Explantation auferlegt.[202]

Diesen Argumenten läßt sich neben den Bedenken zur Zustimmungslösung entgegen halten, daß keineswegs ausschließlich der Wille des Verstorbenen beachtet wird. Durch das Recht auf Information und auf die Abgabe eines möglichen Widerspruchs erhalten die Angehörigen eher eine eigene Rechtsposition. Außerdem ist nicht gesichert, daß die Angehörigen wirklich dem Willen des Verstorbenen entsprechend entscheiden. Sie bleiben auch nicht von der Last einer Entscheidung befreit. Aufgrund der Information über die geplante Organentnahme und des Rechts zu einem Widerspruch müssen sie entscheiden, ob sie diesen abgeben oder schweigen. Fraglich ist zudem, was als angemessene Bedenkzeit anzusehen ist, da die benötigte Zeit zur Verarbeitung der Todesnachricht, der Information über die geplante Explantation und das Widerspruchsrecht sehr unterschiedlich ausfallen kann.[203]

III. Widerspruchslösung

Nach der Widerspruchslösung besteht die Möglichkeit der Organentnahme, sofern der Verstorbene zu Lebzeiten einer Entnahme nicht widersprochen hat. Eine Zustimmung der Angehörigen ist nicht erforderlich.[204] Die Vor- und Nachteile ähneln denen der erweiterten Zustimmungslösung. Auch hier kann der Verstorbene eine völlig freie Entscheidung treffen.

Die Widerspruchslösung wird teilweise abgelehnt, weil sie als zu verpflichtend angesehen wird, da immer Organe entnommen werden können, wenn kein Widerspruch vorliegt. Dieser Eingriff in das individuelle Recht, über seinen

---

[200] Vgl. 6. Teil, S. 208

[201] Kalchschmid 68; Schreiber / Wolfslast 191

[202] Kalchschmid 69; Schmidt-Didczuhn 269; Schreiber / Wolfslast 191

[203] Kalchschmid 69; Schreiber / Wolfslast 191

[204] Eder-Rieder 289; Gaisbauer 521; Thiel 213 (2000)

Körper auch nach seinem Tode allein bestimmen zu dürfen, sei zu weitgehend.[205] Das überzeugt indes nicht, da niemand gehindert ist, sein Selbstbestimmungsrecht jederzeit frei auszuüben. Der Widerspruch kann formlos an jeder denkbar geeigneten Stelle bekannt gemacht werden.

Ein Vorteil – auch gegenüber der erweiterten Zustimmungslösung – ist, daß die Angehörigen nicht mit der Frage nach einer Entscheidung belastet werden. Doch auch bei diesem Modell muß die Bevölkerung umfassend über die Organentnahme und den Umstand, daß bei mangelndem Widerspruch Organe entnommen werden dürfen, aufgeklärt werden.

Teilweise wird gegen die Widerspruchslösung vorgebracht, daß sie unsicher sei, da sich viele Menschen zu Lebzeiten mit der Frage der Organspende im Todesfall aus Unwissen nicht auseinandergesetzt haben oder nicht auseinandersetzen wollten.[206] Eine umfassende Öffentlichkeitsarbeit vorausgesetzt, läßt sich dem entgegnen, daß der Verstorbene mit einer Entnahme zumindest rechnen mußte und dieses bei dem Entschluß, eine entsprechende Entscheidung nicht zu treffen, auch wußte. Ähnlich dem aus dem Strafrecht bekannten dolus eventualis hat er eine Organentnahme somit billigend in Kauf genommen, so daß sie eher seinem Willen entspricht, als ihre Unterlassung.

Bei der Widerspruchslösung stellt sich ebenfalls die Frage, wie man einen Widerspruch zu ermitteln hat, wenn er nicht in den persönlichen Unterlagen, die der Verstorbene bei sich trägt, zu finden ist. Hier müssen die Angehörigen, soweit vorhanden, befragt werden,[207] was wiederum zu Unsicherheiten hinsichtlich des wirklichen Willens des Verstorbenen führt. Diese Lösung ist – wie die erweiterte Zustimmungslösung – nur mit einem zentralen Register, in dem Widersprüche eingetragen werden können, sinnvoll praktikabel. Dann bestünde auch die Gefahr der Verfälschung des Spenderwillens durch die Angehörigen nicht.[208] Weiterhin würde sich das Problem der Belastung der Angehörigen nicht stellen, da die Angehörigen des Verstorbenen nicht in den Spendenprozeß einbezogen werden müßten.

Zudem setzt die Widerspruchslösung eine umfassende Information der Bevölkerung voraus, daß es einen Widerspruch erfordert, wenn man eine Organspende nach dem Tod ablehnt. Denn nur, wenn der einzelne weiß, welcher Erklärungsform es zur Ausübung seines Selbstbestimmungsrechts bedarf, kann aus seiner konkludenten oder ausdrücklichen Erklärung eine Rechtsfolge geschlossen werden.[209]

Für die Widerspruchslösung spricht die in der Bevölkerung überwiegend herrschende positive Einstellung gegenüber der postmortalen Organspende,

---

[205] Heuer / Conrads 197
[206] Thiel 208 (2000)
[207] Thiel 207 (2000)
[208] Kalchschmid 72
[209] Kloth 156 f

ohne aber eine entsprechende Zustimmung dokumentiert oder kundgetan zu haben.

72 % der Deutschen befürworteten im Jahr 2000 eine Explantation nach dem Tod. Nur 14 % besaßen einen Organspendeausweis. Lediglich 50 % der von mir befragten Deutschen hatten ihre Entscheidung für oder gegen eine Organspende ihren Angehörigen mitgeteilt, so daß diese als verläßliche Quelle für den positiven Spenderwillen nicht in Betracht kommen.[210]

Ähnlich stellt sich die Einstellung der Bevölkerung zur Organspende in Österreich dar. 76,7 % der von mir Befragten befürworten eine postmortale Organspende, aber nur 30 % haben ihren Angehörigen ihre Entscheidung für oder gegen eine Organspende mitgeteilt. Lediglich 0,08 % der Österreicher haben einen Widerspruch im Widerspruchsregister eintragen lassen.[211]

Die Widerspruchslösung entspricht demnach dem Willen eines Großteils der Bevölkerung. Zu beachten ist aber, daß 43,5 % der von mir befragten Deutschen und 37,0 % der Österreicher nur eine begrenzte Anzahl ihrer Organe spenden wollen.[212]

Eine Mischlösung aus Widerspruchs- und erweiterter Zustimmungslösung, wie sie für ein österreichisches Transplantationsgesetz vorgeschlagen wird, dürfte daher dem Willen der Bevölkerung am meisten Rechnung tragen.[213]

IV. Notstandslösung

Die Notstandslösung läßt eine Organentnahme vom Verstorbenen zu, wenn er zu Lebzeiten oder seine Angehörigen keinen Willen zu diesem Thema geäußert haben.[214] Weitere Voraussetzung ist, daß sie zur Rettung des Lebens oder der Vermeidung schwerer gesundheitlicher Nachteile des Empfängers erfolgt.[215]

Die Organentnahme ist nach dieser Lösung für die Lagerung in Organbanken unzulässig, da es an einer unmittelbaren Lebensgefahr fehlt.[216] Die Abwägung der Interessen von Spender und Empfänger erfolgt ausschließlich zugunsten der Empfänger.[217] Die Rechtsgüter Leben und Wiederherstellung der Gesundheit werden danach höher bewertet als die Achtung religiöser oder philosophischer Überzeugung und der Pietät.[218] Die Notstandslösung ist mit Abstand die transplantationsfreundlichste Lösung, da sie einen schrankenlosen Zugriff auf den Körper eines Verstorbenen bietet.[219]

Zugunsten dieser Lösung spricht, daß das Recht auf Leben und die Wiederherstellung der Gesundheit besonders geschützt wird. Dieses geht allerdings zu Lasten des postmortalen Persönlichkeitsrechts des Spenders, das gewährleistet,

---

[210] Molzahn / Tuffs / Köhler 10; vgl. 6. Teil, S. 207 f

[211] ÖBIG, Jahresbericht 2001, 27; vgl. 6. Teil, S. 208 f

[212] Vgl. 6. Teil, S. 204 ff

[213] Vgl. ausführlich: 4. Teil B. III. 1. c., S. 145 ff

[214] Eder-Rieder 289; Holczabek / Kopetzki 417; Kopetzki 10 (1988)

[215] Eder-Rieder 289

[216] Kalchschmid 65

[217] Holczabek / Kopetzki 417; Kopetzki 10 (1988)

[218] Kalchschmid 58; Kopetzki 21 (1988)

[219] Kopetzki 10 (1988)

daß zu Lebzeiten getroffene Erklärungen und Festlegungen auch nach dem Tode beachtet werden, sofern sie nicht gegen die guten Sitten oder das geltende Recht verstoßen.[220] Auch das Totensorgerecht der Angehörigen bleibt unbeachtet. Weiterhin spricht gegen die Notstandslösung, daß nahezu ausschließlich die Interessen des Empfängers bevorzugt werden. Bei konsequenter Anwendung bleibt das Selbstbestimmungsrecht des Spenders unberücksichtigt, da eine Entnahme auch gegen den ausdrücklichen zu Lebzeiten erklärten Willen des Verstorbenen zulässig wäre. Der Spender würde damit zu einem Organersatzteillager degradiert.[221]

V. Entscheidungspflicht

Vereinzelt wird die Einführung einer Befragungs- und Entscheidungspflicht der erwachsenen Bevölkerung gefordert. Inhalt solle eine Entscheidung zur eigenen Bereitschaft zur Organspende im Falle des irreversiblen Ausfalls der Gehirnfunktionen und eine Aussage sein, ob man seinerseits bei Bedarf das Organ von einem Hirntoten wünscht. Jeder Bürger solle frei entscheiden können. Es werde jede Entscheidung respektiert. Nicht zulässig sei es aber, die Fragen unterschiedlich zu beantworten. Die Entscheidung sei jederzeit änderbar. Um dabei einem Mißbrauch vorzubeugen, solle die Entscheidungsfreiheit nur bis zum 30. Lebensjahr bestehen.[222]

Der Vorteil dieser Lösung ist die absolute Feststellbarkeit des Spenderwillens. Außerdem bliebe den Angehörigen die Qual einer Entscheidungsfindung erspart.[223]

Gegen diese Lösung spricht aber, daß man einen Menschen nicht zwingen kann, eine derartige Entscheidung zu treffen und viele Menschen sich auch nicht entscheiden wollen.[224] Der Vorschlag, die Verweigerung einer Antwort als Verneinung beider Fragen auszulegen,[225] stellt daneben einen unzulässigen Eingriff in die Entscheidungsfreiheit dar. Einem Menschen würde damit ein Entscheid aufgezwungen, der obendrein mit einem bestimmten Alter nicht mehr änderbar wäre.

D. Todeskriterium „irreversibler Ausfall des Gesamthirns“

Bei postmortalen Organspenden geht es auch um die Frage nach der Definition des Todes und der Art der Todesfeststellung. Diese Diskussion ist nahezu

---

[220] Drees / Scheld 28
[221] Kalchschmid 65; Kopetzki 21 (1988)
[222] Kollhosser 161 ff
[223] Kollhosser 161
[224] Thiel 205 (2000); vgl. 3. Teil C. I., S. 65
[225] Kollhosser 162

weltweit zugunsten des Todeskriteriums irreversibler Ausfall des Gesamthirns – auch Hirntod genannt – entschieden worden.[226]
Teilweise herrscht die Auffassung, die Feststellung des irreversiblen Ausfalls des Gesamthirns sei eine Sachfrage und keine ethische. Sie weise durch Untersuchung und Beobachtung überprüfbare Befunde nach und gebe daher nicht die Möglichkeit einer auf Werten und auf einer Wahl beruhenden sittlichen Entscheidung zwischen Gut und Böse.[227]
Dem wird entgegengehalten, die Frage nach den Kriterien des menschlichen Todes sei im Kern weder eine juristische noch eine medizinische. Es sei Ansichtssache, was man an biologischer Präsenz und Funktion für das Menschsein als entscheidend ansieht. Daher handele es sich bei der Diskussion um den Gesamthirnausfall um eine ethische Frage.[228]
Hierfür spricht, daß es bei der Anerkennung des irreversiblen Ausfalls des Gesamthirns als Tod des Menschen neben den medizinischen Tatsachen um Wertungsfragen geht, die Mediziner nicht alleine beantworten können.[229] Es spielen nämlich auch höchstpersönliche Ansichten jedes Menschen und kulturelle Aspekte eine maßgebliche Rolle.
Auch im Recht und in der Medizin ist der Mensch der hauptsächliche Gegenstand. So gehört beispielsweise zum Menschenbild des Rechts auch die Frage, wann ein Mensch tot ist.[230] Die Diskussion sollte daher interdisziplinär, insbesondere von Medizinern, Juristen und Ethikern geführt werden.

Manche Kritiker erkennen den irreversiblen Ausfall des Gesamthirns nicht als Tod des Menschen an. Das Herz eines „Hirntoten" schlage selbständig weiter und die Vitalfunktionen seien erhalten.[231] Es dürfe nicht allein auf das Vorhandensein von Merkmalen, wie Bewußtsein und Selbststeuerung, abgestellt werden. Der irreversible Ausfall des Gesamthirns stelle einen Übergangszustand im Sterbeprozeß dar, der aber noch dem Leben zuzurechnen sei. Dennoch halten es einige für vertretbar, nach dem Erlöschen der gesamten Hirnfunktionen Organe zu entnehmen.[232] Danach würde die Entnahme lebenswichtiger Organe an einem Lebenden stattfinden. Dieses wäre ein eindeutiger Verstoß gegen das Recht auf Leben und körperliche Unversehrtheit, das jedem Menschen zusteht.[233] Aus den unverzichtbaren Rechten auf Schutz des Lebens und der Menschenwürde folgt nämlich, daß die Entnahme eines lebenswichtigen Organs bei einem Lebenden unzulässig ist, auch wenn er sich in einem unum-

---

[226] Vgl. 1. Teil D. I., S. 36 ff
[227] Angstwurm 82
[228] Schmidt-Jortzig 11
[229] Schmidt-Jortzig 11
[230] Mayer-Maly 37 ff
[231] Höfling 7
[232] BT-Drs. 13 / 2926, 4114, 6591; Höfling 7 f; vgl. ausführlich: 4. Teil A. I., S. 99 ff
[233] Hoerster 100

kehrbaren Sterbeprozeß befindet.[234] Die Organentnahme ginge sonst mit einer aktiven Tötung des Spenders einher. Außerdem würde der Wert von Menschenleben abgestuft bestimmt. Das Leben eines Sterbenden wäre nach dieser Auffassung weniger schutz- und aufrechterhaltungswürdig als das eines Gesunden. Selbst die Explantation mit Einwilligung würde nach dieser Ansicht der Hirntodkritiker eine verbotene aktive Sterbehilfe darstellen.[235]

Für die Anerkennung des Kriteriums des irreversiblen Ausfalls des Gesamthirns als Tod des Menschen spricht, daß mit dem Ausfall des Gehirns der Mensch nicht mehr lebensfähig ist. Der „Tod" des Hirns bewirkt ohne künstliche Unterstützung der anderen Organe den „Tod" von Herz, Lunge und schließlich aller Organe.[236] Nach dem Eintritt des irreversiblen Ausfalls des Gesamthirns kann die Herzfunktion und somit der gesamte Kreislauf nur durch künstliche Beatmung und Medikamentengabe für höchstens 24 bis 48 Stunden aufrechterhalten werden.[237] Die Merkmale, die das Leben eines Menschen kennzeichnen, sind mit dem Funktionsausfall des Gehirns erloschen. Die kommunikativen Fähigkeiten, die das Menschsein ausmachen, bestehen nicht mehr.[238] Bewußtseins- und Empfindungsregungen gehen verloren. In diesem Zustand kann ein Mensch nichts mehr aus seinem Inneren und aus der Umgebung empfinden, wahrnehmen, beobachten und beantworten, nichts mehr denken und entscheiden. Hinzu kommt, daß die zentrale Steuerung der Körperfunktionen, die im Hirnstamm lokalisiert ist, mit dem irreversiblen Funktionsausfall des Gehirns erlischt.[239]

Die Beurteilung, ob ein Mensch tot ist oder lebt, darf nicht davon abhängen, wie man ihn wahrnimmt, sondern davon, was man über ihn weiß. So kann man bei einem Verstorbenen, bei dem der irreversible Gesamthirnausfall diagnostiziert wurde, wahrnehmen, daß dieser – aber auch nur mit maschineller Hilfe – atmet[240] und wie ein lebender Komapatient aussieht. Man weiß jedoch, daß dieser Mensch aufgrund des Ausfalls seiner Hirnfunktionen nicht mehr lebt. Die Aufrechterhaltung der Intensivmaßnahmen nach Eintritt des irreversiblen Ausfalls des Gesamthirns dient nur der Aufrechterhaltung der Kreislaufregulation und damit der Möglichkeit zur Organentnahme. Sie kann nicht dazu führen, den Tod rückgängig zu machen. Denn bei der Fortsetzung der Intensivmaßnahmen nach der Hirntodfeststellung kommt es zu einer Verflüssigung (Kolliquationsnekrose) und gegebenenfalls Fäulnis des gesamten Gehirns (respirator brain).[241] Die Aufrechterhaltung der Intensivmaßnahmen dient also nur dem Ziel der Organübertragung und nicht der Behandlung eines Lebenden. Anderen-

[234] Heuer / Conrads 197
[235] Heuer / Conrads 197
[236] Jarosch 163
[237] Margreiter 28
[238] Sass 164
[239] Heun 215
[240] Birnbacher 17
[241] Schlake / Roosen 46

falls würde sie einen unzulässigen Eingriff in die Integrität des Leichnams und unnötige Verschwendung intensivmedizinischer Kapazitäten darstellen,[242] die nur durch das Ziel der Rettung des höherwertigen Rechtsguts Leben gerechtfertigt ist.
Der Mensch ist nicht nur nach seiner biologischen Funktion zu begreifen. Vielmehr wird er erst durch seinen Charakter, seine Individualität und seine geistige Eigenschaft gekennzeichnet,[243] die wiederum durch das Gehirn entfaltet werden. Mit dem irreversiblen Ausfall des Gesamthirns erlöschen auch diese Eigenschaften.
Der von den Kritikern häufig gebrachte Einwand, es gebe keine Erkenntnis über Empfindung und Bewußtsein,[244] verfehlt seine Argumentationskraft. Die Neurologie und die Hirnforschung verfügen nämlich über gesicherte, wenn auch nicht bis in das letzte Detail gehende Kenntnisse über die menschlichen Hirn- und Bewußtseinsfunktionen. Dieses Wissen ist nicht weniger sicher als das über den „Herztod", so daß die Hirntodkritiker den Tod erst nach Absterben der letzten Körperzelle anerkennen dürften.[245]
Die Behauptung der Kritiker, das Kriterium des irreversiblen Gesamthirnausfalls sei nur geschaffen worden, um Organtransplantationen zu ermöglichen,[246] ist aufgrund der historischen und medizinischen Tatsachen unzutreffend.[247] Auch das Argument, es bestünde die Gefahr, die Intensivbehandlung eines Patienten werde zu früh beendet, geht fehl. Denn die bestmögliche Behandlung eines potentiellen Organspenders vor dessen Tod ist zugleich wichtige unmittelbare Voraussetzung für eine eventuelle spätere Organübertragung.[248] Ein zu früher Behandlungsabbruch, um möglichst bald Organe für eine Transplantation zu erhalten, könnte dieses Ziel überhaupt nicht erreichen. Das Nachlassen der Intensivbehandlung vor Eintritt des irreversiblen Ausfalls des Gesamthirns hätte nämlich einen baldigen Kreislaufzusammenbruch und damit einen Funktionsverlust der Organe zur Folge.[249] Aus ärztlich-ethischer Sicht gehen ebenfalls in jedem Fall die Bemühungen um das Leben des Kranken oder Verletzten vor.[250]
Sterben ist ein fließender Prozeß, bei dem zwischen Absterben des Körpers und Tod zu unterscheiden ist. Mit dem irreversiblen Ausfall des Gesamthirns sind die Grundlagen und Merkmale einer Person als Lebewesen Mensch zerstört. Mit Eintritt dieses Ereignisses ist ein Mensch tot, während der Prozeß des Absterbens der einzelnen Körperteile und Zellen noch fortdauert.[251]

---

[242] Schlake / Roosen 46
[243] I. d. S. Albrecht 20
[244] Hoff / In der Schmitten 202 ff
[245] Heun 215
[246] Hoff / In der Schmitten 153
[247] Vgl. 1. Teil D. I., S. 36 ff
[248] Angstwurm 82
[249] Pichlmayr / Pichlmayr 20
[250] Angstwurm 82
[251] Feldkamp 32

Da der Tod eines Menschen nur einmal eintreten kann, muß besonders in der öffentlichen Diskussion deutlich gemacht werden, daß der Begriff „Hirntod" lediglich eines von verschiedenen Todeskriterien darstellt. Dabei sollte man bereits die Begriffe „Hirntod" und „Hirntote" vorsichtig verwenden. Das isolierte Wort „Hirntod" ist geeignet, den Anschein zu erwecken, es gebe noch andere, unter Umständen sicherere Todesarten. Dieser Eindruck wird noch verstärkt, wenn von einer intensivmedizinischen „Behandlung" des „Hirntoten" die Rede ist. Eine – wie auch immer geartete – medizinische Behandlung kann aber nur ein Lebender erhalten. Bei Toten sollte man daher bei der Aufrechterhaltung der Kreislauffunktion als Voraussetzung zur Organspende beispielsweise von intensivmedizinischen „Maßnahmen" sprechen.

Rechtspolitisch ist es wichtig, einen einheitlichen rechtlichen Todesbegriff zu schaffen. Das gebietet allein schon der Grundsatz der Einheit der Rechtsordnung. Die Definition des Todes und die Art seiner Feststellung darf sich nicht nach bestimmten Interessen richten oder nur für bestimmte Rechtsgebiete gelten.[252] Der Eintritt des Todes wirkt sich nämlich gleichzeitig auf verschiedene Rechtsbereiche aus. So ist es beispielsweise für Ärzte insbesondere aus strafrechtlicher Sicht relevant zu wissen, bis zu welchem Zeitpunkt sie Wiederbelebungsmaßnahmen vornehmen müssen oder wann sie Organe entnehmen dürfen. Erben können ein Interesse daran haben, den genauen Todeszeitpunkt zu kennen, um erbrechtliche Ansprüche verfolgen zu können.
Ein einheitlicher rechtlicher Todesbegriff ist aber auch bereits aus der Natur der Sache zwingend, da es nur einen Tod des Menschen gibt. Der irreversible Ausfall des Gesamthirns stellt dabei zur Zeit das verläßlichste Kriterium des Todes neben den erst später auftretenden Kriterien, wie Leichenstarre oder Leichenflecke, dar.

E. Kriterien für die Aufnahme auf die Warteliste und die Organverteilung

Es gibt bei weitem nicht ausreichend Organe für Transplantationen. Die Listen mit Patienten, die auf ein Organ warten, sind lang. Viele Patienten sterben, bevor sie ein Organ erhalten.[253] Die wenigen Organe, die zu Transplantationszwecken zur Verfügung stehen, müssen daher unter den Patienten auf den Wartelisten nach bestimmten Kriterien verteilt werden. Da es für die Patienten dabei meistens um Leben oder Tod geht, müssen die Kriterien objektiv, rational, transparent und sozial nicht diskriminierend sein.[254]
Doch bevor ein Patient in das Verteilungsverfahren kommt, muß er zunächst in die Warteliste aufgenommen werden. Die Entscheidung darüber treffen die behandelnden Ärzte. Die zugrunde gelegten Kriterien stellen aber nicht, wie

---

[252] Barta 88 ff (1994); Kalchschmid 117; Kalchschmid / Barta 28
[253] Vgl. 1. Teil D., S. 31 ff
[254] Ach / Wiesing 140

häufig behauptet, ausschließlich medizinische Kriterien dar. Würde die Auswahl transplantierbarer Patienten nach rein medizinischen Faktoren erfolgen, würden sich noch mehr Patienten auf den Wartelisten finden, als dieses zur Zeit der Fall ist.[255] Hinter den Regeln stehen häufig vielmehr ethische Prinzipien.

Besonders kritisch ist dabei für eine Aufnahme auf die Warteliste die Kontraindikation der sog. **Compliance** zu hinterfragen. Darunter versteht man die Mitarbeit des Patienten, den Transplantationserfolg zu sichern. Dazu zählen beispielsweise die regelmäßige Einnahme der immunsuppressiven Medikamente, das Erscheinen zu den regelmäßigen Kontrolluntersuchungen, die Befolgung der ärztlichen Anweisungen und vieles mehr. Als Beurteilungsmerkmale gelten die Motivation, die Selbstdisziplin und die geordneten beruflichen, häuslichen und familiären Verhältnisse.[256]

Ob gerade die letzten Merkmale aus ethischer Sicht gerecht sind, ist fraglich. Hat ein Mensch, der den „normalen" Standards[257] der Gesellschaft nicht entspricht, bei gleichen medizinischen Voraussetzungen ein geringeres Recht auf eine Transplantation und damit das Leben? Hier findet eine Selektion von Patienten statt, die äußerst bedenklich scheint, da mit ihr einigen Menschen eine Hilfsmaßnahme zugesprochen und gleichzeitig anderen versagt wird.

Die Ungerechtigkeit des Merkmals der Compliance tritt um so deutlicher hervor, als es von Transplantationszentrum zu Transplantationszentrum und sogar innerhalb der Zentren von den einzelnen behandelnden Ärzten subjektiv unterschiedlich gewertet wird. So kommt es vor, daß ein Patient wegen mangelnder Compliance an einem Zentrum als nicht transplantabel abgewiesen wird, während ein anderes ihn auf die Warteliste aufnehmen würde.[258]

Es bestehen zudem erhebliche Unsicherheiten bei der Einschätzung der Compliance. So könnte sich beispielsweise die Motivation des Patienten zur Mitarbeit nach der Transplantation ändern. Er könnte nach einer erfolgreichen Operation neuen Mut schöpfen und motivierter mitarbeiten als es vorher den Anschein hatte. Umgekehrt wäre es denkbar, daß er nach der Transplantation depressiv wird und nicht mehr mitarbeiten will, weil er es psychisch nicht verarbeiten kann, mit einem fremden Organ und noch dazu dem eines Toten zu leben.

Die Zweifel an diesem Ausschlußkriterium werden von einer Untersuchung untermauert, die belegt, daß Ärzte dazu neigen, die Motivation der Kranken zu überschätzen. Bis zu 25 % der Todesfälle nach einer zunächst erfolgreichen Organtransplantation beruhen nämlich auf einer mangelhaften Kooperation der Patienten mit den Ärzten.[259]

---

255 Schmidt, V. 53 f
256 Schmidt, V. 58
257 Schmidt, V. 58
258 Schmidt, V. 60
259 Lutterotti

Ähnlich wie mit der Aufnahme von Patienten auf die Warteliste, verhält es sich mit der Verteilung der Organe. Häufig heißt es, sie würde ebenfalls nach medizinischen Kriterien erfolgen.[260] In Deutschland ist dieses sogar in § 12 Abs 3 dTPG normiert. Doch genau betrachtet, stehen auch hier hinter diesen auf den ersten Blick medizinischen Kriterien oft moralische Prinzipien.[261]
Dem Allokationsfaktor der **Histokompatibilität** liegt das Bestreben, eine möglichst lange Überlebensdauer des Transplantats zu erzielen, zugrunde. Der individuelle Nutzen für einen Patienten soll optimiert und die Organfunktionszeit maximiert werden (Prinzip der individuellen Nutzungsoptimierung).[262]
Die Berücksichtigung der **Entfernung** zwischen Spenderkrankenhaus und Empfänger-Transplantationszentrum beruht auf dem Prinzip der kollektiven Nutzenmaximierung. Die zur Verfügung stehenden Ressourcen sollen möglichst effektiv genutzt werden.[263]
Hinter dem Kriterium der **Wartezeit** verbirgt sich dagegen das moralische Prinzip der Gleichheit.[264] Danach werden alle Patienten gleich behandelt, egal welche Position sie in der Gesellschaft einnehmen. Arme und Reiche, Prominente und Nicht-Prominente werden hier allein nach ihrer Wartezeit beurteilt.
Auch das Merkmal der **HLA-Frequenz** unterliegt dem Gleichheitsprinzip. Patienten mit einem seltenen HLA-Phänotyp, die unter rein HLA-orientierten Verteilungsregeln eine geringe Wahrscheinlichkeit hätten, ein passendes Organ zu erhalten, bekommen dadurch eine den anderen Patienten vergleichbare Chance.[265]
Hinter der **Bevorzugung von Kindern** stehen Gedanken sowohl des Nutzens- als auch des Gleichheitsprinzips. Der Nutzen liegt in der Vermeidung von Schäden für das Kind, die beispielsweise bei der Dialysebehandlung als irreversible Wachstums- und Entwicklungshemmung auftreten können. Gerechtigkeitserwägungen fließen unter dem Aspekt der Bedürftigkeit oder Dringlichkeit ein.[266]
Dem Gerechtigkeitsprinzip entspricht es auch, **ehemaligen Lebendspendern** einen gewissen, aber nicht absoluten Vorrang bei der Organverteilung zu geben.[267]

Diskutiert werden daneben noch andere Allokationskriterien, die in der Praxis aber keine Rolle spielen.
So wird beispielsweise gefordert, das **Alter** des Empfängers müsse bei der Zuteilung von Organen berücksichtigt werden. Jüngere Patienten hätten grundsätzlich den Vorrang. Dadurch sei ein maximaler Nutzen des Organs möglich.

---

260 Statt vieler: Margreiter 32
261 Ach / Wiesing 145
262 Ach / Wiesing 145
263 Ach / Wiesing 145 f
264 Gutmann / Land 97
265 Ach / Wiesing 146; Gutmann / Land 97
266 Gutmann / Land 98
267 Gutmann / Land 98

Diese Auffassung wird jedoch allgemein abgelehnt, da sie dem gesicherten Recht auf Leben widerspricht,[268] das jedem, unabhängig von Alter und Gesundheit, zuteil wird.
Hierfür spricht – neben dem Grundrecht auf Gleichbehandlung – auch das Grundrecht auf den Schutz der Menschenwürde, die ebenfalls eine unbedingte Gleichheit und Gleichbehandlung bei der Organverteilung verlangt.[269] Nicht das Alter alleine, sondern der gesamte Gesundheitszustand, der bei vergleichbar alten Menschen unterschiedlich sein kann, muß bei der Allokation eine Rolle spielen. Der Wert eines Menschenlebens hängt nicht vom Alter ab.
Nach meiner Umfrage wollen 53,3 % der Deutschen und 76,7 % der Österreicher bei der Organverteilung alte Menschen ebenso berücksichtigt wissen wie junge. Jeweils 46,7 % der deutschen und der österreichischen Befragten stimmten für eine bevorzugte Behandlung von Kindern.[270]

Statusorientierte Verteilungskriterien wie Geschlecht, Abstammung, Rasse, Sprache, religiöse und politische Anschauungen werden schon von Rechts wegen nicht ernsthaft diskutiert.[271]
Teilweise meint man, Menschen, die selbst bereit sind, im Todesfall Organe zu spenden, sollten bevorzugt ein Organ erhalten (sog. **Solidar- oder Clubmodell**).[272] Manche gehen dabei so weit, nur den als Organempfänger in Frage kommen zu lassen, der sich zu einem Zeitpunkt, in dem er gesund war und nicht absehen konnte, daß er ein Organ braucht, sich zur Spende bereit erklärt hat. Wer keine Organe spenden wolle, weil er die eigene Totenruhe nicht gestört haben möchte, werde natürlich respektiert. Er müsse aber auch Verständnis aufbringen, daß ihm dann im eigenen Bedarfsfalle ein Organ nur nachrangig angeboten werde, nämlich erst, wenn ein Organüberschuß bestehe.[273]
Dieses Verteilungskriterium ist abzulehnen. Allein die Forderung nach Solidarität in der Organspendebereitschaft für alle, aber besonders für diejenigen, die selbst spendebereit und solidarisch sind,[274] läßt an die ethisch und rechtlich nicht vertretbare Haltung nach dem Grundsatz „im Prinzip sind wir alle gleich, aber manche von uns sind gleicher“ denken. Die Aussage, das Club- oder Solidarmodell bedeute keinen Ausschluß von Nicht-Solidarischen, sondern eine Bevorzugung von Solidarischen,[275] zielt in die gleiche Richtung und bedeutet im Ergebnis, daß Angst vor dem möglichen Ausschluß von einer medizinischen Behandlung als Druckmittel eingesetzt werden könnte. Denn dann würde jeder nach dem Motto eine Entscheidung treffen „ ich bekomme bei Bedarf nur ein

[268] Gutmann / Land 98
[269] Heinze 84
[270] Vgl. 6. Teil, S. 212 ff
[271] Gutmann / Land 100
[272] Thiel 208 f (2000)
[273] Blankart / Thiel; Thiel 28 ff (1997); Thiel 209 (2000)
[274] Gubernatis 21 (1997)
[275] Gubernatis 21 (1997)

Organ, wenn ich auch einmal bereit bin, meines zu geben". Angst ist aber keine ausreichende Rechtfertigung für individuelles Handeln.[276] Das Prinzip der Freiwilligkeit der Organspende wäre im übrigen damit ausgehebelt.
Die Einführung eines solchen Modells würde außerdem schon allein die Finanzierung von Organtransplantationen gefährden. Warum sollte der Steuer- und Beitragszahler ein Transplantationssystem organisieren und finanzieren, das im Ergebnis nur einem beschränkten Kreis von Berechtigten zugute kommt?[277]
Das Argument der Befürworter dieses Modells, wer religiöse, ethische oder andere Bedenken als Grund für die Verweigerung der eigenen Organspende angebe, müsse das gleiche für die Organentnahme bei anderen gelten lassen und verstehen, daß sein eigener Anspruch auf ein Leichenorgan bei dringender medizinischer Indikation keine Priorität genieße,[278] überzeugt nicht. Diejenigen, die, aus welcher Überzeugung auch immer, eine Organspende ablehnen, würden gleichsam mit dem Tode bestraft. Einem Menschen eine medizinisch notwendige Behandlung wegen seiner Überzeugung vorzuenthalten, ist ethisch und rechtlich nicht vertretbar.
Unberücksichtigt lassen die Vertreter des Club- oder Solidarmodells, daß Menschen unter dem Eindruck einer schweren Krankheit ihre Einstellung zum Leben und auch zum Thema Organspende ändern können. Das Recht, seine Meinung zu ändern, wäre ihnen nach diesem Modell aber verwehrt.
Außerdem würde die Gefahr bestehen, daß der Behandlungsausschluß auch Menschen trifft, die nichts von der Voraussetzung, die eigene Spendenbereitschaft vor dem Bedarf geäußert haben zu müssen, wußten oder eine Entscheidung vor sich herschoben. Denn, wie oben ausgeführt, setzen sich die meisten Menschen grundsätzlich nur ungern mit der Frage des eigenen Todes und dessen Folgen auseinander.[279]
Für Kinder und einwilligungsunfähige Personen müßten, wollte man sie nicht ganz von der Organzuteilung ausschließen, Ausnahmen geschaffen werden, die schon allein das ganze Modell in Frage stellen würden.
Auch die Mißbrauchsgefahr wäre sehr hoch. Um ein Organ im Bedarfsfall zu erhalten, könnten Menschen ihre eigene Spendenbereitschaft bekunden, diese nach dem Erhalt eines Organs aber widerrufen.
Gegen das Solidar- oder Clubmodell spricht weiterhin, daß die Einwilligung wegen des Vorrangs des Persönlichkeitsrechts nicht staatlicherseits eingefordert werden kann. Aus diesem Grund darf sich ihre Verweigerung bei der Allokation nicht nachteilig auswirken.[280]

---

[276] Nagel 8
[277] Gutmann / Land 102
[278] Thiel 209 (2000)
[279] Thiel 205 (2000); vgl. 3. Teil C. I., S. 65
[280] Gutmann / Land 103

Nur 33,3 % der deutschen und 28,3 % der österreichischen Befragten würden es befürworten, den Erhalt eines Spenderorgans von der eigenen Spendenbereitschaft des Empfängers abhängig zu machen.[281]

Für die Beurteilung einiger dieser, insbesondere der in der Praxis relevanten Allokationsfaktoren spielt zwar medizinisches Sachwissen eine bedeutende Rolle, wie etwa bei der Beurteilung der Erfolgsaussichten oder der Dringlichkeit einer Transplantation. Die Entscheidung für ihre Anwendung ist aber keine medizinische Frage. Es handelt sich nicht, wie häufig behauptet, um wissenschaftlich neutrale, sondern auf Wertentscheidungen beruhenden Faktoren, die begründungspflichtig sind.[282]
In diesem Zusammenhang stellt sich die Frage, wer zur Festlegung der Kriterien legitimiert ist. Die Entscheidung, welche Kriterien für die Organverteilung maßgeblich sein sollen, muß letztlich öffentlich erfolgen.[283] Da die Allokationskriterien nicht objektiven medizinischen Erkenntnissen zugrunde liegen, dürfen sie nicht allein von Medizinern festgelegt werden.

F. Spendenlösung

Der Mangel an Organen wird immer wieder zum Anlaß genommen, die „Spendenlösung" bei der Organvergabe zu kritisieren. Es müßten Anreize in Form einer Gegenleistung für die Organgabe geschaffen werden. Dann stünden mehr Organe für Transplantationen zur Verfügung.[284]
Würde man dieser Auffassung folgen, wäre das nahezu weltweit bestehende Verbot des Organhandels kaum zu kontrollieren und durchzusetzen. Die Auffassung, es sei nicht einzusehen, daß der Organgeber nichts bekommen solle, obwohl alle anderen an der Transplantation Beteiligten, wie beispielsweise Ärzte und Transplantationszentren, an der Organübertragung verdienten und der Organempfänger eine Verbesserung der Lebensqualität erhalte, überzeugt nicht. Wie bereits ausgeführt, steht der Mensch über allen materiellen Werten. Der „Wert" seines Körpers kann nicht mit Geld gemessen werden. Dieses gilt folglich auch für die Organe. Würde man Organspendern eine Gegenleistung in Aussicht stellen, bestünde die Gefahr, daß die Achtung vor dem menschlichen Leben, dem Körper und der Gesundheit weiter sinkt. Der Körper des Menschen und seine Einzelteile würden zu einer Ware mit einem bestimmten Marktwert degradiert. Besonders bei Lebendspenden wäre zu befürchten, daß Menschen in einer finanziellen Notlage ohne Rücksicht auf ihre Gesundheit einer Organentnahme zustimmen würden. Das hätte wiederum negative Folgen auch für die Solidargemeinschaft, da ungeeignete Lebendspender selbst behandlungsbedürf-

[281] Vgl. 6. Teil, S. 212
[282] Ach / Wiesing 146
[283] Ach / Wiesing 148
[284] Schroeder 174

tig würden.[285] Die Gefahr, daß Patienten, die bereit sind, höhere Zahlungen für ein Organ zu leisten, bevorzugt ein Organ erhielten, wäre zumindest sehr hoch.

G. Besonderheiten bei der Lebendspende

Bei der Lebendspende[286] stellt sich vor allem die Frage, unter welchen Bedingungen und in welchem Umfang Gesundheit oder sogar Leben eines Menschen gefährdet werden dürfen, um einem anderen das Leben zu retten.[287] Schließlich dient der Eingriff beim Spender nicht der Erhaltung seiner Gesundheit. Es besteht weitgehend Einigkeit, daß Lebendspenden nur unter der Bedingung der Freiwilligkeit, bei paarig angelegten Organen[288] und hohen Erfolgsaussichten auf Heilung des Empfängers vertretbar sind. Aus ethisch-moralischer Sicht fraglich ist vor allem, ob, durch wen und wie die Freiwilligkeit der Spende überprüft werden darf.[289]

Entgeltliche Lebendspenden werden allgemein für nicht akzeptabel gehalten.[290] Problematisch wäre es bereits, einem Organ einen Markt- oder Handelswert zuzuordnen. Schließen zwei Parteien einen Kaufvertrag über ein Gut ab, so fließen in die Preiskalkulation alle denkbaren Nebenwirkungen eines Gutes, alle Nebenerträge und -verluste mit ein.[291] Eine solche Kalkulation wäre bei einer Lebendspende nicht möglich, da die Nebenwirkungen für den Spender und auch den Empfänger, wie Operationsrisiko, erneutes Auftreten der Krankheit, Arbeitsunfähigkeit infolge der Spende und vieles mehr nicht vorhersehbar sind.
Diskutiert wird aber, dem Lebendspender einen gewissen Ausgleich für die Organgabe zukommen zu lassen. Unbedenklich und sogar gerechtfertigt scheint es dabei, dem Spender alle mit der Explantation verbundenen Aufwendungen einschließlich des Verdienstausfalls durch die Krankenkasse des Empfängers zu ersetzen.
Teilweise wird gefordert, für den Spender müßten weitere Absicherungsmaßnahmen in Form von beispielsweise Risikolebens-, zusätzlichen Kranken- oder Erwerbsunfähigkeits-Versicherungen getroffen werden, da der Schutz durch die gesetzliche Unfallversicherung und Sozialhilfe unzureichend sei.[292] Dem ist zuzustimmen, da der Lebendspender seine Gesundheit zur Rettung des Lebens eines anderen riskiert. Sollte sich die Gefahr eines Schadenseintritts infolge der

---

285 Vgl. zu den Vorschlägen, eines legalen Handels mit lebend gespendeten Organen: 3. Teil G., S. 81 ff

286 Vgl. 1. Teil D. II., S. 41 ff und zu den rechtlichen Fragen: 4. Teil A. III. 1. e., S. 126 ff; 4. Teil B. III. 1. d., S. 155 ff; 4. Teil C. I. 2., S. 170 ff

287 Angstwurm 81

288 Kopetzki 60 (1987)

289 Angstwurm 81

290 Land, Historie 14

291 Schmidt, U. 98

292 Gutmann 145 (1995)

Spende realisieren, muß alles dafür getan werden, diesen Schaden beim Spender bestmöglich auszugleichen. Die Finanzierung der Versicherungen wäre, wie teilweise vorgeschlagen wird, aus den Ersparnissen infolge der beispielsweise nicht mehr erforderlichen Dialysebehandlung bei der Nieren-Lebendspende möglich.[293]

Vorschläge, Lebendspendern einen gewissen Ausgleich für die Inkaufnahme der physischen und psychischen Unannehmlichkeiten in Form einer Art Schmerzensgeld, das von den Krankenkassen gezahlt werden solle, zukommen zu lassen oder gar Anerkennungszahlungen als Anreiz für die Spendenmotivation zu bieten,[294] sind abzulehnen. Auch dabei würde die Gefahr bestehen, daß sich die Grenze zwischen dem nicht vertretbaren Organhandel zu einem freiwilligen Spendenakt nicht mehr klar ziehen läßt. So könnte es für Menschen mit finanziellen Schwierigkeiten ein Anreiz sein, für die Organgabe ein Schmerzensgeld oder gar einen Kaufpreis zu erhalten. Dieses käme der Situation des heute illegalen Organhandels gleich, nur daß er kontrolliert ablaufen würde. Außerdem ließe sich die oben aufgeworfene Frage stellen, nach welchen Kriterien die Höhe solcher Zahlungen bestimmt werden sollte, da ein Organ keinen Geldwert besitzt. Auch die Bestimmung eines Schmerzensgeldes wäre problematisch, da die Explantation den einen Spender mehr oder weniger belastet als den anderen. Dem Argument der Befürworter, durch solche Zahlungen würde die Kommerzialisierung des Transplantationswesens zurückgedrängt,[295] läßt sich entgegenhalten, daß diese Zahlungen gerade dazu führen können, daß sich der illegale Organhandel verstärkt. Warum sollte ein Lebendspender einen geringen Geldbetrag annehmen, wenn ihm ein höherer angeboten wird? Mit der Einführung von legalen Zahlungen wäre also nicht geholfen. Vielmehr würden die Beträge der illegalen Zahlungen noch steigen.

Außerdem scheint es fraglich, solche Zahlungen mit Mitteln der Krankenkassen zu finanzieren. Wie oben in anderem Zusammenhang festgestellt, ist kein Grund für die Solidargemeinschaft ersichtlich, Belohnungen zu finanzieren, die nur einem sehr geringen Teil der Gesellschaft nutzen. Es würde sich dann auch rein begrifflich nicht mehr um eine Spende, sondern um eine Organgabe oder gar einen Organverkauf handeln, der auch vertragsrechtliche Folgen nach sich ziehen müßte.

Das Problem des Organmangels[296] hat zur Folge, daß das nahezu weltweit geltende Verbot des Organhandels immer wieder mißachtet oder umgangen wird. Hierbei spielen die beteiligten Ärzte eine wesentliche Rolle, schon allein weil ohne ihre Mitwirkung die Transplantation als solche nicht möglich wäre. Einige Ärzte unterstützen rechtswidrige entgeltliche Lebendspenden, indem sie solche Transplantationen nicht in ihrem Heimatland, wo sie gesetzlich verboten sind,

---

[293] Gutmann 145 (1995)

[294] Broelsch; Gutmann 146 (1995)

[295] Broelsch; Gutmann 147 (1995)

[296] Vgl. 1. Teil D., S. 31 ff

sondern in Ländern ohne entsprechende Normen durchführen oder gar als Vermittler zwischen Spender und Empfänger auftreten.[297]
Mit solchen illegalen Transplantationen werden beispielsweise bei Nieren Gewinne von bis zu 70.000 Dollar erwirtschaftet. Meistens sind es nur arme Menschen, die sich zum Verkauf eines ihrer Organe entschließen. Ihnen kommt von dem beträchtlichen Gewinn nur ein kleiner Teil zugute. So erhielten beispielsweise 305 Nierenverkäufer durchschnittlich 1.070 Dollar – meistens weniger als vor der Explantation versprochen.[298]
Die Befürworter des Organhandels argumentieren nur mit wirtschaftlichen Aspekten. Sie sind der Auffassung, das Risiko lohne sich um so mehr, je ärmer der Organverkäufer sei.[299]
Auffallend ist, daß der Ruf nach der Zulässigkeit des Organhandels aus wirtschaftlich starken Ländern mit einer hohen Anzahl von Patienten auf den Wartelisten kommt. Die Befürworter behaupten, ein Organverkauf sei für arme Menschen die Chance, mit dem erzielten Erlös aus ihrer Armut zu entkommen oder sich einen materiellen Wunsch zu erfüllen.[300]
Diese menschenverachtende Auffassung berücksichtigt nicht, daß die Menschen in den Armutsländern, an die beim Organhandel in erster Linie gedacht wird, unter gesundheitlich schlechten Bedingungen leben und keine ausreichende medizinische Versorgung zur Verfügung haben. Eine Lebendspende erfordert aber einen gesunden Spenderorganismus und die Möglichkeit, den Spender nach der Explantation medizinisch zu versorgen.
Würde man der Forderung nach einem zulässigen Organhandel nachgeben, wäre wieder eine ethische Grenze durchbrochen. Zu befürchten wäre dann, daß als nächstes verlangt wird, daß arme Menschen eines oder mehrere lebend entnommene Organe bzw. Organteile verkaufen müssen, um beispielsweise Sozialhilfe zu erhalten.
Die Auffassung der Befürworter des Handels mit lebend entnommenen Organen läßt die möglichen Schäden für Gesundheit und Psyche eines Organverkäufers außer Acht. Sie setzt die Würde armer Menschen herab, da ihnen zur Verbesserung ihrer wirtschaftlichen Situation das „Opfer“ eines Körperteils zugemutet wird.
Hinzu kommt, daß sich die wirtschaftliche Situation der Organverkäufer nach der Explantation häufig nicht verbessert und sich ihr Gesundheitszustand verschlechtert.[301] Die Verschlechterung des Gesundheitszustands dürfte, insbesondere im Extremfall der Arbeitsunfähigkeit, eine weitere Verschlechterung der finanziellen Lage der Organverkäufer zur Folge haben.
Der Organhandel ist aus diesen Gründen abzulehnen.

---

297 Keller
298 Keller
299 Keller
300 So diverse Befürworter in der ARD-Fernsehsendung „Organe gegen Geld“ v. 29.1.2003.
301 Keller

Heute gelten Lebendspenden allgemein als subsidiär und „ultima ratio“ zu postmortalen Spenden, was den Richtlinien zur Transplantation der WHO entspricht.[302] Hierin liegt ein weiterer Grund, entgeltliche Organspenden abzulehnen. Es bestünde nämlich die Gefahr, daß eine Vielzahl von potentiellen Organspendern mit dem Wunsch nach dem Verkauf eines ihrer Organe und das damit verbundene große Angebot an „besseren“ Organen zur Aufgabe des Prinzips der Subsidiarität der Lebendspende führt.
Ein anderes Problem stellt die Gefahr dar, daß sich zwischen Spender und Empfänger vor oder nach der Transplantation eine problematische Beziehung entwickelt – etwa infolge von Abhängigkeit, unangemessener Dankbarkeit oder Schuldgefühlen.[303] Dem sollte im Bedarfsfalle durch eine psychologische Betreuung von Empfänger und Spender entgegengewirkt werden.

Kontrovers wird auch die **anonyme altruistische Lebendspende**, eine aus ethischer Sicht wünschenswerte Form der Organspende,[304] diskutiert. Heute wird bei Lebendspenden meistens eine verwandtschaftliche Beziehung oder zumindest ein besonderes persönliches Näheverhältnis zwischen Spender und Empfänger gefordert. Dadurch soll sichergestellt werden, daß eine Spende frei von Zwängen oder finanziellen Anreizen geschieht. Diese Begründung überzeugt aber nicht vollends. Denn es kann auch oder gerade unter Familienangehörigen zumindest ein unbewußter psychischer Druck, wenn nicht auch ein finanzieller Anreiz – wie etwa besondere Erbvereinbarungen – den Lebendspender zu seiner Spende veranlassen. Freiwilligkeit und Unentgeltlichkeit lassen sich bei der Verwandtenspende kaum kontrollieren.[305] Bei der anonymen altruistischen Spende, die ohne weiteres so ablaufen kann, daß kein Kontakt zwischen Spender und Empfänger zustande kommt, läßt sich die Freiwilligkeit infolge der Anonymität besser wahren und dem Organhandel vorbeugen. Denn nur durch absolute Anonymität kann wirksam ausgeschlossen werden, daß nach der Spende nicht doch eine Ausgleichszahlung erfolgt oder durch psychischen Druck des Spenders eine Gewissensbelastung des Empfängers,[306] etwa durch „ewige“ Dankbarkeit und Schuldgefühle, verursacht wird – Gefahren, die auch bei der zur Zeit erlaubten Form der Lebendspende trotz familiärer oder persönlicher Verbundenheit nicht geleugnet werden können.
Auch für die Gesellschaft bringt die anonyme altruistische Lebendspende Vorteile mit sich. So können etwa Behandlungskosten eingespart werden, da der Patient nicht auf ein Organ warten und mit aufwendigen anderen Behand-

[302] Eigler 47; Kalchschmid / Barta 37
[303] Deutsche Bischofskonferenz 16
[304] Land, Historie 14
[305] Gutmann 136 ff (1995); Rittner / Besold / Wandel 121; Sasse 118; Schreiber / Wolfslast 194
[306] Rittner / Besold / Wandel 121

lungsmethoden versorgt werden muß, sondern sofort transplantiert werden kann.
Außerdem sollte in einer Gesellschaft, in der gemeinschaftliches Verhalten und Hilfsbereitschaft immer stärker in den Hintergrund treten und der einzelne nur noch seinen eigenen Vorteil im Blick hat, den Menschen, die dem entgegenwirken wollen, dieser Schritt nicht versperrt werden, zumal die Risiken für den Spender gering sind.[307]
Im übrigen würde die Warteliste mit Patienten, die ein Organ benötigen, entlastet.
Die Gegner der anonymen altruistischen Lebendspende führen meist als Argument die Gefahr des Organhandels an. Dieser Gefahr könnte in einfacher Weise entgegengetreten werden, indem die anonyme altruistische Lebendspende an eine Organvermittlungsstelle – wie etwa Eurotransplant oder Swisstransplant – und die Organverteilung entsprechend den Vorschriften für postmortal gespendete Organe erfolgt. Datenschützende Normen könnten die Anonymität von Spender und Empfänger gewährleisten.[308]
Am Beispiel der USA, wo die anonyme Lebendspende im Jahr 2001 mit ca. 11,3 % einen nicht unerheblichen Anteil an der Lebendspende insgesamt hatte,[309] zeigen sich die Ängste der Gegner der anonymen Lebendspende als unbegründet. Fälle von illegalem Organhandel sind hierbei nicht in ungewöhnlichem Ausmaß bekannt geworden.
In Deutschland ist die anonyme Lebendspende gesetzlich verboten. In Österreich gibt es ein solches Verbot nicht, dennoch wird auch hier eine persönliche Verbundenheit zwischen Spender und Empfänger gefordert. In der Schweiz ist die anonyme Lebendspende zulässig.[310]
Auch das Ergebnis meiner Umfrage gibt Anlaß, die zumindest in Deutschland und Österreich restriktive Handhabung der anonymen Lebendspende zu überdenken. So wären immerhin 13,3 % der deutschen und 23,3 % der österreichischen Befragten bereit, anonym ein Organ zu spenden.[311]

Unter Wahrung des Subsidiaritätsgrundsatzes birgt die anonyme altruistische Lebendspende keine Gefahren oder Nachteile in sich, die nicht auch bei der Lebendspende zwischen Verwandten oder nahen Bekannten bestehen.

Die sog. **Cross-Spende** ist ein besonderer Fall der Lebendspende. Es stehen sich zwei Personenpaare – beispielsweise zusammengesetzt aus Ehepartnern, Verwandten oder nahen Bekannten –, die jeweils aus einem potentiellen Organempfänger und einem potentiellen Organspender bestehen, gegenüber. Die Voraussetzung der engen persönlichen Beziehung zwischen Spender und Empfänger erfüllen die Paare. Die Spende an den eigenen Partner ist aber dennoch aus medizinischen Gründen – etwa wegen fehlender Gewebeverträglich-

---

307 Vgl. 1. Teil D. II., S. 41 ff
308 Gutmann 150 (1997); Rittner / Besold / Wandel 121
309 Elias
310 Vgl. ausführlich: 4. Teil A. III. 1. e., S. 126 ff; 4. Teil B. III. 1. d., S. 155 ff; 4. Teil C. I. 2., S. 170 ff
311 Vgl. 6. Teil, S. 217 f

keit – ausgeschlossen. Es wäre jedoch aus medizinischer Sicht möglich, daß die Spender ihre Organe dem jeweiligen Empfänger des anderen Paares geben.
Dieser Fall der Lebendspende wird sehr kontrovers beurteilt, da sich die Personenpaare meistens nur infolge ihrer Krankheit kennenlernen und nach der ablehnenden Meinung zwischen den medizinisch geeigneten Empfängern und Spendern kein persönliches Näheverhältnis bestehe.[312]
Dagegen spricht zunächst, daß zwischen dem aus medizinischer Sicht geeigneten Spender und dem Empfänger eine gewisse, wenn auch nicht auf persönlicher Zuneigung beruhende Beziehung besteht. Diese gründet sich immerhin auf das starke Band derselben schicksalhaften Erkrankung des Partners und den Willen, diesen zu retten. Außerdem ist zu beachten, daß die Spende an den jeweiligen eigenen Partner nur aus medizinischen Gründen scheitert und nicht an der allgemein geforderten engen persönlichen Beziehung. Daher scheint es legitim, den Organaustausch zuzulassen, da es im Endeffekt gleichgültig ist, wem das Organ implantiert wird. Die Voraussetzung der engen persönlichen Beziehung und die Erfüllung der medizinischen Kriterien liegen nämlich, betrachtet man alle vier Personen, vor.
Auch die befürchtete Gefahr des Organhandels wäre bei einer Zulassung der Cross-Spende zumindest nicht höher als sonst. Die gegenteilige Auffassung, bei der Cross-Spende könnten nachträglich Ausgleichsforderungen von den jeweiligen Paaren gefordert werden, falls etwa das eine Organ nicht so gut funktioniert wie das andere oder ein Spender gesundheitliche Schäden hinnehmen muß und der andere nicht, überzeugt nicht. Denn diese Gefahr kann niemals ausgeschlossen werden und besteht in gleichem Maße wie bei der Spende zwischen Verwandten oder anderen Personen mit besonderem Näheverhältnis. Wie die anonyme altruistische Lebendspende, kommt die Cross-Spende der Gesellschaft in Form der Einsparung von Behandlungskosten und einer Entlastung der Warteliste zugute.
Eurotransplant plant zur Zeit einen Organpool für „indirekte" Cross-Spenden. Wenn innerhalb einer Familie ein Verwandter seinem kranken Verwandten ein Organ grundsätzlich spenden würde, die Spende aber aus medizinischen Gründen – etwa wegen mangelnder Gewebeverträglichkeit – nicht möglich ist, kann der Spender das Organ dem Organpool überlassen. Im Gegenzug würde der kranke Verwandte das nächste kompatible Organ aus dem Pool erhalten.[313]
Anders als bei den bisherigen Fällen der Cross-Spende würde demnach unter Umständen kein zeitgleicher Organaustausch stattfinden. Dieses für Cross-Spenden vorgeschlagene Modell wäre ohne weiteres auch auf anonyme altruistische Lebendspenden erweiterbar.

---

[312] Dufková 408 m. w. N.
[313] Zylka-Menhorn B-1460 (2002)

H. Ärztliches Handeln

An das ärztliche Handeln sind bei Organtransplantationen hohe Anforderungen zu stellen.

Die behandelnden Ärzte entscheiden letztlich über Explantation und Implantation. Der Umgang mit der Organtransplantation als medizinische Behandlung fordert nicht nur medizinisches Können, sondern auch das ethische Verantwortungsbewußtsein, sie nicht nur um eines Transplantationserfolges willen einzusetzen. So ist es in diesem Bereich besonders wichtig, daß der Arzt das Selbstbestimmungsrecht und die Menschenwürde des Patienten respektiert.

Die Behandlung muß die Lebensrettung oder die Wiederherstellung der Gesundheit des Organempfängers zum Gegenstand haben.[314] Der Arzt darf sie nicht unter wissenschaftlichen Aspekten durchführen oder dem Patienten eine Organtransplantation argumentativ gleichsam aufzwingen, selbst wenn sie erfolgversprechend erscheint.

Aus ethischer Sicht sind für Organspenden auch die ärztlichen Pflichten zur Aufklärung und Sorgfalt bedeutsam.

Bezüglich des Spenders können sich **Aufklärungspflichten** bei postmortalen Organspenden nur gegenüber den Angehörigen ergeben, wenn man der erweiterten Zustimmungslösung folgt.

Umfassende Aufklärungspflichten bestehen in jedem Falle gegenüber dem Lebendspender. Der Eingriff dient nicht der Erhaltung seiner Gesundheit. Vielmehr wird sie durch diesen gefährdet.[315] Der sozialethische Grundsatz, das Einverständnis des Patienten für eine Behandlung einzuholen,[316] setzt eine vorherige umfassende Aufklärung des Patienten über die Gefahren voraus. Sie muß insbesondere die allgemeinen, besonderen und auch unwahrscheinlichen Operationsrisiken, die Erfolgsaussichten der Transplantation, die etwaige Möglichkeit einer Alternativtherapie, die Folgen und den Hinweis auf die Möglichkeit, daß bei Verlust des verbleibenden Organs oder Organteils der Spender selbst auf eine Organtransplantation angewiesen sein wird, umfassen.[317] Wichtig ist zudem der Hinweis, daß der Spender die Einwilligung bis zur Entnahme jederzeit widerrufen kann.[318]

Auch gegenüber dem Empfänger bestehen Aufklärungspflichten des Arztes, unabhängig davon, ob es sich um eine postmortale Spende oder eine Lebendspende handelt. Sie umfassen insbesondere die Notwendigkeit einer Transplantation, Gefahren und Folgen, wie beispielsweise die immunsuppressive Nachbehandlung mit den einhergehenden Nebenwirkungen. Bei postmortalen Organspenden muß zusätzlich über die Tatsache aufgeklärt werden, daß das Transplantat von einem Toten stammt. Denn zur Wahrung des Selbstbestimmungs-

---

[314] Drees / Scheld 33

[315] Vgl. 1. Teil D. II., S. 41 ff

[316] Deutsch Rn 8 (1997)

[317] Bauer 247 f; Kalchschmid / Barta 37

[318] Bundesärztekammer, Empfehlungen zur Lebendorganspende B-2764 f

rechts des Empfängers ist dieser Umstand möglicherweise aus religiösen Gründen oder etwa Ekelgefühlen vor der Übertragung eines Organs von einem Toten bekanntzugeben. Bei der Lebendspende muß zusätzlich über die Belastungen und Gefährdungen des Spenders aufgeklärt werden.[319]
Ebenso sind besondere Anforderungen an die **Sorgfaltspflichten** der an Transplantationen beteiligten Ärzte zu stellen.
Für Lebendspenden ergibt sich dieses aus der besonderen Verantwortung des Arztes gegenüber dem Spender. Dem gesunden Spender wird nämlich zum Wohl eines anderen ein unersetzliches Organ oder ein Organteil entnommen, womit Belastungen und Risiken verbunden sind.[320] Wer sich uneigennützig diesen Gefahren aussetzt, um einem anderen das Leben zu retten, muß besonders sorgsam und schonend behandelt werden. Eigentlich widerspricht dieser Eingriff dem individualethischen Gebot, Schaden vom Patienten fernzuhalten.[321] Er wird nur durch die Lebensrettung eines anderen gerechtfertigt.
Auch bei postmortalen Organentnahmen müssen alle mit ihnen zusammenhängenden Maßnahmen unter Achtung der Würde des Spenders und der ärztlichen Sorgfaltspflicht durchgeführt werden.[322] Sie erfolgen unter denselben Prinzipien – wie etwa Infektionsschutz, vorsichtiges Präparieren, Blutstillung –, wie sie bei jeder anderen Operation beachtet werden müssen.[323] Die ärztliche Sorgfaltspflicht umfaßt selbstverständlich auch das ästhetische Verschließen der zur Entnahme geöffneten Körperstellen.
Gegenüber dem Empfänger bestehen in jedem Falle die üblichen Sorgfaltspflichten des Arztes.

I. Finanzielle Förderung des Transplantationswesens – „Spanisches Modell"

Die finanzielle Förderung des Transplantationswesens wird zunehmend als Chance verstanden, die Zahl an postmortalen Organspendern zu erhöhen.
So hat beispielsweise Österreich in seinem KAG unter anderem bestimmt, daß spenderbetreuende Krankenanstalten pro gemeldetem und explantiertem Organspender pauschalierte Kostenersätze erhalten. Auf diese Weise soll laut KAG das Spenderaufkommen auf hohem Niveau sichergestellt werden.[324]
Als Vorbild für solche Regelungen dient das sog. „Spanische Modell".
Spanien änderte 1989 die Koordinationsstruktur seines Transplantationswesens, um die Anzahl postmortaler Organspender zu erhöhen.[325]

---

[319] Bauer 250; Bundesärztekammer, Empfehlungen zur Lebendorganspende B-2765; Engisch 255
[320] Bundesärztekammer, Empfehlungen zur Lebendorganspende B-2764
[321] Deutsch Rn 8 (1997)
[322] Nagel / Bartels / Pichlmayr 312
[323] Neuhaus / Pfitzmann 786
[324] Vgl. 4. Teil B. III. 1. g., S. 160 ff
[325] ÖBIG, Jahresbericht 1999, 55

Es führte hierzu drei Ebenen ein – die nationale, die autonome bzw. regionale und die lokale Koordination.
Das nationale Koordinationsbüro fördert, unterstützt und koordiniert Transplantationen solider Organe, Gewebe und des Knochenmarks. Es führt die Warteliste und vermittelt die Organe. Daneben betreibt es unter anderem Öffentlichkeitsarbeit und Fortbildungsveranstaltungen.[326]
In einigen spanischen Bundesländern gibt es autonome Koordinationsbüros, die im wesentlichen die Aufgaben der nationalen Stelle auf regionaler Ebene wahrnehmen.[327]
Regionale Koordinationsbüros gibt es vor allem in Krankenhäusern mit einem Transplantationszentrum oder in größeren Kliniken mit hohem Spenderaufkommen. Die regionalen Koordinatoren suchen den persönlichen Kontakt zu Mitarbeitern aller Organspender meldenden Intensivstationen im eigenen Haus und in den anderen Kliniken, die dem nächstgelegenen Transplantationszentrum zugeordnet sind. Sie unterstützen dabei die Intensivstationen bei der Organspender-Identifizierung und stellen auch mobile Hirntod-Diagnostikteams zur Verfügung. Sie koordinieren die Explantationen, bitten Angehörige des Verstorbenen um Zustimmung zur Organentnahme und halten Fortbildungsseminare.[328]
Die lokalen Koordinatoren arbeiten in peripheren Spenderkrankenhäusern. Sie helfen ebenfalls bei der Identifizierung potentieller Organspender und organisieren Explantationen.[329]
Die regionalen und lokalen Koordinatoren werden über Landesmittel und Einnahmen aus Seminaren und Forschungsmitteln finanziert.
Der einzelne regionale Koordinator erhält dabei ein Grundgehalt und eine zusätzliche Leistungsprämie, die von der Anzahl der gewonnenen und implantierten Organe abhängt.
Die spenderbetreuenden Krankenanstalten erhalten Kostenpauschalen pro gewonnenem und implantiertem Organ.[330]
Regionale Koordinatoren schlagen also aus der Meldung potentieller postmortaler Organspender einen finanziellen persönlichen Gewinn. Ihre Funktion läßt sich mit der von Maklern vergleichen, die bei Geschäftsabschluß eine Prämie erhalten, wobei es sich im Rahmen von Organtransplantationen um eine Art „Kopfgeldprämie“ handelt.
Krankenanstalten erzielen ebenfalls einen finanziellen Gewinn aus der Spendermeldung und -betreuung. Die ihnen zufließenden Pauschalen dienen der Abgeltung eines allfälligen Mehraufwandes an Arbeitszeit – was, sofern tatsächlich

[326] ÖBIG, Jahresbericht 1999, 57
[327] ÖBIG, Jahresbericht 1999, 57
[328] ÖBIG, Jahresbericht 1999, 57
[329] ÖBIG, Jahresbericht 1999, 58
[330] ÖBIG, Jahresbericht 1999, 58

angefallene Kosten abgedeckt werden, vertretbar ist – und zur Verbesserung der Infrastruktur der meldenden Abteilung – was nicht mehr akzeptabel scheint.[331] Seit Einführung der massiven finanziellen Förderung von Spendermeldungen stieg die Zahl an postmortalen Organspendern pro Million Einwohner von 14,3 im Jahr 1989 auf 32,5 im Jahr 2001.[332]
Als weitere Faktoren für die Steigerung der Spenderzahl gelten die neue Organisationsstruktur und die Fortbildungsmaßnahmen.[333]

Ob das Mittel der massiven finanziellen Förderung von Spendermeldungen ethisch und rechtspolitisch vertretbar und sinnvoll ist, scheint fraglich. Leistungsprämien und Kostenpauschalen für Spendermeldungen spornen erst dazu an, möglichst viele tote Spender zu finden. Sie beinhalten die Gefahr, wenn nicht sogar einen Anreiz, bei noch lebenden Patienten den irreversiblen Ausfall des Gesamthirns zu diagnostizieren und erst durch organerhaltende Maßnahmen und die Explantation den Tod zu verursachen und so den Straftatbestand der Tötung zu verwirklichen. Außerdem vermag die finanzielle Förderung dazu verleiten, etwa aufgrund ihrer Vorerkrankungen nicht oder nur wenig geeignete Verstorbene als Organspender zu melden. Das würde sich negativ auf die Qualität der Transplantationsergebnisse auswirken und letztlich dem Organempfänger schaden.
Der Kostenersatz über Pauschalen bietet den Anreiz, kostendeckend zu arbeiten, um einen Gewinn erzielen zu können. Auswirken würde sich das auf die Qualität der Arbeit und Leistung an Patienten auf Intensivstationen.
Insgesamt betrachtet, wird der Mensch bzw. der menschliche Leichnam und dessen Teile legal zur Handelsware degradiert, was man eigentlich mit dem nahezu weltweit gesetzlich verankerten Verbot des Organhandels vermeiden will. Letztlich ist es gleichgültig, ob ein an einem Krankenhaus angestellter Koordinator aus öffentlichen Geldern finanzierte Prämien für die Meldung von Organspendern erhält und Krankenhäuser ihre Abteilungen durch Pauschalen, die ihnen für die Betreuung und Meldung von Organspendern zufließen, finanzieren oder „freie Organmakler“ auf einem freien Markt Organe verkaufen.
Der ethische Unwert bleibt gleich. Denn die Menschenwürde wird durch die finanzielle Abgeltung für die Ermöglichung der Weiterverwendung menschlicher Körperteile aufs äußerste verletzt. In Spanien und Österreich wird dieses auf eine schleichende Art und Weise unter dem Deckmantel gesetzlicher Erlaubnis erreicht.
Daß solche Bestimmungen gegen das nahezu weltweit herrschende Verbot der Gewinnerzielung und des Organhandels verstoßen, findet in Politik und Öffentlichkeit keine Beachtung.

---

[331] ÖBIG, Jahresbericht 1999, 58
[332] Matesanz / Miranda 19 (2002); ÖBIG, Jahresbericht 1999, 58
[333] ÖBIG, Jahresbericht 1999, 58

Mit der finanziellen Förderung besteht auch die Gefahr, daß sich das eigentliche Ziel der Steigerung der Spenderanzahl leicht in das Gegenteil verkehrt. Denn würden diese Maßnahmen öffentlich diskutiert, bestünde die Gefahr der Ablehnung der Organspende in der Bevölkerung und eines Rückgangs an Zustimmungen bzw. einer Zunahme an Widersprüchen.
Eine ganz andere Dimension erhält die Bewertung der finanziellen Förderung von postmortalen Organspenden darüber hinaus in den Ländern, die eine aktive Sterbehilfe gesetzlich zulassen, wie beispielsweise seit 2001 die Niederlande und seit 2002 Belgien. Bestünden in diesen Ländern auch noch finanzielle Förderungen postmortaler Organspenden, würden Horrorszenarien zur Organbeschaffung in greifbare Nähe rücken. Zumindest bestünde hier die realistische Gefahr, daß Koordinatoren Patienten, die im Sterben liegen oder schwer krank sind, ansprechen und zu einer aktiven Sterbehilfe überreden. Der Gipfel wäre, hierbei neben der Vergütung der Spendermeldung noch Prämien für die infolge der Sterbehilfe ersparten Behandlungskosten zu gewähren.
Finanzielle Förderungen sind aus diesen Gründen sowohl ethisch als auch rechtspolitisch abzulehnen. In dem sensiblen Bereich der Organ*entnahme* darf nur kostendeckend und nicht gewinnorientiert gearbeitet werden.

J. Andere Behandlungsmöglichkeiten

Selbst wenn sich die anderen Behandlungsmethoden,[334] die einmal als Ersatz zu Organtransplantationen in Betracht kommen sollen, noch in der Forschungsphase befinden, zeichnen sich bereits heute Probleme für den Fall ihrer Praxisrelevanz ab.

I. Xenotransplantation

Bei der Xenotransplantation[335] müßte grundsätzlich diskutiert werden, inwiefern es ethisch vertretbar ist, Tiere als „Organlieferanten" für Menschen zu „benutzen".
Bei dem möglichen Einsatz der Transplantation von Tierorganen auf den Menschen ist zumindest nach dem heutigen Stand der Erkenntnisse zu berücksichtigen, daß Transplantatempfänger trotz Transplantation in ihrer Lebensweise weiterhin eingeschränkt bleiben. Aufgrund der Gefahr der Übertragung unbekannter Viren vom Tier auf den Menschen und den damit verbundenen Risiken für Empfänger, aber auch für Dritte, müßten die Patienten in postoperativer Quarantäne verbleiben, da neue, bislang unbekannte Infektionen mit unbekannten Erregern sehr lange Inkubationszeiten haben können – wie beispielsweise HIV oder Prionen.[336]

---

[334] Vgl. 1. Teil G., S. 46 ff
[335] Vgl. 1. Teil G. V., S. 49
[336] Stübner B-279

Eine andere Auswirkung könnte die Xenotransplantation auf das Problem der Organverteilung haben. Es müßten Regelungen getroffen werden, welcher Patient ein gespendetes menschliches Organ erhält, dessen Transplantation mit relativ wenigen, im Vergleich zur Xenotransplantation eher beherrschbaren Komplikationen verbunden ist und wer das biologisch minderwertige, mit enormen Risiken behaftete Tierorgan bekommt.[337] Sobald die Xenotransplantation in der Praxis anwendbar ist, müssen neue Allokationskriterien für die Verteilung menschlicher Organe getroffen werden, die die Transplantation von Tierorganen berücksichtigen.

II. Stammzelltherapien

Ähnliche Fragen ergeben sich bei der Anwendung von aus embryonalen Stammzellen gezüchteten Organen.[338]

Ist es ethisch vertretbar, Embryonen künstlich zu schaffen, um sie nach wenigen Tagen wieder zu töten, mit ihren Zellen Organe zu züchten, um zu versuchen, das Leben eines anderen Menschen zu retten?

Bei meiner Umfrage meinten viele Befürworter, es scheine angesichts der hohen Zahl an Abtreibungen von wesentlich älteren Embryonen gerechtfertigt, die Tötung nach einigen Tagen zuzulassen, zumal diese letztlich der Rettung eines Menschenlebens dienen würde.

Damit ließen sich alle ethischen Grenzen, die für Forschung und Weiterentwicklung häufig unbequem sind, aufheben. Darf menschliches Leben als Organersatzteilquelle geschaffen und wieder getötet werden? Ist ein wenige Tage alter Embryo weniger schützenswert als ein älterer Embryo oder ein geborener Mensch? Das menschliche Leben genießt in allen Phasen uneingeschränkten Schutz. Selbst die Rettung eines Menschenlebens rechtfertigt nicht das Opfer eines anderen, unabhängig davon, in welchem Entwicklungsstadium des Lebens er sich befindet.

In der heutigen Zeit des technischen Fortschritts stoßen wir nun einmal an Grenzen. Anstelle zu versuchen, sie mit Hilfsargumenten zu beseitigen oder sich gar stillschweigend über sie hinwegzusetzen, sollten wir lernen, Grenzen, dort wo sie Rechte anderer Menschen, insbesondere Schwacher und Ungeschützter betreffen, zu akzeptieren und uns vielmehr für ihren Schutz einzusetzen.

Unter dem Aspekt der Organtransplantation erhält auch die Diskussion um den Beginn menschlichen Lebens und seines Rechtsschutzes neue Bedeutung.

---

[337] Stübner B-280

[338] Vgl. 1. Teil G. IV. 1., S. 47 f

III. Künstliche Organe

Auch die Möglichkeit der Verwendung künstlicher Organe[339] – wie Kunstherz oder Kunstlunge – wirft die bereits bei der Xenotransplantation angesprochenen Fragen auf.
Welchen Stellenwert sollte die Verwendung künstlicher Organe zu der menschlicher Organe haben? Sobald die Behandlung mit künstlichen Organen als wirksame Alternative zur herkömmlichen Transplantation in Betracht kommt, ist an eine gesetzliche Subsidiaritätsklausel für die Transplantation menschlicher Organe, wenn nicht sogar ihr Verbot, sowie an ein Verbot der Verwendung embryonaler Stammzellen zur Organherstellung und der Verwendung von Tierorganen zu denken. Denn dann würden die mit letzteren verbundenen Eingriffe in geschützte Rechtsgüter überflüssig.

Angesichts dieser Überlegungen sollte die Forschung Schwerpunkte auf weniger streitverursachende und rechtsgüterverletzende Methoden – wie künstliche Organe oder aus adulten Stammzellen gezüchtete Organe – setzen.
Nach dem Ergebnis meiner Umfrage würden 56,7 % der Deutschen und 63,3 % der Österreicher sich ein Tierorgan einpflanzen lassen, wenn sie einmal ein Ersatzorgan benötigen sollten. Gründe für die Ablehnung eines Tierorgans waren in erster Linie die Unterschiede zwischen Mensch und Tier, der Tierschutz und die Angst vor der Übertragung unbekannter Krankheiten.
Die Akzeptanz künstlicher Organe ist wesentlich höher. 83,3 % der deutschen und 88,3 % der österreichischen Befragten würden sich ein künstliches Organ einsetzen lassen.
43,3 % der Deutschen würden sich ein Organ, das aus embryonalen Stammzellen geschaffen wurde, im Bedarfsfall einsetzen lassen. In Österreich sind es 33,3 %. Die Gegner wiesen insbesondere auf ethische Gründe hin. Viele halten die künstliche Züchtung und anschließende Tötung von Embryonen zur Rettung von Menschenleben nicht für vertretbar.
Dagegen würden sich 91,7 % der deutschen und 88,3 % der österreichischen Befragten Organe, die aus adulten Stammzellen geschaffen wurden, einsetzen lassen.[340]

K. Organkonservierung

In der ethischen und rechtspolitischen Diskussion hat die Organkonservierung bislang eher eine untergeordnete Rolle gespielt. Doch aufgrund der neuesten Forschungsergebnisse gilt es, bereits jetzt Lösungen für den Fall zu finden, daß Organe einmal nach der Entnahme langfristig konserviert und dann transplantiert werden können.[341]
Die Situation der Transplantationsmedizin würde sich ganz anders darstellen. Es bestünde die Möglichkeit, Organe gleichsam auf Vorrat zu entnehmen, um im Bedarfsfall darauf zurückgreifen zu können. Aus ethischer und rechtlicher Sicht hätte das die neue Besonderheit, daß ein Organ nicht mit dem Ziel ent-

---

[339] Vgl. 1. Teil G. I., II., S. 46
[340] Vgl. 6. Teil, S. 222 ff
[341] Vgl. 1. Teil F., S. 45

nommen würde, einem wartenden Patienten sofort zu helfen, sondern um es zunächst zu lagern. Die Folgen würden sich insbesondere auf die Organallokation auswirken. Es müßten neue Vermittlungskriterien geschaffen werden.

L. Bezüge zu anderen Bereichen außerhalb des Transplantationsrechts

Die Transplantationsmedizin läßt sich nicht nur für sich genommen betrachten und beurteilen. Sie wirkt sich auf andere medizinische und rechtliche Gebiete aus und wird umgekehrt von diesen beeinflußt.

So wird für die Rechtfertigung von Organentnahmen teilweise das Sektionsrecht, das in Österreich in § 25 KAG gesetzlich geregelt ist, herangezogen. Es besteht eine gewisse Parallele zwischen Organtransplantationen und Obduktionen, da in beiden Fällen ein Eingriff an einer Leiche stattfindet. Doch die Ziele und Auswirkungen der Eingriffe sind ganz unterschiedlich, so daß man ihre Zulässigkeitsvoraussetzungen nicht einfach aufeinander übertragen kann.[342]

Das Arzneimittelrecht spielt für Transplantationen menschlicher Organe keine Rolle, wie beispielsweise § 80 S 1 Nr 4 AMG zum Ausdruck bringt. Doch im Bereich der Xenotransplantation stellt sich die Frage nach der Klassifizierung eines tierischen Organs. Sollte man es nach den gleichen rechtlichen Regeln behandeln wie menschliche Organe, oder ist es aufgrund der enormen physiologischen Unterschiede und den damit verbundenen Problemen völlig anders zu bewerten?

Umstritten ist, ob tierische Organe als Arzneimittel angesehen werden können.[343] Würde man dem zustimmen, wären sie nach arzneimittelrechtlichen Bestimmungen zu behandeln. Ob diese insbesondere im Hinblick auf die Infektionsrisiken und die damit verbundenen Gefahren allerdings ausreichen, ist zweifelhaft. Die Eigenschaft als Produkt, beispielsweise im Sinne des deutschen Produkthaftungsgesetzes, wird überwiegend abgelehnt.[344]

Eine maßgebliche Rolle spielen für Organtransplantationen selbstverständlich neben den – soweit vorhandenen – Spezialgesetzen die Vorschriften des Zivil- und des Strafrechts.[345]

Für die Forschung nach alternativen Behandlungsmethoden mit embryonalen Stammzellen sind insbesondere die Bestimmungen zum Embryonenschutz zu beachten.

---

[342] Vgl. 3. Teil C., S. 62

[343] Zustimmend: Hammer / Schreiber / Sewing B-281 f; ablehnend: Deutsch B-280 f (2000)

[344] Deutsch B-280 m. w. N. (2000)

[345] Vgl. 4. Teil A. III. 2. und 3., S. 135 ff; 4. Teil B. III. 2. und 3., S. 162; 4. Teil C. II. und III., S. 173

M. Sinn und Zweck eines Transplantationsgesetzes

Die ethischen und rechtspolitischen Fragen verdeutlichen, daß eine verantwortungsvolle Nutzung der Organtransplantation als medizinische Behandlungsmethode nur mit Hilfe klarer Regeln möglich ist.

Das Recht hat die Aufgabe, Probleme gesellschaftsverträglich zu lösen.[346] Mit der Transplantationsmedizin sind zahlreiche gesellschaftliche Probleme verbunden. Die Medizin als bedeutender Gesellschaftsbereich, und die Transplantationsmedizin im besonderen, dürfen nicht aus der Bindung an Recht und Gesetz entlassen werden.[347] Auch für sie müssen gesetzliche Grenzen und Richtlinien aufgestellt und beachtet werden.

Die heutige Situation der Transplantationsmedizin ist geprägt von dem Mangel an postmortal gespendeten Organen. Stünden mehr Organe zur Verfügung, könnte wesentlich mehr Menschen Leid erspart und Leben gerettet werden. Rechtsunsicherheit bei Ärzten und Pflegepersonal und unzureichende Bereitschaft der Bevölkerung, Organe zu spenden, sind die wesentlichen Ursachen für den Organmangel.[348] Berichte in den Medien über angeblich zweifelhafte Explantationsmethoden und illegalen Organhandel liefern diesem Zustand noch zusätzlichen Nährboden.[349]

Bei einer Organtransplantation sind viele verschiedene Interessen betroffen, die auszugleichen und in Einklang zu bringen sind. Dieses gilt insbesondere für die Belange in den Beziehungen von Organempfängern zu Organspendern, von wartenden Organempfängern untereinander, von Organspendern zu Ärzten sowie von Organempfängern zu Ärzten. Aber auch die Rechte der Angehörigen verstorbener Spender sind ausreichend zu wahren. Für alle Beteiligten muß Klarheit und Rechtssicherheit über die bei einer Organtransplantation anzuwendenden Maßstäbe herrschen.[350]

Ein Transplantationsgesetz, das insbesondere die Bereiche Todesbestimmung, Beachtung des Spenderwillens, Organverteilung und Qualitätssicherung klar regelt, könnte verhindern, daß Ärzte aus Angst vor straf- oder zivilrechtlicher Verfolgung die Anwendung der Organtransplantation nicht in Betracht ziehen, um einen Patienten zu behandeln.

Es könnte einen Beitrag dazu leisten, daß die Bevölkerung die Transplantationsmedizin nicht nur für sich im eigenen Krankheitsfall, sondern auch für sich als potentielle Organspender akzeptiert.[351]

Ein Transplantationsgesetz darf aber nicht ausschließlich die Aufgabe haben, die Transplantationsmedizin und insbesondere das Organaufkommen zu för-

---

[346] Barta 79 (1994)

[347] Barta, Rechtsfragen 38 (2001)

[348] Kalchschmid 39

[349] Heuer / Conrads 195

[350] Kloth 8

[351] Barta / Kalchschmid 67; Heuer / Conrads 195; Kloth 8

dern. Vielmehr hat es Patienten vor Mißbrauch und ärztlicher Willkür zu schützen und widerstreitende Interessen auszugleichen.[352]
Besonders kritisch zu bewerten sind daher Normen, die eine finanzielle Förderung von Transplantationseinrichtungen oder Einzelpersonen für die Meldung und Betreuung potentieller Organspender vorsehen.[353]
Ein Transplantationsgesetz darf nicht nur dazu dienen, der Medizin uneingeschränkte Entfaltungsfreiheit zu gewährleisten. Nicht alles, was die Medizin vollbringt, kann zum Schutz von Patienten, aber auch der Ärzte, uneingeschränkt legitimiert werden.[354] Das Gesetz muß der Medizin Grenzen setzen, wo Transplantationen selbst im Erfolgsfall ihre Zielsetzung der Lebensrettung und wesentlichen Gesundheitsverbesserung nicht erreichen können – so beispielsweise bei Kopf-, Gesichts-, Gliedmaßen- oder Uterustransplantationen.[355] Es hat die schwierige Aufgabe, dem medizinisch-technisch Machbaren Einhalt zu gebieten, wo das menschlich und ethisch vertretbare Maß überschritten wird.

Um Rechtssicherheit für alle an einer Organtransplantation beteiligten Personen zu schaffen und einen Ausgleich der verschiedenen Interessen unter gleichzeitiger Akzeptanz der Organspende zur Förderung des Spendeverhaltens zu erreichen, muß ein Transplantationsgesetz folgende Aufgaben erfüllen:
Es hat für ein transparentes Transplantationswesen zu sorgen. Soziale Ausgewogenheit, insbesondere bei der postmortalen Organspende, kann durch einen Ausgleich von Selbstbestimmungsrecht und Solidaritätsprinzip erreicht werden. Eine Kombination von Widerspruchslösung für die Entnahme von bis zu drei Organen und der erweiterten Zustimmungslösung für die Explantation von mehr als drei Organen stellt dabei eine vorzugswürdige Lösung dar.[356]
Die Gewährleistung des pietätvollen Umgangs mit dem Leichnam muß ebenso Inhalt des Gesetzes sein, wie die einer gesicherten Todesdiagnose vor dem Beginn vorbereitender und eigentlicher Explantationsmaßnahmen.
Die Organverteilung hat nach gerechten und insbesondere nicht diskriminierenden Kriterien zu erfolgen. Eine patientenbezogene und nicht transplantationszentrumsspezifische Zuteilung ist dabei maßgeblich. Denn die Zentren sind im Grunde „nur“ Dienstleister zur Ausführung der Transplantationen. Ihre Interessen dürfen nicht den Interessen der Patienten vorangestellt werden. Alle Patienten, unabhängig davon, in welchem Transplantationszentrum sie sich gerade befinden, müssen den gleichen Zugang zu einem Organ haben.
Lebendspender müssen sowohl medizinisch als auch versicherungsrechtlich hinreichend abgesichert werden.

---

352 Kloth 136 f
353 Vgl. 3. Teil I., S. 88 ff und 4. Teil B. III. 1. g., S. 160 ff
354 I. d. S. Barta, Rechtsfragen 22 (2001)
355 Vgl. 3. Teil B., S. 60 f
356 Vgl. 3. Teil C. III., S. 68 ff und 4. Teil B. III. 1. c., S. 145 ff

Qualitätssicherungsmaßnahmen und Sanktionsmöglichkeiten, insbesondere im Hinblick auf den illegalen Organhandel, dürfen zum Schutz der Patienten und Spender nicht in einem Transplantationsgesetz fehlen.[357]
Einmal getroffene Regelungen sollten jedoch nicht starr bestehen bleiben. Sie müssen dem stetigen Wandel des medizinischen Fortschritts sowie den Anschauungen der Gesellschaft und dem Zeitgeist angepaßt werden.
Die Transplantationsmedizin darf durch ein entsprechendes Gesetz nicht um jeden Preis verrechtlicht werden. Eine interdisziplinäre Zusammenarbeit ist unerläßlich.[358]
Recht sollte auch die Selbstgesetzgebung innerhalb geeigneter Bereiche und dadurch verantwortungsbewußten Umgang mit den Problemen fördern.[359] Wo es sinnvoll scheint, sollte ein Transplantationsgesetz der Transplantationsmedizin die Möglichkeit geben, Richtlinien selbst zu entwickeln, wobei auch hier interdisziplinäre Zusammenarbeit wünschenswert ist. Das dTPG etwa setzt diesen Gedanken um, wenn es der Bundesärztekammer die Richtlinienkompetenz, beispielsweise zur Feststellung des Todes oder zur Festlegung der Kriterien für die Organverteilung gibt, dabei aber eine interdisziplinäre Zusammensetzung der beschließenden Gremien fordert.
Für den Bereich der Transplantationsmedizin, und dort ganz besonders für die Allokation postmortal gespendeter Organe, erlangt eine allgemeine Anmerkung von Karl Anton von Martini zu seinem Entwurf eines bürgerlichen Gesetzbuches, der 1797 zum Westgalizischen Gesetzbuch wurde, anschauliche Bedeutung: „die Gesetze ... sind taub und unerbittlich; bey ihnen gilt kein Ansehen der Person; sie schützen den Schwachen gegen den Stärkeren; vor ihnen hat der Mächtigste keine Schonung zu erwarten".[360] Übertragen bedeutet dieses, daß das Gesetz den Patienten (den Schwachen) gegen die Medizin (den Stärkeren) schützen soll, um beispielsweise den Patienten nicht Experimenten oder wissenschaftlichen Interessen auszusetzen. Auf das Beispiel der Organallokation übertragen, bedeutet die Anmerkung, daß jeder, unabhängig von seiner Person, seiner wirtschaftlichen, politischen oder religiösen Stellung und seiner Anschauungen, gleich zu behandeln ist.

---

[357] Barta / Kalchschmid 68 ff; Schweizerischer Bundesrat 84 f (2002)
[358] I. d. S. Barta 84 f (1994)
[359] Barta 86 (1994)
[360] Zitiert nach Barta, Rechtsfragen 42 (2001)

4. Teil: Rechtslage in Deutschland, Österreich und der Schweiz

A. Deutschland

In Deutschland ist seit 1. Dezember 1997 das Gesetz über die Spende, Entnahme und Übertragung von Organen (Transplantationsgesetz – TPG)[361] in Kraft.[362] Es regelt vor allem die postmortale Organentnahme, die Lebendspende, die Vermittlung und Übertragung bestimmter Organe und enthält Straf- und Bußgeldvorschriften.

I. Entstehungsgeschichte des Transplantationsgesetzes

Zu Beginn der 70er Jahre des 20. Jahrhunderts bildete die 42. Konferenz der Justizminister und -senatoren eine Bund-Länder-Arbeitsgruppe beim Bundesministerium der Justiz, die ein Transplantationsgesetz für Deutschland entwerfen sollte.[363]

Der Anlaß für die rechtspolitische öffentliche Diskussion über die Notwendigkeit eines deutschen Transplantationsgesetzes war ein Urteil des Landgerichts Bonn vom 25. Februar 1970.[364]

Ein Arzt hatte die Leber eines seit 15 Stunden hirntoten Mannes transplantiert. Eine Einwilligung des Verstorbenen hatte nicht vorgelegen. Der Arzt hatte es vor der Organentnahme unterlassen, die Witwe oder die Mutter des Verstorbenen um deren Zustimmung zur Organentnahme zu bitten. Mit ihrer Klage nahmen die Witwe und die Mutter den Arzt auf Schadensersatz in Anspruch. Sie waren der Auffassung, er habe durch das Unterlassen der Einholung ihrer Zustimmung seine Amtspflicht und damit ihr Persönlichkeitsrecht verletzt.

Das Landgericht wies zwar die Klage als unbegründet ab, aber nur, weil dem Arzt lediglich Fahrlässigkeit vorzuwerfen und seine Haftung gem. § 839 Abs 1 S 2 BGB ausgeschlossen sei.

Die Organentnahme ohne Einwilligung des Verstorbenen oder Zustimmung der Klägerinnen wertete es als rechtswidrigen Eingriff in die Unversehrtheit des Leichnams und in das allgemeine Persönlichkeitsrecht der Klägerinnen.

Das Vorliegen eines übergesetzlichen Notstands als Rechtfertigungsgrund verneinte das Gericht, da der Arzt nicht den Versuch unternommen habe, zumindest die Einwilligung einer der Klägerinnen einzuholen, obwohl ihm dieses ohne weiteres möglich gewesen wäre.

Das Gericht nahm jedoch nur eine fahrlässige Handlung des Arztes an, da er sich in einem „Rechtsvakuum" befunden habe. In Deutschland habe es kein Gesetz und keine einheitliche Rechtsprechung und Literatur zu diesem Problem gegeben. Auch das ausländische Recht hätte keine übereinstimmende Stellung bezogen. Da in der deutschen rechtswissenschaftlichen Literatur teilweise die Auffassung vertreten werde, daß eine Einwilligung der Angehörigen völlig entbehrlich oder nach deren Verweigerung der Eingriff gemäß dem übergesetzlichen Notstand gerechtfertigt sei, habe es dem Arzt „an einer objektiven Richtschnur seines Handelns" gefehlt.

---

[361] Im folgenden abgekürzt mit dTPG

[362] dBGBl 1997, Teil I, 2631 ff

[363] Nickel / Schmidt-Preisigke / Sengler, Einführung, Rn 18

[364] LG Bonn, JZ 1971, 56 ff (Urt. v. 25.2.1970)

Das Gericht bemängelte die Rechtsunsicherheit infolge des Fehlens einer gesetzlichen Regelung für Organtransplantationen und der widersprüchlichen Auffassungen in der Literatur. Die unklare Rechtslage spiegelt sich sogar in dem Urteil selbst wider, das teilweise widersprüchliche Argumente zu dem Problem der Rechtfertigung von Organentnahmen und der Einbeziehung der Angehörigen aufweist.
So führte das Gericht aus, daß eine Organentnahme bei Vorliegen der objektiven Voraussetzungen grundsätzlich gerechtfertigt sei, wenn eine Befragung der Angehörigen rein tatsächlich nicht möglich oder die Einwilligung verweigert worden sei. Es verneinte aber im vorliegenden Fall einen übergesetzlichen Notstand, da der Arzt nicht versucht hatte, die Angehörigen um ihre Zustimmung zur Organentnahme zu bitten, obwohl ihm dieses möglich gewesen war.
Das ist nicht nachvollziehbar, da nach der Auffassung des Gerichts die Organentnahme bei Vorliegen der anderen Voraussetzungen des übergesetzlichen Notstands selbst bei einer Verweigerung der Zustimmung der Klägerinnen gerechtfertigt gewesen wäre. Der Sinn einer Befragung leuchtet nicht ein, wenn das Ergebnis praktisch gleichgültig ist. Das Gericht begründete das Erfordernis einer Befragung damit, daß die Angehörigen „die Möglichkeit haben müßten, bei berechtigten Zweifeln am klinischen Tod des Spenders die Organentnahme zu verhindern. Ein Patient müsse sich davor geschützt wissen, daß bei seinem eintretenden Tod eines seiner Organe ohne jede Rücksicht auf seinen Willen oder die Einwilligung seiner Angehörigen ... entnommen werden kann".
Mit dieser Begründung hatte auch das Gericht nicht zu der von ihm geforderten Rechtsklarheit beigetragen, da es zunächst die Rechtfertigung einer Organentnahme auch gegen den Willen des Verstorbenen und seiner Angehörigen nach den Regeln des übergesetzlichen Notstands grundsätzlich anerkannte, dann aber diesen Rechtfertigungsgrund für den vorliegenden Fall unter anderem mit der Begründung verneinte, daß der Wille dieser Personen geschützt werden müsse.

Auf der Grundlage eines Vorschlags der Bund-Länder-Arbeitsgruppe brachte die Bundesregierung einen „Entwurf eines Gesetzes über Eingriffe an Verstorbenen zu Transplantationszwecken (Transplantationsgesetz)" ein. Dieser sah nur Regelungen für postmortale Organentnahmen vor. Die Lebendspende blieb unberücksichtigt. Postmortale Organentnahmen sollten grundsätzlich gemäß der Widerspruchslösung zulässig sein. Dennoch sah der Entwurf Explantationen trotz fehlenden Widerspruchs als unzulässig an, wenn dem Arzt ein der Entnahme entgegenstehender Wille des Verstorbenen auf andere Weise, etwa über die Angehörigen, bekannt geworden war.[365]
Der Bundesrat lehnte diesen Entwurf ab, da er in einem eigenen Gesetzentwurf der Widerspruchslösung die erweiterte Zustimmungslösung vorzog. Der Bundesrat vertrat die Auffassung, eine Explantation dürfe nur mit Einwilligung des Verstorbenen zu Lebzeiten oder bei deren Fehlen mit Zustimmung der nächsten

---

[365] BT-Drs. 8 / 2681

Angehörigen erfolgen. Diese sollten ihre Entscheidung dabei nur im Sinne des Verstorbenen treffen, da sie nicht gegen dessen mutmaßlichen Willen verstoßen dürften.[366]

Das Gesetzgebungsverfahren scheiterte Ende der 70er Jahre an den unterschiedlichen Auffassungen von Bundesregierung und Bundesrat und wurde zunächst nicht weiter verfolgt.[367]

Erst Anfang der 90er Jahre des 20. Jahrhunderts lebte die rechtspolitische Diskussion wieder auf.[368]

Im Laufe der Zeit wurden immer wieder Gesetzesentwürfe vorgestellt, so beispielsweise von der Arbeitsgemeinschaft der Deutschen Transplantationszentren oder von den Ländern Hessen und Bremen, die beide für die Zulässigkeit postmortaler Organentnahmen die Informationslösung vorsahen.[369]

Im Juni 1994 beschloß der Landtag von Rheinland-Pfalz ein Landes-Transplantationsgesetz. Dieses regelte die Entnahme von Organen, Organteilen und Geweben Verstorbener und Lebender. Für die Zulässigkeit postmortaler Organspenden sah es die Widerspruchslösung vor. Doch bereits etwa acht Wochen nach dem Inkrafttreten des rheinland-pfälzischen Transplantationsgesetzes hob es der Landtag wieder auf, da die Reaktion der Öffentlichkeit negativ ausfiel und das Land mit einem eigenen Transplantationsgesetz die Bemühungen auf Bundesebene um die Schaffung einer bundeseinheitlichen Regelung nicht erschweren wollte.[370]

Etwa zur gleichen Zeit, Anfang 1994, bereitete nämlich das Bundesministerium für Gesundheit einen Referentenentwurf für ein Transplantationsgesetz vor. Die Zulässigkeit postmortaler Organentnahmen sollte danach gemäß den Grundsätzen der erweiterten Zustimmungslösung geregelt werden.[371]

Auf dieser Grundlage brachten die Fraktionen von CDU / CSU, SPD und FDP am 16. April 1996 einen gemeinsamen Gesetzentwurf ein. Die strittigen Fragen um den irreversiblen Ausfall des Gesamthirns als Todesmerkmal und die Einbeziehung der Angehörigen waren darin zunächst ausgeklammert und sollten während der Gesetzesberatung gelöst werden.[372] Zur Diskussion dieser Fragen wurden unterschiedliche Entschließungsanträge eingebracht.

Ein Antrag sah vor, daß postmortale Organentnahmen zulässig sein sollten, wenn der Tod zweifelsfrei festgestellt wurde, wobei sowohl der irreversible Ausfall der Hirnfunktionen als auch der endgültige, nicht behebbare Stillstand von Herz und Kreislauf anerkannt sein sollten. Außerdem war die Einbeziehung der nächsten Angehörigen in die Entscheidung über postmortale Organent-

---

[366] BT-Drs. 8 / 2681

[367] Heuer / Conrads 195; Kalchschmid 233

[368] Kalchschmid 233; Lemke 284

[369] BR-Drs. 682 / 94; Kalchschmid 257 ff

[370] LT-Drs. 12 / 2094 / 5037 / 5182 / 5291 / 5292; Deutsch, Rn 500 (1999)

[371] Nickel / Schmidt-Preisigke / Sengler, Einführung, Rn 21

[372] BT-Drs. 13 / 4355

nahmen vorgesehen, sofern keine zu Lebzeiten abgegebene Erklärung des Verstorbenen vorlag. Sie sollten ein eigenes subsidiäres Entscheidungsrecht haben.[373]
Ein anderer Antrag unterschied zwischen Organentnahme nach Feststellung des Todes anhand sog. sicherer Todeszeichen und nach Feststellung des Todes anhand der Diagnose des irreversiblen Gesamthirnausfalls. Der irreversible Ausfall des Gesamthirns sei der Beginn einer unumkehrbaren Sterbephase und daher noch dem Leben zuzurechnen. Dennoch sollte eine Organentnahme bei Vorliegen einer Einwilligung zulässig sein.[374]
Ein weiterer Antrag sah ebenfalls den irreversiblen Gesamthirnausfall nicht als sicheres Todeszeichen an. Die Entnahme auch lebenswichtiger Organe nach Feststellung des irreversiblen Ausfalls des Gesamthirns stelle eine Entnahme vom Lebenden dar, die aber nach entsprechender Einwilligung zulässig sei. Da der Gesamthirnausfall eine Indikation zum Behandlungsabbruch sei, handele es sich nicht um eine aktive Sterbehilfe. Postmortale Organentnahmen – also nach Feststellen des irreversiblen Herz-Kreislauf-Stillstands – sollten gemäß der engen Zustimmungslösung geregelt werden. Die Bevölkerung solle neben intensiver Aufklärung aufgefordert werden, eine Entscheidung zu treffen. Dieses entspreche einer „Bürgerpflicht“, deren Unterlassen aber nicht sanktioniert werden solle.[375]
Die Fraktion von Bündnis 90 / DIE GRÜNEN brachte im November 1995 einen eigenen Gesetzentwurf ein. Der Entwurf unterschied zwischen Entnahme von „Herz-“ und „Hirntoten“. Ähnlich dem zweiten und dritten Antrag wurde die Organentnahme nach Feststellung des irreversiblen Ausfalls der Hirnfunktion als Explantation von Lebenden angesehen. Sie sollte aber auch für lebenswichtige Organe zulässig sein, soweit eine Einwilligung vorlag. Für die Zulässigkeit postmortaler Organentnahmen wurde die Feststellung des irreversiblen Herz-Kreislauf-Stillstands anerkannt. Sie sollten nach den Grundsätzen der engen Zustimmungslösung möglich sein.[376]
Nach der ersten und zweiten Lesung, die diverse Änderungsanträge zum Inhalt hatten, stimmte der Bundesrat am 26. September 1997 dem Transplantationsgesetz zu,[377] nachdem zwischenzeitlich durch eine Grundgesetzänderung dem Bund gem. Art. 74 Abs 1 Nr 26 GG die konkurrierende Gesetzgebungskompetenz zustand.

[373] BT-Drs. 13 / 4368
[374] BT-Drs. 13 / 4114
[375] BT-Drs. 13 / 6591
[376] BT-Drs. 13 / 2926
[377] Nickel / Schmidt-Preisigke / Sengler, Einführung, Rn 25 ff

II. Rechtslage vor Inkrafttreten des Transplantationsgesetzes

Vor dem Inkrafttreten des dTPG fanden Transplantationen nicht in rechtsfreiem Raum statt.[378] Es galten die allgemeinen Bestimmungen, insbesondere des Grundgesetzes, des Zivil- und Strafrechts und des Gewohnheitsrechts.[379] Doch wie am Beispiel des Urteils des Landgerichts Bonn gezeigt, bestand große Rechtsunsicherheit.

Grundsätzliche Voraussetzung **postmortaler Organentnahmen** war die Feststellung des irreversiblen Ausfalls der Hirnfunktionen,[380] wobei dieses Kriterium äußerst umstritten war.[381]

Infolge der Grundsätze der Unversehrtheit des Leichnams und des postmortalen Persönlichkeitsrechts war man sich weitgehend darüber einig, daß Organentnahmen in die Rechte des Verstorbenen und seiner Angehörigen eingreifen würden und nur bei Vorliegen besonderer Rechtfertigungsgründe zulässig seien. Als ein solcher Rechtfertigungsgrund wurde die zu Lebzeiten geäußerte Einwilligung des Verstorbenen oder die Zustimmung seiner nächsten Angehörigen nach dem Tod angesehen. Postmortale Organentnahmen wurden demnach auch ohne gesetzliche Regelung nach den Grundsätzen der erweiterten Zustimmungslösung praktiziert.[382] Nächste Angehörige waren Ehepartner, volljährige Kinder, Eltern und volljährige Geschwister. Welche Befugnisse diesen tatsächlich zustehen sollten, war allerdings streitig.[383]

Das Verfügungsrecht des Verstorbenen wurde mit seinem **postmortalen Persönlichkeitsrecht** begründet, das gegenüber dem **Totensorgerecht** Vorrang habe.[384] Bei der Beachtung des Willens des Verstorbenen sollte aber – nach umstrittener Meinung – auch der Anspruch der Angehörigen auf Achtung ihrer Pietätsgefühle berücksichtigt werden, der Teil ihres eigenen allgemeinen Persönlichkeitsrechts im Sinne des § 823 Abs 1 BGB darstelle.[385]

Die Befürworter eines Entscheidungsrechts der Angehörigen zogen zur Begründung das Totensorgerecht heran. Dieses galt, wie heute auch, nach herrschender Meinung als ein gewohnheitsrechtlich begründetes Persönlichkeitsrecht.[386]

Zur Auslegung der Reichweite des Totensorgerechts wurde beispielsweise auf § 2 des deutschen Feuerbestattungsgesetzes verwiesen, der den Angehörigen bei der Bestimmung der Bestattungsart ein subsidiäres Entscheidungsrecht zugesteht.[387]

---

378 Heuer / Conrads 195; Kühn 69

379 Drees / Scheld 29; Kalchschmid 235; Sasse 105

380 Kollhosser 149, Kühn 70

381 Vgl. 1. Teil D. I., S. 36 ff; 3. Teil D., S. 71 ff und 4. Teil A. I., S. 99 ff

382 Drees / Scheld 29; Sasse 106

383 Kalchschmid 235

384 Wolfslast 107

385 Albrecht 65 ff; Carstens 102; Wolfslast 103

386 Albrecht 39; Wolfslast 102

387 Albrecht 39 ff; Kalchschmid 236

Daneben wurde ein anderer – ebenfalls umstrittener – Rechtfertigungsgrund für die postmortale Organentnahme, nämlich der **rechtfertigende Notstand** im Sinne des § 34 dStGB diskutiert.[388]

Danach ist eine an sich verbotene Handlung gerechtfertigt, wenn das gerettete Interesse das verletzte wesentlich überwiegt. Dabei muß die Verletzung des Rechtsguts erfolgen, um ein anderes gefährdetes Rechtsgut vor einer gegenwärtigen Gefahr zu schützen. Die Rechtsgutverletzung hat das einzige Mittel zur Abwehr der Gefahr zu sein. Die Befürworter werteten die Gesundheit und das Leben des Empfängers höherwertiger als das postmortale Persönlichkeitsrecht des Spenders. Sie bejahten das Eingreifen des Notstands als Rechtfertigungsgrund, wenn im Einzelfall die Transplantation das einzige und angemessene Mittel zur Abwendung der gegenwärtigen Gefahr für den Empfänger darstellte.[389]

Uneinigkeit herrschte unter den Befürwortern über die Reichweite dieses Rechtfertigungsgrundes.

So sollte etwa die Organentnahme zur Lebensrettung – und in besonderen Fällen nur zur Wiederherstellung der Gesundheit – auch gegen den Willen des Verstorbenen und erst recht seiner Angehörigen bei Vorliegen der anderen Voraussetzungen des übergesetzlichen Notstands möglich sein. Lebensrettung und Lebenserhaltung gingen in jedem Fall dem postmortalen Persönlichkeitsrecht des Verstorbenen, dem Bestreben der Angehörigen, einen unversehrten Leichnam zu bestatten, und sogar der Pietät vor.[390]

Andere sahen die Entnahmen gegen den Willen des Verstorbenen und seiner Angehörigen nur in den Fällen als gerechtfertigt an, in denen kein ausdrücklicher Widerspruch des Verstorbenen vorlag und die Angehörigen zur Befragung nicht erreichbar waren, da in diesem Fall die Angemessenheitsklausel nach § 34 S 2 dStGB nicht eingreife.[391]

Aus strafrechtlicher Sicht kam für die Beurteilung postmortaler Organentnahmen vor allem § 168 dStGB in Betracht, der die unbefugte Wegnahme einer Leiche oder von Leichenteilen aus dem Gewahrsam des Berechtigten mit Strafe bedroht.[392]

Es wurde teilweise die Auffassung vertreten, der Gewahrsam an einer Leiche stehe in erster Linie den Angehörigen zu. Eine Organentnahme im Krankenhaus stelle ohne Einwilligung des Verstorbenen oder seiner Angehörigen eine unbefugte Wegnahme dar.[393]

Die herrschende Meinung war dagegen der Auffassung, diese Norm umfasse nicht Organtransplantationen. Das Krankenhaus bzw. der explantierende Arzt

[388] Kalchschmid 235; Karl 130 ff
[389] Linck 251
[390] Engisch 252; Karl 133; Kohlhaas 1491 f; Wolfslast 108
[391] Wolfslast 108 f
[392] Engisch 252; Kalchschmid 236
[393] Dreher § 168 StGB, Anm. 2

hätten den Gewahrsam an der Leiche und würden daher mit der Organentnahme nicht den Gewahrsam eines anderen, insbesondere der Angehörigen, brechen, da sie in keinem tatsächlichen Obhutsverhältnis zur Leiche stünden.[394]
Hatte die Entnahme des Transplantats den Tod des Spenders oder auch nur die Beschleunigung des Sterbeprozesses zur Folge, kam der Tatbestand der Tötung, § 212 dStGB, in Betracht.

Organentnahmen von Lebenden wurden unter Beachtung der §§ 223 ff dStGB kritisch hinterfragt. In jedem Fall stellten sie, wie heute, Körperverletzungen im Sinne dieser Vorschriften dar. Daß mit der Organentnahme ein Heilzweck für einen anderen Menschen verfolgt wurde und wird, ändert an der Beurteilung nichts,[395] da der Eingriff nicht zu Heilzwecken des Spenders dient.[396]
Rechtfertigungsgrund für die Körperverletzung war die Einwilligung des Spenders im Sinne des § 226 a dStGB, sofern kein Verstoß gegen die guten Sitten vorlag. Die Bewertung der Frage nach einem Verstoß gegen die guten Sitten hing vor allem von den Erfolgsaussichten der Transplantation und ihrer Unumgänglichkeit zur Rettung des Empfängers ab. Die Nachteile für den Spender durften jedenfalls nicht größer sein als die erhofften Vorteile für den Empfänger.[397] So verstieß eine Organentnahme, die für den Spender lebensbedrohlich war, auch mit dessen Einwilligung grundsätzlich gegen die guten Sitten. Diese Grundsätze gelten auch heute noch.
Bei minderjährigen einwilligungsfähigen Lebendspendern mußte neben deren Einwilligung die Zustimmung der Sorgeberechtigten vorliegen und umgekehrt.[398]

Im Jahr 1987 erarbeitete die Arbeitsgemeinschaft der deutschen Transplantationszentren einen **Transplantationskodex**, der 1992 überarbeitet wurde. Er enthielt wichtige medizinische, ärztliche, ethische und juristische Grundsätze und regelte unter anderem die Feststellung der Einwilligung in eine Organentnahme bei Verstorbenen, die Durchführung der Organentnahme bei Verstorbenen und Lebenden, die ausdrückliche Ablehnung der kommerziellen Organspende sowie die Kriterien und Empfehlungen zur Organvermittlung. Die deutschen Transplantationszentren verpflichteten sich, den Kodex einzuhalten.[399] Auch die zu dieser Zeit bereits bestehende Praxis, bei postmortalen

---

[394] Schönke / Schröder § 168 StGB, Rn 4 f (1972); Wolfslast 109 f
[395] Engisch 253
[396] Kühn 83; Schönke / Schröder § 223 StGB, Rn 11 (1972); Eser § 223 StGB, Rn 34 ff (2001)
[397] Engisch 253; Kühn 83
[398] Engisch 253
[399] BT-Drs. 13 / 4355, 1 ff; DTG 154 ff; Heuer / Conrads 195

Organentnahmen nach den Grundsätzen der erweiterten Zustimmungslösung zu verfahren, wurde in dem Kodex festgehalten.[400]

Die **Organverteilung** erfolgte auf Basis freiwillig anerkannter nationaler und internationaler Allokationspolitiken. Auf nationaler Ebene wurden diese beispielsweise von der Bundesärztekammer und der Deutschen Transplantationsgesellschaft sowie auf internationaler Ebene von Eurotransplant formuliert.[401] Eurotransplant konnte aber keine Sanktionen verhängen, wenn sich ein Transplantationszentrum nicht an die Vereinbarungen hielt.[402]

In der **ehemaligen DDR** gab es seit September 1975 zur Regelung von Organtransplantationen zwar kein Gesetz, aber eine Verordnung.[403] Die Verordnung regelte Organentnahmen von Verstorbenen und Lebenden. Sie hatte hinsichtlich postmortaler Organentnahmen die Widerspruchslösung zum Gegenstand. Ausführlich geregelt war die Lebendspende, insbesondere zu den Voraussetzungen der Einwilligung und Aufklärung des Spenders und dessen materielle Versorgung für den Fall, daß er infolge der Organentnahme einen Schaden erlitt. Weiterhin enthielt die Verordnung ein Verbot materieller oder finanzieller Gegenleistungen für die Spende.

III. Rechtslage seit Inkrafttreten des Transplantationsgesetzes

1. Transplantationsgesetz

In Deutschland ist das Organtransplantationswesen seit dem Inkrafttreten des dTPG am 1. Dezember 1997 spezialgesetzlich geregelt.

a. Ziele

Primäres Ziel des dTPG ist es, die Rechtsunklarheit über die Voraussetzungen von Entnahme und Übertragung menschlicher Organe zu beseitigen. Es soll das Organtransplantationswesen in Deutschland zivil- und strafrechtlich absichern. Die Gewährleistung der Möglichkeit, eine Organspende abzulehnen, spielt dabei eine besondere Rolle. Weiteres wichtiges Ziel ist die Gleichbehandlung der auf ein Organ wartenden Patienten, das durch die Trennung der Verantwortlichkeiten für Organentnahme, Organvermittlung und Organübertragung erreicht werden soll. Der Handel mit menschlichen Organen soll durch die Strafandrohungen des dTPG unterbunden oder zumindest eingeschränkt werden.[404]

---

[400] DTG 154 ff

[401] Heuer / Conrads 198

[402] Holznagel 395

[403] Kalchschmid 260 ff

[404] BT-Drs. 13 / 4355 1 ff

b. Anwendungsbereich

Das dTPG findet gem. § 1 Abs 1 S 1 Anwendung auf die Spende und die Entnahme menschlicher Organe zur Übertragung auf andere Menschen und die damit verbundenen Maßnahmen.

Der Begriff „Spende" verdeutlicht den solidarischen Grundgedanken des Gesetzes[405] und deutet bereits auf die Verbotsvorschriften des Organhandels des § 17 dTPG hin.

Der Begriff „Entnahme" beinhaltet ein aktives Tun, so daß die Verwendung von Organen, die nicht durch eine aktive Handlung vom Körper getrennt wurden, nicht unter das dTPG fällt. Zu denken ist dabei beispielsweise an vom Körper abgestoßene Substanzen wie Fuß- und Fingernägel oder Zähne.[406]

Die Organe müssen zum Zwecke der Übertragung auf andere Menschen entnommen werden. Vom dTPG nicht erfaßt sind demnach Entnahmen, die wissenschaftlichen Zwecken – soweit mit ihnen keine Übertragung auf einen Menschen verbunden ist – und der Erforschung der Todesursache dienen. Wird eine Organentnahme während einer Obduktion *auch* zum Zwecke der Übertragung auf einen anderen Menschen vorgenommen, so sind neben den Sektions- und Obduktionsbestimmungen der Bundesländer auch die des dTPG anzuwenden.[407]

Fraglich ist die Verfahrensweise, wenn ein Organ ursprünglich *nur* zu Obduktionszwecken entnommen wurde und erst nach der Entnahme eine Übertragung auf einen anderen Menschen in Betracht gezogen wird. Das ist etwa bei schwach durchbluteten Geweben, die nicht bei schlagendem Herzen entnommen werden müssen, wie Knorpel, Hirnhaut, Augenhornhaut, Blutgefäßen oder Herzklappen, möglich. Die Zulässigkeitsvoraussetzungen für postmortale Organentnahmen können dann nicht mehr Anwendung finden, da die Entnahme bereits stattgefunden hat. Das Gesetz weist für diesen Fall eine Regelungslücke auf, denn es besteht die Gefahr, daß Organe zunächst unter dem „Deckmantel" der Obduktion entnommen werden, um sie dann aber doch (auch) einer Organtransplantation zugänglich zu machen. Es ist daher zu klären, ob Organe, die anfangs ausschließlich zum Zwecke der Obduktion entnommen wurden, überhaupt transplantiert werden dürfen und falls dieses möglich sein sollte, unter welchen Voraussetzungen. Konsequenterweise müßten im Fall der Zulässigkeit ihrer Transplantation zumindest die Voraussetzungen der Einwilligung in eine Organspende durch den Toten zu Lebzeiten oder die der Angehörigen gem. §§ 3 und 4 dTPG erfüllt sein. Für die Übertragung als solche wären jedenfalls die Vorschriften über die Organvermittlung zu beachten.

Unter den gesetzlich definierten Organbegriff fallen nach § 1 Abs 1 S 1 dTPG alle menschlichen Organe, Organteile und Gewebe, auch nicht durchblutete.[408] Ausgenommen von den Regeln des dTPG sind daher folgende Körpersub-

---

405 Nickel / Schmidt-Preisigke / Sengler § 1, Rn 2

406 Nickel / Schmidt-Preisigke / Sengler § 1, Rn 2

407 Nickel / Schmidt-Preisigke / Sengler § 1, Rn 3

408 Deutsch 780 (1998)

stanzen: Ei- und Samenzellen sind, da keine Gewebe, nach dem Embryonenschutzgesetz zu behandeln. Für die Transplantation von Hoden besteht kein spezialgesetzliches Verbot. Gene oder andere DNA-Teile sind keine Gewebe. Für sie sind unter anderem die Bestimmungen des Arzneimittelgesetzes, des ärztlichen Berufsrechts und des Gentechnikgesetzes maßgeblich. Künstliche Produkte, wie etwa Herzschrittmacher, die in den Körper implantiert werden, fallen unter das Medizinproduktegesetz. Künstlich gezüchtete Organe unterliegen dem Arzneimittelgesetz. Tierorgane fallen bereits nach dem Wortlaut des § 1 Abs 1 S 1 dTPG nicht in den Anwendungsbereich des dTPG. Deren Übertragung richtet sich vielmehr nach dem Arzneimittelgesetz, dem Tierschutzgesetz, dem Strafrecht und dem ärztlichen Berufsrecht.[409]
Gem. § 1 Abs 2 dTPG findet das Gesetz keine Anwendung auf Blut und Knochenmark sowie auf embryonale und fetale Organe und Gewebe. Für Blut und Knochenmark bestehen nämlich bereits umfassende Regelungen im Transfusionsgesetz, im ärztlichen Berufsrecht und in den Richtlinien für die allogene Knochenmarktransplantation.[410] Für die Verwendung fetaler und embryonaler Organe und Gewebe gibt es Richtlinien der Bundesärztekammer. Die Transplantation dieser Organe und Gewebe wird bislang in Deutschland nicht praktiziert.[411]
Weder aus dem Gesetzeswortlaut noch aus der Gesetzesbegründung läßt sich entnehmen, daß der Organbegriff des dTPG Gliedmaßen umfaßt. Unter Organen sind vielmehr die „inneren Organe“ wie Nieren, Herz oder Augenhornhaut zu verstehen.[412] Dafür spricht, daß sich zur Zeit des Inkrafttretens des dTPG, wie heute auch noch, die Transplantation von Gliedmaßen im Experimentierstadium befand und sie der Gesetzgeber nicht im Blick hatte. Außerdem muß der Leichnam gem. § 6 Abs 2 dTPG nach der Explantation in würdevollem Zustand zur Bestattung übergeben werden. Fehlen vorsätzlich und ohne ausdrückliche Einwilligung abgetrennte Gliedmaßen, so befindet sich eine Leiche nicht mehr in einem würdevollen Zustand, selbst wenn die Gliedmaßen durch plastische Maßnahmen ersetzt worden wären.

Völlig unberücksichtigt läßt das dTPG die aufgrund intensiver Forschung immer mehr an Bedeutung gewinnende Möglichkeit der langfristigen Organkonservierung und Lagerung von Organen in **Organbanken**.[413] Hier besteht Nachholbedarf durch den deutschen Gesetzgeber.

---

[409] Nickel / Schmidt-Preisigke / Sengler § 1, Rn 4 ff
[410] Bundesärztekammer, Richtlinien für die allogene Knochenmarktransplantation B-578 ff; Nickel / Schmidt-Preisigke / Sengler § 1, Rn 9 f
[411] Nickel / Schmidt-Preisigke / Sengler § 1, Rn 11 f
[412] Barta, Rechtsdenken 98 f (2001)
[413] Vgl. 1. Teil F., S. 45 und 3. Teil K., S. 93 f

c. Aufklärung der Bevölkerung

Nach § 2 Abs 1 S 1 dTPG sollen die nach Landesrecht zuständigen Stellen, die zuständigen Bundesbehörden und die Krankenkassen die Bevölkerung über die Möglichkeit der Organspende, die Voraussetzungen der Organentnahme und die Bedeutung der Organtransplantation aufklären.

Dabei haben die gesetzlichen und privaten Krankenversicherungen nach § 2 Abs 1 S 2 und 3 dTPG die Pflicht, ihren Versicherten, die das 16. Lebensjahr vollendet haben, Organspendeausweise und geeignete Aufklärungsunterlagen zur Verfügung zu stellen, verbunden mit der Bitte, eine Erklärung zur Organspende abzugeben.

Die Aufklärung muß insbesondere die Voraussetzungen der postmortalen Organspende (§§ 3 ff dTPG) beinhalten. Als bedeutsam wird hierbei der Hinweis auf die absolute Priorität des Willens des potentiellen verstorbenen Spenders angesehen. Eine individuelle Aufklärungspflicht läßt sich aus dieser Vorschrift nicht ableiten.[414]

In Deutschland wird die Informationspflicht nicht oder nur unzureichend erfüllt. Hier ist eine verstärkte und regelmäßige Öffentlichkeitsarbeit, insbesondere durch die Krankenkassen dringend geboten, um den gesetzlichen Auftrag zu erfüllen.

Zwar haben 75,0 % der von mir befragten Deutschen schon einmal Informationen zum Thema Organspende erhalten. Aber nur 15,6 % davon hatten sie von ihrer Krankenkasse bekommen. 62,2 % fühlen sich gut informiert.

Nur 20,0 % kennen in etwa die rechtlichen Voraussetzungen für Organspenden.[415]

d. Postmortale Organspende

Für postmortale Organspenden enthält das dTPG Vorschriften, die für die Transplantation sämtlicher Organe gelten und zusätzlich spezielle für vermittlungspflichtige Organe.

aa. Vorschriften für die Transplantation sämtlicher Organe

Das dTPG regelt die postmortale Organspende nach den Grundsätzen der erweiterten Zustimmungslösung.[416]

Besondere Bedeutung hat daher zunächst die **Erklärung des Verstorbenen** zur Organspende. Diese Erklärung kann in Form einer Einwilligung, eines Widerspruchs oder einer Übertragung der Entscheidung auf eine namentlich benannte Vertrauensperson erfolgen, § 2 Abs 2 S 1 dTPG. Die Erklärung ist formlos möglich und auf bestimmte Organe beschränkbar, § 2 Abs 2 S 2 dTPG. Sie kann auch jederzeit widerrufen werden, was auf dem Selbstbestimmungsrecht des Menschen beruht.

---

[414] Nickel / Schmidt-Preisigke / Sengler § 2, Rn 3

[415] Vgl. 6. Teil, S. 198 ff

[416] Vgl. 3. Teil C. I., S. 64 ff

Bei der Einwilligung[417] ist eine andere Beschränkung als auf die Entnahme bestimmter Organe, insbesondere die auf einen bestimmten Kreis von Organempfängern, nicht möglich. Dieses stünde bereits dem Ziel des dTPG, nämlich der Gleichbehandlung von Patienten, die auf ein Spenderorgan warten, entgegen.[418] Im Falle der Entnahme vermittlungspflichtiger Organe im Sinne des § 9 S 1 und 2 dTPG würde eine solche Beschränkung zudem gegen die Vermittlungsvorschriften der §§ 10 ff dTPG verstoßen, die gerade auch die Gleichbehandlung der auf ein Organ wartenden Patienten sicherstellen sollen.
Im übrigen würde einer solchen Beschränkung – unabhängig davon, ob die Organe vermittlungspflichtig sind oder nicht – das Verbot des Verstoßes gegen die guten Sitten im Sinne des § 138 Abs 1 BGB entgegenstehen. Niemand kann einem anderen Rechte an Bestandteilen seines Körpers einräumen, da der Mensch kein freies Verfügungsrecht über seinen oder fremde Körper hat.[419] Zudem würde eine solche Beschränkung für die nicht berücksichtigten Menschen diskriminierend wirken, was nicht mit den Werten des Grundgesetzes vereinbar wäre.
Bei Vorliegen einer unzulässigen Beschränkung ist durch Auslegung nach § 139 BGB zu ermitteln, ob die Einwilligung auch ohne ihre Erfüllung Geltung haben soll.[420]
Immerhin 10 % der Deutschen sind nach meiner Umfrage der aus rechtlicher Sicht unhaltbaren Meinung, ihre postmortal entnommenen Organe sollten nur einem bestimmten Patientenkreis, wie etwa Verwandten oder Patienten, die unverschuldet ein Organ benötigen, zustehen.[421]

Eine Erklärung zur Organspende können nur einsichtsfähige Personen abgeben. Das Gesetz unterscheidet in § 2 Abs 2 S 3 dTPG hinsichtlich des Alters, in dem diese Einsichtsfähigkeit grundsätzlich anzunehmen ist, zwischen den verschiedenen Formen der Erklärungsart.
Einwilligung und Übertragung der Entscheidung zur Organspende sind ab dem vollendeten 16. Lebensjahr möglich. Diese Altersgrenze ist an die Testierfähigkeit nach § 2229 Abs 1 BGB angelehnt,[422] die sich ihrerseits an der Geschäftsfähigkeit des BGB orientiert. Nach Herabsetzung der Volljährigkeit auf das vollendete 18. Lebensjahr macht aber § 2 Abs 2 S 3 dTPG ebenso wie § 2229 Abs 1 BGB wegen des geringen Unterschieds von zwei Jahren wenig Sinn.[423]

---

[417] Es kann unabhängig von der Einordnung als Rechtsgeschäft, Realakt oder rechtsgeschäftsähnliche Handlung zumindest eine analoge Anwendung der Vorschriften für Willenserklärungen nach dem BGB angenommen werden. AG Mölln, FamRZ 1995, 188 (Beschl. v. 3.11.1994)
[418] BT-Drs. 13 / 4355 11; Holznagel 393 ff; Walter 189
[419] Barta, Rechtsdenken 100 (2001); Lilie 131 (1983)
[420] Nickel / Schmidt-Preisigke / Sengler § 2, Rn 9
[421] Vgl. 6. Teil, S. 210 f
[422] BT-Drs. 13 / 4355, 18
[423] Für § 2229 Abs 1 BGB: Baumann § 2229 BGB, Rn 11

Die Fähigkeit, einen Widerspruch zu erklären, soll gem. § 2 Abs 2 S 3 dTPG dagegen regelmäßig bereits mit Vollendung des 14. Lebensjahres vorliegen.
Die niedrigere Altersgrenze für den Widerruf wird mit dem Hinweis auf seine mögliche religiöse Motivation und die Religionsmündigkeit begründet.[424]
Dieses vermag nicht vollends zu überzeugen, denn auch eine Einwilligung kann auf einer religiösen Einstellung beruhen. Im übrigen ist der zu entscheidende Sachverhalt derselbe. Das Ergebnis des Entscheidungsprozesses drückt sich als Zustimmung, Übertragung der Entscheidung oder Widerspruch aus. Warum man die für das Ergebnis „Widerspruch“ erforderliche Einsichtsfähigkeit bereits mit dem vollendeten 14. Lebensjahr, die für das Ergebnis „Zustimmung“ oder „Übertragung der Entscheidung“ aber erst mit dem vollendeten 16. Lebensjahr haben soll, ist aufgrund des einheitlichen Sachverhalts und der damit verbundenen Überlegungen nicht nachvollziehbar. Die Altersgrenze sollte daher für alle Erklärungsformen zur Organspende einheitlich sein.
Vor Erreichen der jeweiligen Altersgrenze können die Erklärungen nicht wirksam abgegeben werden. Dann sind die nächsten Angehörigen als Inhaber des Totensorgerechts im Rahmen des § 4 dTPG zu einer Entscheidung befugt.[425]

Organentnahmen von einem Toten zu Transplantationszwecken auf einen anderen Menschen sind zulässig, wenn der Tote zu Lebzeiten in die Entnahme eingewilligt hatte, der Tod nach den Regeln, die dem Stand der Erkenntnisse der medizinischen Wissenschaft entsprechen, festgestellt ist und der Eingriff durch einen Arzt vorgenommen wird, § 3 Abs 1 dTPG.
Unzulässig sind Organentnahmen gem. § 3 Abs 2 dTPG, wenn der Tote zu Lebzeiten einer Organentnahme widersprochen hatte oder vor der Entnahme bei dem potentiellen Organspender der endgültige, nicht behebbare Ausfall der Gesamtfunktion des Großhirns, des Kleinhirns und des Hirnstamms nach Verfahrensregeln, die dem Stand der Erkenntnisse der medizinischen Wissenschaft entsprechen, nicht festgestellt worden ist.[426]

Ein Verstoß gegen die Zulässigkeits- und Unzulässigkeitsvoraussetzungen ist in § 19 Abs 1 dTPG mit Geldstrafe oder Freiheitsstrafe bis zu drei Jahren bedroht.
Die Regeln, nach denen der Tod festzustellen ist, stellt gem. § 16 Abs 1 S 1 Nr 1 dTPG die Bundesärztekammer auf. Daß die Entnahme von einem Arzt vorgenommen werden muß, dient in erster Linie dem gesundheitlichen Schutz des Empfängers.[427]
Die Regelung, daß eine Organentnahme bei Vorliegen eines Widerspruchs unzulässig ist, soll klarstellen, daß nicht gegen den Willen des Verstorbenen

---

[424] BT-Drs. 13 / 4355, 18
[425] Klinge 64; Nickel 144 (1995); Nickel / Schmidt-Preisigke / Sengler § 3, Rn 5
[426] Vgl. 1. Teil D. I., S. 36 ff und 3. Teil D., S. 71 ff
[427] BT-Drs. 13 / 4355, 18

verstoßen werden darf und soll so dem Schutz des Grundrechts auf Menschenwürde gem. Art 1 Abs 1 GG dienen.[428] Ein Widerspruch steht nicht nur der Organentnahme als solcher, sondern allen damit verbundenen Maßnahmen, wie etwa zur Organerhaltung und -konservierung entgegen.[429]

Das Erfordernis des Vorliegens des **irreversiblen Ausfalls des Gesamthirns** gem. § 3 Abs 2 Nr 2 dTPG tritt neben das der Todesfeststellung nach § 3 Abs 1 Nr 2 dTPG. Der irreversible Ausfall des Gesamthirns stellt somit eine Art Mindestvoraussetzung bei der Todesfeststellung dar, obwohl der Gesetzeswortlaut den irreversiblen Ausfall des Gesamthirns wörtlich gesehen nur als Entnahmevoraussetzung nennt. Der irreversible Stillstand von Herz und Kreislauf ist demnach allein nicht ausreichend.[430]
Der Sinn, warum die Voraussetzungen des § 3 dTPG in zwei Absätzen getrennt nach Zulässigkeits- und Unzulässigkeitsvoraussetzungen geregelt sind, ist nicht nachvollziehbar. Sämtliche Anforderungen sind nämlich zusammen zu lesen und hätten ohne weiteres und klarer in einem Absatz als Zulässigkeitsvoraussetzungen formuliert werden können. Dabei wäre es vor allem möglich gewesen, den irreversiblen Ausfall des Gesamthirns als Mindestvoraussetzung für die Feststellung des Todes und somit für Organentnahmen zu kennzeichnen. Das hätte auch einer Verunsicherung der Bevölkerung vorgebeugt. Dann wäre klar zum Ausdruck gekommen, daß der irreversible Ausfall des Gesamthirns ein sicheres Todeszeichen ist, unter Umständen sicherer als das des Herz-Kreislauf-Stillstands.[431] Die jetzige Formulierung in zwei getrennten Absätzen ist jedoch geeignet, daran Zweifel aufkommen zu lassen, daß der irreversible Ausfall des Gesamthirns überhaupt ein Merkmal des Todes ist.
Die Zweifel werden durch die Regelung der Nachweisverfahren in § 5 Abs 1 dTPG noch verstärkt. Nach dessen Satz 1 sind der Tod und der irreversible Ausfall des Gesamthirns durch zwei Ärzte unabhängig voneinander festzustellen. Die Untersucher müssen mehrjährige Erfahrung in der Intensivbehandlung schwerer Hirnschädigungen aufweisen.[432] Sie dürfen zudem gem. § 5 Abs 2 dTPG weder an der Organentnahme noch an der Transplantation beteiligt sein, noch dürfen sie Weisungen eines Arztes unterliegen, der an diesen Maßnahmen beteiligt ist. Als Beteiligung wird man dabei auch bereits eine persönliche Beziehung zum Spender oder Empfänger ansehen müssen.[433] Zur Vermeidung von Interessenskollisionen sollte gesetzlich geregelt sein, daß die den Tod feststellenden Ärzte auch nicht an Untersuchungen zur Prüfung der Spendereigen-

[428] BT-Drs. 13 / 4355, 18
[429] Nickel / Schmidt-Preisigke / Sengler § 3, Rn 17
[430] BT-Drs. 13 / 8027, 8; Nickel 93 ff (1999); Nickel / Schmidt-Preisigke / Sengler § 3, Rn 18
[431] Vgl. 1. Teil D. I., S. 36 ff und 3. Teil D., S. 71 ff
[432] Bundesärztekammer, Richtlinien zur Feststellung des Hirntodes B-1512; Bundesärztekammer, Empfehlungen für die Zusammenarbeit B-1653
[433] Kalchschmid / Barta 25

schaft des Verstorbenen beteiligt sein dürfen.[434] Das Erfordernis der Feststellung durch zwei Ärzte soll der Vermeidung von Fehldiagnosen dienen.[435] Doch abweichend davon reicht gem. § 5 Abs 1 S 2 dTPG die Feststellung des Todes durch nur einen Arzt aus, wenn der irreversible Stillstand von Herz und Kreislauf eingetreten ist und seitdem mehr als drei Stunden vergangen sind.
Fraglich ist, ob im letzten Fall dennoch der irreversible Ausfall des Gesamthirns, dessen Feststellung unabdingbare Entnahmevoraussetzung gem. § 3 Abs 2 Nr 2 dTPG ist, durch zwei Ärzte, wie von § 5 Abs 1 S 1 dTPG gefordert, festgestellt werden muß.
Nach dem Wortlaut des Gesetzes und auch der Auslegung ist dieses zu bejahen. Das Gesetz behandelt Gesamthirntod und Tod als unterschiedliche Dinge und stellt auch hinsichtlich ihrer Nachweisverfahren getrennte Anforderungen, was aus den genannten Gründen nicht nachvollziehbar ist, da der irreversible Ausfall des Gesamthirns ein Merkmal des Todes ist. Die Mißachtung der Pflicht, auch nach Ablauf der Drei-Stunden-Frist den irreversiblen Ausfall des Gesamthirns durch zwei Ärzte festzustellen, ist jedoch nicht mit Strafe bedroht, so daß diese Vorschrift eigentlich ins Leere geht. Hier bedarf es einer eindeutigen Regelung durch den Gesetzgeber.[436]
Um eine sichere Diagnose zu gewährleisten, sollte die Feststellung des irreversiblen Ausfalls des Gesamthirns von einem Ärztekollegium, bestehend aus einem Intensivmediziner zum Nachweis des Atemstillstandes, einem Facharzt für Neurologie zur Diagnostizierung der klinischen Symptome, einem Experten zur Beurteilung des EEG und / oder einem Radiologen zur Feststellung des Kontrastmittelstopps, erfolgen.[437] Eine entsprechende gesetzliche Normierung könnte ein erheblich höheres Vertrauen der Bevölkerung in die Transplantationsmedizin zur Folge haben und letztlich die Spendenbereitschaft erhöhen.
Die Untersuchungsergebnisse sind in der in § 5 Abs 2 dTPG beschriebenen Weise zu dokumentieren. Ein Verstoß gegen die Dokumentationspflicht stellt eine Ordnungswidrigkeit im Sinne des § 20 Abs 1 Nr 1 dTPG dar.

Der deutsche Gesetzgeber hat es versäumt klarzustellen, daß medizinische Untersuchungen zur Identifizierung einer Person als Organspender und organerhaltende Maßnahmen erst nach Feststellung des irreversiblen Gesamthirnausfalls zulässig sind, da sie geeignet sind, das Leben des Patienten zu gefährden[438] und gegen die Grundrechte auf Leben, Gesundheit sowie Menschenwürde verstoßen.

---

[434] I. d. S. Gruber 127 ff
[435] Nickel / Schmidt-Preisigke / Sengler § 5, Rn 3
[436] Nickel / Schmidt-Preisigke / Sengler § 5, Rn 5
[437] Kalchschmid / Barta 24
[438] Eidgenössisches Departement des Innern 41

Der Arzt hat gem. § 3 Abs 3 S 1 dTPG den **nächsten Angehörigen** des Organspenders über die geplante Explantation zu informieren. Diese Regelung entspricht dem allgemeinen Pietätsempfinden und beruht auf dem gewohnheitsrechtlichen Totensorgerecht.[439] Ein Verstoß gegen diese Pflicht ist aber nicht mit Strafe bedroht.

Der Begriff des nächsten Angehörigen wird erst in § 4 Abs 2 S 1 dTPG erklärt. Dieses sind in der Reihenfolge ihrer Aufzählung der Ehegatte, volljährige Kinder, Eltern oder, sofern der mögliche Organspender zur Todeszeit minderjährig war und die Sorge für seine Person zu dieser Zeit nur einem Elternteil, einem Vormund oder einem Pfleger zustand, dieser Sorgeinhaber, volljährige Geschwister und Großeltern. Volljährige Personen, die dem möglichen Organspender bis zu seinem Tode in besonderer persönlicher Verbundenheit offenkundig nahegestanden haben, treten neben den nächsten Angehörigen, § 4 Abs 2 S 6 dTPG.

Personen, die Verstorbenen in besonderer persönlicher Verbundenheit nahestanden, sind in erster Linie Verlobte oder Lebenspartner. Bedeutendes Merkmal ist hierbei eine gemeinsame Lebensplanung mit innerer Bindung, wobei es nicht auf ein räumliches Zusammenleben ankommt. Indiz für die besondere Verbundenheit ist die Begleitung des Verstorbenen während der ärztlichen Behandlung und im Sterben.[440] Für den Arzt besteht keine besondere Nachforschungspflicht über das Verhältnis dieser Personen zu dem Verstorbenen. Dieses ergibt sich aus dem Merkmal „offenkundig".[441]

Für den Fall, daß weder eine Einwilligung noch ein Widerspruch des Toten schriftlich vorliegt, ist nach § 4 Abs 1 S 1 dTPG der nächste Angehörige[442] des Toten zu befragen, ob ihm eine Erklärung des Toten für oder gegen eine Organspende bekannt ist.

Ungeregelt läßt das dTPG den Fall, daß mehrere gleichrangige nächste Angehörige widersprüchliche Angaben zur Erklärung des Verstorbenen zur Organspende machen – also etwa einerseits eine Einwilligung und andererseits einen Widerspruch bekunden. Zieht man für diese Situation die Regelung des § 4 Abs 2 S 4 dTPG, nach der bei mehreren gleichrangigen Angehörigen, sofern sie zu einer eigenen Entscheidung befugt sind, auch nur der Widerspruch eines einzigen beachtlich ist, analog heran, so ist auch dann das Bekunden, der Verstorbene habe zu Lebzeiten mündlich erklärt, er widerspreche einer Organentnahme nach seinem Tod, beachtlich.[443]

Fraglich ist, welches Gewicht der Arzt bei der Feststellung des Willens des Verstorbenen der Erklärung einer Person, die nicht nächster Angehöriger ist, beizu-

---

[439] BT-Drs. 13 / 4355, 18

[440] BT-Drs. 13 / 8027, 11; Walter 186 f

[441] Nickel / Schmidt-Preisigke / Sengler § 4, Rn 20

[442] Mit diesem Begriff sind im folgenden auch die Personen im Sinne des § 4 Abs 2 S 6 dTPG gemeint.

[443] Walter 190 f

messen hat. Ziel des dTPG ist es unter anderem, den Willen des Verstorbenen zu schützen. Für den Fall, daß eine schriftliche Erklärung des Verstorbenen nicht vorliegt, kommt dem nächsten Angehörigen eine Zeugenfunktion zu. Als Sachwalter des postmortalen Persönlichkeitsrechts des Verstorbenen hat er die Pflicht, sein Wissen von der Erklärung des Verstorbenen zur Organspende kundzugeben, damit dessen Wille berücksichtigt werden kann.[444] Erst wenn es nicht möglich ist, die Erklärung des Verstorbenen durch das Zeugnis der nächsten Angehörigen zu ermitteln, soll diesen ein eigenes Entscheidungsrecht zukommen.[445] Die Zeugenaussage hat demnach ein höheres Gewicht als das eigene Entscheidungsrecht. Sinn und Stellenwert der Zeugenaussage erlauben es daher, auch dem Zeugnis einer Person, die nicht nächster Angehöriger ist, Beachtung zu schenken, wobei der nächste Angehörige in jedem Falle anzuhören ist und seiner Aussage besondere Bedeutung zukommt.[446] Für dieses Ergebnis spricht auch, daß für Erklärungen zur Organspende nicht die Schriftform vorgeschrieben ist, sondern auch mündliche Willensäußerungen maßgeblich sind.

Ist dem Angehörigen eine Erklärung des Verstorbenen zur Organspende nicht bekannt, so darf die Organentnahme bei Vorliegen der übrigen Voraussetzungen des § 3 dTPG und die Entscheidung nicht auf eine andere Person übertragen wurde, nur erfolgen, wenn ein Arzt den Angehörigen über die in Frage kommende Organentnahme unterrichtet und dieser ihr zugestimmt hat, § 4 Abs 1 S 2 dTPG. Es handelt sich hierbei um ein Entscheidungsrecht, nicht um eine Entscheidungspflicht des nächsten Angehörigen.[447] Ein Verstoß gegen die Unterrichtungspflicht des Arztes ist gem. § 19 Abs 1 und 4 dTPG mit Geldstrafe oder Freiheitsstrafe bis zu drei Jahren bedroht.

Entscheidungsbefugt sind nur Angehörige, die in den letzten Jahren vor dem Tod des potentiellen Organspenders zu diesem persönlichen Kontakt hatten. Ausreichend sind dabei gelegentliche persönliche private Zusammentreffen.[448]

Der Arzt hat diese Voraussetzungen durch Befragung des in Betracht kommenden Angehörigen herauszufinden. Weitere Angehörige müssen nicht befragt werden. Es besteht keine weitergehende Nachforschungspflicht.[449]

Nach § 4 Abs 1 S 3 und 4 dTPG hat der nächste Angehörige bei seiner Entscheidung den **mutmaßlichen Willen des Verstorbenen** zu berücksichtigen, worauf ihn der Arzt hinweisen muß. Maßgeblich ist der mutmaßliche Wille der erklärungsfähigen Personen im Sinne des § 2 Abs 2 dTPG – bei einem mutmaß-

---

[444] BT-Drs. 13 / 8027, 9; Walter 191

[445] BT-Drs. 13 / 8027, 9

[446] I. d. S. auch Walter 191 f

[447] Walter 192

[448] Nickel / Schmidt-Preisigke / Sengler § 4, Rn 22

[449] Nickel / Schmidt-Preisigke / Sengler § 4, Rn 23

lichen Widerspruch also erst ab dem 14., bei einer mutmaßlichen Einwilligung ab dem 16. Lebensjahr.[450]
Die Vorschrift, der nächste Angehörige habe bei seiner Entscheidung den mutmaßlichen Willen des Verstorbenen zu berücksichtigen, weist einige Schwierigkeiten auf. Sie beruht auf der Annahme, der nächste Angehörige sei Sachwalter des postmortalen Persönlichkeitsrechts des Verstorbenen.[451] Doch nach welchen Kriterien soll der nächste Angehörige den mutmaßlichen Willen bestimmen können, wenn der Verstorbene nicht ausnahmsweise etwa einer Religionsgemeinschaft angehörte, die eine Organentnahme aus Glaubensgründen ablehnt? Vielmehr legt die Tatsache, daß der Verstorbene keine eindeutige Erklärung zur Organspende abgegeben hat, den Schluß nahe, daß er selbst sich nicht festlegen konnte oder wollte. Wie soll dann dazu ein Angehöriger durch Mutmaßungen in der Lage sein? Würden sich irgendwelche Anhaltspunkte fin-den, die den Schluß auf den Willen des Verstorbenen zulassen würden, so läge darin eher eine konkludente Willensäußerung des Verstorbenen. Dann stünde dem nächsten Angehörigen allerdings kein eigenes Entscheidungsrecht mehr zu, sondern er wäre vielmehr verpflichtet, diese konkludente Willensäußerung kundzugeben.[452]
Außerdem läßt sich nicht oder nur schwer kontrollieren, ob der mutmaßliche Wille auch tatsächlich vom nächsten Angehörigen beachtet und richtig wiedergegeben wird.
Die Vorschrift des § 4 Abs 1 S 3 dTPG dürfte aus diesen Gründen ins Leere gehen. Hierfür spricht auch, daß nach § 4 Abs 1 S 5 dTPG der nächste Angehörige mit dem Arzt eine Frist vereinbaren kann, innerhalb der er seine Erklärung widerrufen kann – was auch die Widersprüchlichkeit des dTPG in diesem Punkt belegt.[453] Wenn der nächste Angehörige nach dem mutmaßlichen Willen eine Entscheidung zu treffen hat, macht diese Regelung keinen Sinn. Widerruft der nächste Angehörige seine Erklärung, so würde eine der von ihm abgegebenen Erklärungen offensichtlich nicht dem mutmaßlichen Willen des Verstorbenen entsprechen, entweder die ursprünglich erteilte oder deren Widerruf.
Der Gesetzgeber sollte daher von vornherein diese Leerformel weglassen und dem nächsten Angehörigen, wie es die Gesetzesbegründung für den Fall des Fehlens eines mutmaßlichen Willens vorsieht,[454] ein eigenes Entscheidungsrecht im Rahmen des Totensorgerechts geben, dessen Inhalt und Grenzen allerdings streitig sind.[455]

---

[450] Nickel / Schmidt-Preisigke / Sengler § 4, Rn 4
[451] BT-Drs. 13 / 8027, 9; Hirsch / Schmidt-Didczuhn 49; Walter 193; AG Berlin-Schönefeld, FamRZ 1979, 633 (Urt. v. 5.9.1978)
[452] Walter 194
[453] I. d. S. auch Walter 195
[454] BT-Drs. 13 / 8027, 9; Walter 194
[455] Vgl. hierzu: Carstens 100 f; Heun 218; Walter 194

Wenn der nächste Angehörige mit dem Arzt die bereits erwähnte Möglichkeit des Widerrufs der Erklärung innerhalb einer bestimmten Frist vereinbart hat – in der Praxis dürfte das nur eine ursprünglich erklärte Zustimmung betreffen –, so ist auch der Widerruf eines gleichrangigen anderen Angehörigen zu beachten.[456] Das ergibt sich aus § 4 Abs 2 S 3 dTPG. Der Widerruf ist formlos möglich.

Das dTPG regelt nicht den Fall, ob ein Angehöriger sein Entscheidungsrecht verwirken kann. Dieses gilt vor allem für den Fall, daß er den Verstorbenen vorsätzlich, rechtswidrig, schuldhaft und nicht auf dessen Verlangen getötet hat. Bei solchen Personen läßt sich in analoger Anwendung des § 2339 Abs 1 BGB annehmen, daß sie eine Entscheidung nicht im Sinne des Verstorbenen treffen und von einem Entscheidungsrecht ausgenommen sind.[457]

Fehlen schriftliche oder mündliche Äußerungen des Verstorbenen zur Organspende und sind keine Angehörigen vorhanden oder auffindbar, ist eine Organentnahme unzulässig. Denn dann kann das Zustimmungserfordernis des § 4 Abs 1 S 2 dTPG nicht erfüllt werden.[458] Ein Arzt, der dennoch Organe vom Verstorbenen entnimmt, macht sich gem. § 19 Abs 1 dTPG strafbar. Diese Handlung könnte allenfalls nach den allgemeinen Rechtfertigungsregeln, insbesondere des § 34 dStGB gerechtfertigt sein.[459]

Wenn ein vorrangiger Angehöriger innerhalb einer angemessenen Zeit nicht erreichbar ist, genügt die Beteiligung des nächsterreichbaren nachrangigen Angehörigen, § 4 Abs 2 S 5 dTPG. Die Angemessenheit der Zeit richtet sich in erster Linie danach, wie lange nach Eintritt des Todes die zu entnehmenden Organe noch transplantierfähig entnommen werden können.[460]

Ungeregelt ist, wieviel Zeit dem Angehörigen für die Entscheidung zusteht oder wie zu verfahren ist, wenn sich ein vorrangiger Angehöriger innerhalb der Zeit, in der Organe noch transplantierfähig entnommen werden können, nicht entscheiden kann. Ist dann analog § 4 Abs 2 S 5 dTPG der nächsterreichbare Angehörige zu einer Entscheidung befugt? Da Schweigen nicht als Willenserklärung gilt und daraus weder Zustimmung noch Ablehnung zum Ausdruck kommen,[461] kann weder auf eine Einwilligung noch auf einen Widerruf des vorrangigen Angehörigen geschlossen werden.

Für diesen Fall wird die analoge Anwendung des § 4 Abs 2 S 5 dTPG teilweise abgelehnt, da im Zweifel einer Organentnahme nicht zugestimmt und eine Organentnahme mithin unzulässig sei.[462]

---

[456] Nickel / Schmidt-Preisigke / Sengler § 4, Rn 7

[457] Nickel / Schmidt-Preisigke / Sengler § 4, Rn 24; Olshausen § 2339 BGB, Rn 21

[458] Nickel / Schmidt-Preisigke / Sengler § 4, Rn 28

[459] Vgl. 4. Teil A. III. 2., S. 135 ff

[460] Nickel / Schmidt-Preisigke / Sengler § 4, Rn 26

[461] Heinrichs vor §§ 116 BGB, Rn 6

[462] Walter 193

Dem läßt sich jedoch entgegenhalten, daß das Schweigen eben keine Willenserklärung darstellt und auch nicht eine Auslegung auf eine mögliche Willenserklärung, nämlich die Verweigerung der Zustimmung, zuläßt. Wenn der nächste (vorrangige) Angehörige innerhalb einer angemessenen Zeit von seinem Entscheidungsrecht keinen Gebrauch macht, ist kein Grund ersichtlich, warum es dann auch der nachrangige Entscheidungsbereite nicht tun darf. Die Gegenauffassung müßte konsequenterweise grundsätzlich ein Entscheidungsrecht jedes Angehörigen ablehnen, da aus dem Schweigen des Verstorbenen zu Lebzeiten auch nicht ohne weiteres auf einen Widerspruch zur Organspende geschlossen wird, sondern erst, wenn keine Angehörigen vorhanden oder erreichbar sind.
Fraglich ist die Beurteilung des Falls, in dem der Angehörige seine Entscheidung nach Ablauf der Widerrufsfrist, aber noch vor der Explantation, widerruft. Ist er dann analog den Vorschriften für Rechtsgeschäfte an seine Erklärung gebunden? Bei Abwägung aller Interessen ist dieses zu bejahen. Denn nach Ablauf der Frist darf der Arzt darauf vertrauen, daß es bei der Zustimmung bleibt und alle weiteren erforderlichen Maßnahmen in die Wege leiten. Dazu gehören neben der Organisation der Explantation, die einen enormen logistischen und personellen Aufwand erfordert, auch die Unterrichtung und Vorbereitung des potentiellen Empfängers. Würde man es dem Angehörigen ermöglichen, seine Zustimmung auch nach Fristablauf zu widerrufen, wären die vom Arzt getroffenen Maßnahmen hinfällig und für den potentiellen Empfänger bestünde die Gefahr einer enormen psychischen Belastung durch die kurzfristige Absage der Transplantation. Dieses Ergebnis wäre nicht verhältnismäßig, denn der Angehörige konnte sich die Zeit nehmen, die er nach seiner Einschätzung benötigte, um seiner Entscheidung sicher zu sein.
Hatte der Verstorbene gem. § 2 Abs 2 S 1 dTPG die Entscheidung zur Organspende einer bestimmten Person – die selbstverständlich auch ein Angehöriger sein kann – übertragen, tritt diese an die Stelle des nächsten Angehörigen, § 4 Abs 3 dTPG.
Streitig ist, welches Alter die Vertrauensperson bei Ausübung des Entscheidungsrechts haben muß.
Zum einen wird mit Hinweis auf die Altersgrenze für die Fähigkeit, die Entscheidung zu übertragen, die Meinung vertreten, daß die Vertrauensperson das 16. Lebensjahr vollendet haben müsse.[463]
Dem wird die vergleichbare Stellung und Funktion der Vertrauensperson mit den nächsten Angehörigen entgegengehalten und, sofern die Vertrauensperson nicht gleichzeitig der Ehegatte ist, Volljährigkeit verlangt.[464] Dem ist zuzustimmen, wofür auch der Wortlaut des § 4 Abs 3 dTPG spricht, wonach die Vertrauensperson „an die Stelle des nächsten Angehörigen" tritt.
Die oben geforderte einheitliche Altersgrenze für Erklärungen zur Organspende würde diesen Streit beenden.

[463] Nickel / Schmidt-Preisigke / Sengler § 4, Rn 27
[464] Walter 195 f

Ist die Entscheidung auf mehrere Personen übertragen worden, haben sie diese einvernehmlich zu treffen. Der Widerspruch eines einzelnen ist bereits zu beachten. Selbstverständlich kann auch eine Vertrauensperson ihr Entscheidungsrecht verwirken.[465]
Eine Befragung nach dem Willen des Verstorbenen hat im Falle der Übertragung der Entscheidung zu unterbleiben, da der Verstorbene sich zu Lebzeiten gerade keine eigene Meinung bilden wollte.[466]
Wenn eine Vertrauensperson verstorben oder nicht erreichbar ist oder die Entscheidung ablehnt, ist aus dem Charakter der Übertragung durch Auslegung zu ermitteln, ob der Verstorbene damit verhindern wollte, daß die Personen, die nach § 4 Abs 2 dTPG eine Entscheidung treffen dürfen, herangezogen werden. Ist eine solche Auslegung für den Arzt nicht erkennbar, so treten die nächsten Angehörigen nach § 4 Abs 2 dTPG an die Stelle der Vertrauensperson.[467]
Da es möglich ist, daß eine Einwilligung in eine Organentnahme zu Lebzeiten auf bestimmte Organe beschränkt wird, ist anzunehmen, daß dieses auch für die Zustimmung der Angehörigen gilt. Hierzu enthält das Gesetz allerdings keine ausdrückliche Regelung, was für eine Klarstellung sinnvoll wäre.
Ablauf, Inhalt und Ergebnis der Beteiligung der Angehörigen oder Vertrauenspersonen sind vom Arzt aufzuzeichnen. Eine Vereinbarung über eine Widerrufsfrist bedarf der Schriftform, § 4 Abs 4 dTPG. Die nächsten Angehörigen oder Vertrauenspersonen dürfen die Aufzeichnung einsehen.

Von der Möglichkeit, ein **Organspenderegister** gem. § 2 Abs 3 dTPG einzurichten, hat das Bundesministerium für Gesundheit bislang keinen Gebrauch gemacht. Eine Erklärung zur Organspende kann daher an keiner Stelle, die vor jeder Organentnahme abzufragen ist, abgegeben werden, was aber zur praktischen Umsetzung der erweiterten Zustimmungslösung geboten wäre.[468] Es gibt lediglich ein Muster für einen Organspendeausweis im Sinne des § 2 Abs 5 dTPG.[469] Viele der aufgezeigten Probleme im Zusammenhang mit der Beteiligung der Angehörigen sowie den Ärzten zeitraubender Formalien ließen sich mit einem Register vermeiden. Ein Register würde zudem zu mehr Rechtssicherheit und Vertrauen in der Bevölkerung beitragen, der zu Lebzeiten geäußerte Wille werde nach dem Tod respektiert.[470] Die Einrichtung eines solchen Registers ist beispielsweise bei den für die Ausgabe der Personalausweise zuständigen Stellen oder Krankenkassen denkbar. Hier könnten Informationen zur Organspende, verbunden mit der Bitte, eine Erklärung abzugeben, ausgelegt werden. Bei der Verlängerung eines Ausweises oder der Versicher-

---

[465] Nickel / Schmidt-Preisigke / Sengler § 4, Rn 28 f
[466] Walter 196
[467] Nickel / Schmidt-Preisigke / Sengler § 4, Rn 30
[468] Vgl. 3. Teil C. I., S. 65 ff
[469] Bundesanzeiger Nr. 103 a v. 6.6.1998
[470] Vgl. 3. Teil C. I., S. 65 ff

tenkarte bestünde die Möglichkeit, an einen Eintrag oder die Überprüfung einer getroffenen Entscheidung zu erinnern.
81,7 % der von mir befragten Deutschen würden ein solches Register in Anspruch nehmen.[471]

Postmortale Organentnahmen und die mit ihnen zusammenhängenden Maßnahmen sind gem. § 6 Abs 1 dTPG unter **Achtung der Würde** des Organspenders und in einer der ärztlichen Sorgfalt entsprechenden Weise durchzuführen. Diese Forderung wird durch das standardisierte chirurgische Vorgehen bei Explantationen erfüllt.[472]
Gem. § 6 Abs 2 dTPG ist der Leichnam nach der Entnahme in würdigem Zustand zur Bestattung zu übergeben. Die Angehörigen haben das Recht, den Leichnam zuvor noch einmal zu sehen. Dieses soll dem Schutz des auch postmortal fortwirkenden Anspruchs auf Achtung der Würde des Verstorbenen dienen.[473]

§ 3 Abs 3 S 2 dTPG legt dem Arzt eine – allgemein anerkannte aber bislang nicht normierte – **Dokumentationspflicht** über eine Explantation auf. Da sie hier gesetzlich festgelegt ist, läßt sich für andere ärztliche Behandlungen überlegen, ob diese Vorschrift analog auch für sie Geltung findet. Denn wenn die Entnahme von Organen von einem Toten genau dokumentiert werden muß, so muß dieses erst recht für die Behandlung von Lebenden gelten.
Der nächste Angehörige hat gem. § 3 Abs 3 S 3 und 4 dTPG das Recht, die Dokumentation mit einer Person seines Vertrauens einzusehen. Dieses Recht ist wiederum als Ausfluß des Totensorgerechts zu sehen[474] und dient dem Schutz des Willens des Spenders und dem würdevollen Umgang mit dessen Leichnam.

§ 7 dTPG regelt das **Auskunftsrecht** und die **Auskunftspflicht** der Ärzte und Stellen, die im Transplantationswesen tätig sind und an einer bestimmten Auskunft ein Interesse haben oder speichern. Die aktuell behandelnden Ärzte haben insbesondere das Recht, vom Hausarzt und anderen früher behandelnden Ärzten medizinische Daten zu erfragen.[475]

Die Frage, unter welchen Voraussetzungen in Deutschland verstorbenen **Ausländern**, in deren Heimatland Organspenden unter Umständen anderen gesetzlichen Voraussetzungen unterliegen – wie etwa in Österreich –, in Deutschland Organe entnommen werden dürfen, stellt sich in der Praxis nicht. Aufgrund der erweiterten Zustimmungslösung muß ein möglicher entgegenstehender Wille des potentiellen Spenders vor der Explantation geklärt sein.

---

[471] Vgl. 6. Teil, S. 208
[472] Bundesärztekammer, Empfehlungen für die Zusammenarbeit B-1654
[473] Nickel / Schmidt-Preisigke / Sengler § 6, Rn 1
[474] Nickel / Schmidt-Preisigke / Sengler § 3, Rn 21
[475] Bundesärztekammer, Empfehlungen für die Zusammenarbeit B-1653

bb. Vorschriften für die Transplantation vermittlungspflichtiger Organe
Der vierte Abschnitt des dTPG enthält in seinen §§ 9 ff in erster Linie spezielle Vorschriften für die Transplantation postmortal entnommener vermittlungspflichtiger Organe, die zusätzlich zu den allgemeinen Vorschriften zu beachten sind. Manche der Regelungen betreffen jedoch auch die Lebendspende.

Gem. § 9 S 1 und 2 dTPG sind vermittlungspflichtige Organe Herz, Niere, Leber, Lunge, Bauchspeicheldrüse und Darm, die von Verstorbenen entnommen wurden.
Die räumliche Trennung der Vorschriften des vierten Abschnitts von den „allgemeinen" zur postmortalen Organspende trägt nicht zur Übersichtlichkeit des dTPG bei. Zwar drückt sie das Ziel, die Organvermittlung von der Organentnahme sowie -übertragung organisatorisch zu trennen, auch bildlich aus, doch kann dieses Ziel nur durch die Befolgung der Vorschriften in der Praxis erreicht werden.
Die Regelungen des vierten Abschnitts betreffen zwar nur Entnahme und Übertragung vermittlungspflichtiger, aber deswegen dennoch postmortal entnommener Organe. Diese Vorschriften sollten daher in den Abschnitt mit den Regelungen für Organentnahmen bei toten Organspendern integriert werden. Die wenigen Regelungen, die auch für Lebendspenden gelten, könnten durch Verweis im Abschnitt der Lebendspende Geltung erlangen.

Gem. § 9 S 1 dTPG darf die Transplantation vermittlungspflichtiger Organe nur an einem dafür zugelassenen **Transplantationszentrum** durchgeführt werden. Das gilt nach § 1 Abs 1 S 1 dTPG auch für Teile dieser Organe, wie etwa Lungenlappen und Lebersegmente.
Transplantationszentren sind nach der Definition des § 10 Abs 1 S 1 dTPG Krankenhäuser oder dort bestehende Einrichtungen, die nach § 108 SGB V oder nach anderen gesetzlichen Bestimmungen – wie § 30 GewO für Krankenhäuser, die nur Privatpatienten behandeln – für die Übertragung der in § 9 S 1 dTPG genannten Organe zugelassen sind.
Zur Qualitätssicherung und Gewährleistung einer bedarfsgerechten, leistungsfähigen und wirtschaftlichen Versorgung haben die nach § 108 SGB V zugelassenen Zentren Schwerpunkte zu bilden, welche Organe übertragen werden.
Die wichtigsten Aufgaben der Transplantationszentren neben der Organtransplantation werden in § 10 Abs 2 dTPG aufgeführt.
Die Zentren haben unverzüglich nach Vorstellung eines Patienten über dessen Annahme zur Transplantation und Aufnahme auf die Warteliste zu entscheiden. Die Entscheidung über die Aufnahme auf die Warteliste hat gem. § 10 Abs 2 Nr 2 dTPG nach den Regeln, die dem Stand der Erkenntnisse der medizinischen Wissenschaft entsprechen, zu erfolgen. Notwendigkeit und Erfolgsaussicht kommt dabei eine besondere Bedeutung zu. Diese Regeln hat die Bundesärztekammer gem. § 16 Abs 1 S 1 Nr 2 dTPG jeweils für die Transplantation von

Niere, Niere-Pankreas, Leber, Herz, Herz-Lunge und Lunge festgelegt.[476] Danach hat ein Zentrum neben jeweils besonderen Voraussetzungen für die einzelnen Organe die Entscheidung über die Aufnahme auf die Warteliste unter Berücksichtigung der individuellen Situation des Patienten (Patientenprofil) und des vom Zentrum angebotenen Behandlungsspektrums (Zentrumsprofil) zu treffen.[477] Dabei ist abzuwägen, ob ein längerfristiger Transplantationserfolg zu erwarten ist. Gründe, die gegen die Erwartung eines solchen Erfolgs sprechen, sind – je nach Organ – beispielsweise schwerwiegende Begleiterkrankungen, HIV-Infektionen oder Krebserkrankungen. Daneben ist – je nach Organ – auch die als bedenklich anzusehende Compliance[478] von Bedeutung. Nikotin-, Alkohol- oder sonstige Drogenabhängigkeit haben nur dann nicht die Ablehnung eines Patienten der Aufnahme auf die Warteliste zur Folge, wenn er bestimmte Abstinenzvoraussetzungen erfüllt.[479]
Die Wartelisten mit den zur Transplantation aufgenommenen Patienten sind von den Zentren zu führen. Die Listen müssen alle zur Organvermittlung erforderlichen Daten enthalten. Der behandelnde Arzt ist über den aktuellen Status des Patienten auf der Liste zu informieren.

Die **Entnahme** vermittlungspflichtiger Organe ist gem. § 11 Abs 1 S 1 dTPG eine gemeinschaftliche Aufgabe der Transplantationszentren und der anderen Krankenhäuser in regionaler Zusammenarbeit. Das gilt auch für die Maßnahmen zur Vorbereitung der Entnahme, Vermittlung und Übertragung dieser Organe. Daraus folgt, daß die Organentnahme keine zentrumsbezogene, sondern eine Gemeinschaftsaufgabe der Transplantationsmedizin zugunsten aller Patienten auf den Wartelisten der Transplantationszentren ist. Daher darf das entnehmende Transplantationszentrum über das Organ nicht frei verfügen, solange die Entscheidung der Vermittlungsstelle, welcher Patient das Organ erhält, aussteht.[480] Dieses folgt auch bereits aus § 9 S 2 dTPG.
Ein Verstoß gegen § 9 dTPG stellt gem. § 20 Abs 1 Nr 2 dTPG eine Ordnungswidrigkeit dar.
§ 10 Abs 2 Nr 3 dTPG verpflichtet die Transplantationszentren zur Einhaltung der Regelungen über die Organvermittlung.

Die **Organisation** dieser Gemeinschaftsaufgabe übernimmt eine von den Spitzenverbänden der Krankenkassen, der Bundesärztekammer und einer Vertretung der Krankenhäuser errichtete oder beauftragte **Koordinierungsstelle**, § 11 Abs 1 S 2 dTPG. Dieses ist, wie bereits vorher auch, seit Inkrafttreten des

---

[476] Bundesärztekammer, Richtlinien für die Wartelisten B-352 ff
[477] Bundesärztekammer, Richtlinien für die Wartelisten B-352 ff
[478] Vgl. 3. Teil E., S. 76
[479] Bundesärztekammer, Richtlinien für die Wartelisten B-352 ff
[480] BT-Drs. 13 / 4355, 23; Lilie 647 (1999)

entsprechenden Vertrages im Sinne des § 11 Abs 2 S 1 dTPG am 16. Juli 2000 die Deutsche Stiftung Organtransplantation (DSO).
§ 11 Abs 1 S 3 dTPG und der Vertrag stellen besondere Anforderungen an die finanzielle und organisatorische Ausstattung der DSO.
Diese hat bei der Erfüllung ihrer Aufgaben keine Weisungsbefugnis gegenüber den Transplantationszentren.[481] Letztere sind allerdings gem. § 10 Abs 2 Nr 3 dTPG verpflichtet, den Vertrag zur Regelung des Organisationsablaufs mit der DSO einzuhalten. Der Vertrag regelt insbesondere die Aufgaben der DSO zur Organisation der Organentnahme.[482]
Daß die Organentnahme eine Gemeinschaftsaufgabe ist, kommt auch in § 11 Abs 4 dTPG zum Ausdruck. Nach Satz 1 sind die Transplantationszentren und die Krankenhäuser nämlich verpflichtet, untereinander und mit der DSO zusammenzuarbeiten.
Die Krankenhäuser haben insbesondere gem. § 11 Abs 4 S 2 dTPG den endgültigen, nicht behebbaren Ausfall der Gesamtfunktion des Großhirns, des Kleinhirns und des Hirnstamms von Patienten, die nach ärztlicher Beurteilung als Spender vermittlungspflichtiger Organe in Betracht kommen, dem zuständigen Transplantationszentrum nebst den erforderlichen Daten mitzuteilen, das diese wiederum an die DSO weiterleitet.
Diese Pflicht setzt voraus, daß die Organe durch intensivmedizinische Maßnahmen in einem transplantierfähigen Zustand erhalten werden können und kein der Organentnahme entgegenstehender Wille bekannt ist. Zur Erfüllung dieser Pflicht haben die Krankenhäuser gem. § 3 Abs 2 des Vertrages mit der DSO die notwendigen organisatorischen Vorkehrungen zu treffen, indem sie etwa Transplantations- oder Organspendebeauftragte bestellen.[483]
Für die ärztliche Beurteilung, ob ein Verstorbener als Organspender in Betracht kommt, hat die Bundesärztekammer gem. § 16 Abs 1 S 1 Nr 3 dTPG Richtlinien zu erlassen. Solche existieren zur Zeit noch nicht, sondern lediglich Empfehlungen für die Zusammenarbeit zwischen Krankenhäusern und Transplantationszentren bei postmortalen Organentnahmen.[484] Dieses ist jedoch unzureichend. Richtlinien der Bundesärztekammer kommt nämlich eine höhere Verbindlichkeit als Empfehlungen zu. Die Nichterfüllung von Richtlinien kann unter Umständen Sanktionen nach sich ziehen. Empfehlungen dagegen sollen lediglich die Aufmerksamkeit der Ärzteschaft erregen.[485]
Die Pflicht der DSO, einen jährlichen Tätigkeitsbericht zu veröffentlichen, soll die Transplantationsmedizin der Bevölkerung transparent machen.

---

[481] Nickel / Schmidt-Preisigke / Sengler § 11, Rn 6
[482] Vgl. zu den Aufgaben der DSO: 2. Teil B. I., S. 55 f
[483] BT-Drs. 13 / 4355, 25
[484] Bundesärztekammer, Empfehlungen für die Zusammenarbeit B-1652 ff
[485] Bundesärztekammer, Zur Frage der Verbindlichkeit

Das Verfahren der **Vermittlung** der vermittlungspflichtigen Organe ist in § 12 dTPG geregelt.
Die Vorschrift dient der Verwirklichung des Ziels des dTPG, die wenigen zur Verfügung stehenden Organe möglichst gerecht zu verteilen. Die Zuteilung erfolgt aufgrund einer einheitlichen Warteliste für die jeweiligen Organe, auf der alle in den Wartelisten der Transplantationszentren registrierten Patienten zusammengefaßt sind.
Die Vermittlung führt nach § 12 Abs 1 S 1 dTPG eine von den Spitzenverbänden der Krankenkassen, der Bundesärztekammer und einer Vertretung der Krankenhäuser eingerichteten oder beauftragten **Vermittlungsstelle** durch. Diese darf gem. § 12 Abs 2 dTPG auch außerhalb des Geltungsbereichs des dTPG und international Organe vermitteln, sofern sie die Datenschutz- sowie die Aufbewahrungs- und Löschungsbestimmungen der §§ 14 f dTPG erfüllt. Vermittlungsstelle ist, wie vorher bereits auch, seit Inkrafttreten des entsprechenden Vertrages am 16. Juli 2000 die Stiftung Eurotransplant.
§ 12 Abs 1 S 2 dTPG und der Vertrag stellen bestimmte Anforderungen an die finanzielle und organisatorische Ausstattung von Eurotransplant. Zudem regelt der Vertrag insbesondere die Aufgaben der Vermittlungsstelle, wie sie sich beispielhaft aus § 12 Abs 4 S 2 dTPG ergeben.[486]
Eurotransplant muß gem. § 12 Abs 1 S 3 dTPG gewährleisten, daß bei der Entnahme vermittlungspflichtiger Organe im Ausland, die in Deutschland transplantiert werden sollen, die zum Schutz der Organ*empfänger* erforderlichen Maßnahmen nach dem Stand der Erkenntnisse der medizinischen Wissenschaft durchgeführt werden.
An den Schutz der Organ*spender* werden bei Organentnahmen im Ausland dagegen nicht dieselben Anforderungen gestellt wie in Deutschland. Im Ausland entnommene und nach Deutschland vermittelte Organe müssen gem. § 12 Abs 1 S 4 dTPG lediglich nach den am Entnahmeort geltenden Voraussetzungen entnommen worden sein. Die entsprechenden Rechtsvorschriften dürfen dabei nicht den wesentlichen Grundsätzen des deutschen Rechts, insbesondere den Grundrechten, offensichtlich entgegenstehen. So darf etwa ein einem hingerichteten Strafgefangenen im Ausland entnommenes Organ nicht nach Deutschland vermittelt werden, da die Hinrichtung und die Entnahme gegen die Menschenwürde, Art. 1 Abs 1 GG, das Recht auf Leben und körperliche Unversehrtheit, Art. 2 Abs 2 S 1 GG und die Abschaffung der Todesstrafe, Art. 102 GG verstoßen.[487]
Organe aus dem Ausland, die aufgrund eines Herzstillstands, aber ohne Feststellung des irreversiblen Ausfalls des Gesamthirns entnommen wurden, dürfen ebenfalls nicht nach Deutschland vermittelt werden. Diese Art der Todesfeststellung ist unzureichend und verstößt gegen Art. 1 Abs 1 und Art. 2 Abs 2 S 1

[486] Vgl. zu den Aufgaben von Eurotransplant: 2. Teil A. I., S. 51 ff
[487] BT-Drs. 13 / 8017, 42 f

GG, da die Gefahr einer möglichen Tötung durch die Entnahme besteht, wenn nicht der Gesamthirntod vor der Entnahme festgestellt worden ist.[488]
Dagegen dürfen Organe, die in einem Land mit der Widerspruchslösung, also etwa Österreich, entnommen wurden, nach Deutschland vermittelt werden, da die Widerspruchslösung lediglich von den Regelungen des dTPG abweicht.[489]
Dieses scheint nicht konsequent, denn die Einführung der Widerspruchslösung in Deutschland wird unter anderem mit der Begründung abgelehnt, sie entspreche nicht den Wertvorstellungen des Grundgesetzes. Der Gesetzgeber könne außerdem die Bereitschaft zur Organspende nicht dadurch unterstellen, daß er fordert, der einzelne müsse sich durch eine besondere Erklärung wehren, wenn er eine Organentnahme nach dem Tod nicht wünscht.[490] Es wird offensichtlich mit zweierlei Maß gemessen. Manche Verstöße gegen die Wertvorstellungen des Grundgesetzes werden als nicht hinnehmbar und andere wiederum als akzeptabel angesehen. Dieses beruht entweder darauf, daß die Widerspruchslösung doch nicht unbedingt den Wertvorstellungen des Grundgesetzes entgegensteht oder / und auf der Tatsache, daß Deutschland als ein Organimportland[491] auf die Organspenden aus dem Ausland angewiesen ist und daher nur in Extremfällen Verstöße gegen das Grundgesetz als beachtlich angesehen werden.
Die Verteilung der vermittlungspflichtigen Organe hat von der Vermittlungsstelle nach Regeln, die dem Stand der Erkenntnisse der medizinischen Wissenschaft entsprechen, insbesondere nach Erfolgsaussicht und Dringlichkeit für geeignete Patienten zu erfolgen, § 12 Abs 3 S 1 dTPG.
Für die Dringlichkeit ist vor allem die Lebensbedrohlichkeit des Gesundheitszustands des Patienten maßgeblich. Den Erfolg einer Transplantation kennzeichnet das Überleben des Empfängers, die längerfristig gesicherte Transplantatfunktion sowie die verbesserte Lebensqualität.[492]
Die Allokationskriterien für Niere, Leber, Herz, Lunge und Bauchspeicheldrüse hat die Bundesärztekammer gem. § 16 Abs 1 S 1 Nr 5 dTPG in Richtlinien festgelegt.[493]
Durch die Bestimmung, daß die Richtlinien dem Stand der Erkenntnisse der medizinischen Wissenschaft zu entsprechen haben, wird der Eindruck erweckt, daß diese völlig wertneutral und objektiv beurteilbar sind. Dieses trifft jedoch nicht zu, da hinter den Kriterien meistens ethisch-moralische Prinzipien stehen, die auf den Wertvorstellungen der Gesellschaft beruhen. Die Kriterien sollten daher nicht allein von Medizinern festgelegt werden.[494] Selbst wenn es zur Zeit keine besseren Regeln gibt, die das Ziel des dTPG – Verteilung der Organe

---

[488] Nickel / Schmidt-Preisigke / Sengler § 12, Rn 6
[489] BT-Drs. 13 / 8017, 43
[490] BT-Drs. 13 / 4355, 13; Nickel 140 ff (1995)
[491] Im Jahr 2000 wurden insgesamt 203 Organe importiert. Eurotransplant, Annual Report 2000, 73 ff
[492] Bundesärztekammer, Richtlinien für die Wartelisten B-360 ff
[493] Bundesärztekammer, Richtlinien für die Wartelisten B-360 ff
[494] Vgl. 3. Teil E., S. 75 ff

unter Wahrung von Chancengleichheit und Gerechtigkeit – verwirklichen können, sollte der Gesetzeswortlaut diesem Umstand Rechnung tragen und nicht die Bevölkerung in die Irre führen.

Gem. § 12 Abs 3 S 2 dTPG sind die Wartelisten von Eurotransplant als eine einheitliche (deutsche) Warteliste zu führen. Dadurch soll eine patientenbezogene Organverteilung sichergestellt und eine zentrumsbezogene verhindert werden.[495]

Die Vermittlungsentscheidung ist von Eurotransplant umfassend zu dokumentieren, § 12 Abs 3 S 3 dTPG.

e. Lebendspende

Die Lebendorganspende unterliegt im wesentlichen den Voraussetzungen des § 8 dTPG.

Nieren, Leber- und Lungensegmente dürfen nur in dafür zugelassenen Transplantationszentren übertragen werden. Die im Bereich der postmortalen Organspende bereits angesprochenen §§ 9 und 10 dTPG gelten auch für Lebendspenden, sofern sie nicht ausschließlich auf postmortale Spenden anwendbar sind.

Lebendspenden sind im Verhältnis zur postmortalen Spende **subsidiär**, § 8 Abs 1 S 1 Nr 3 dTPG. So darf im Zeitpunkt der Entnahme vom Lebendspender ein geeignetes Organ von einem verstorbenen Spender nicht zur Verfügung stehen. Dieses gilt, obwohl die Funktionsraten der von lebenden Personen gespendeten Organe besser sind als die von Verstorbenen.[496] Der Schutz des Lebendspenders geht einem möglichen besseren Transplantationserfolg vor.[497]

Die Subsidiarität dient in erster Linie den Interessen des Lebendspenders. Außerdem wirkt sie einer Vernachlässigung der Pflicht zur Förderung postmortaler Organspenden entgegen.[498]

Teilweise wird die gesetzliche Verankerung der Subsidiarität als verfassungsrechtlich bedenklich angesehen. Da der medizinische Erfolg bei Transplantationen lebend gespendeter Organe höher ist, bedeute eine gesetzliche Subsidiaritätsklausel den gesetzlichen Zwang zu einer medizinisch schlechteren Therapie. Dadurch würde der Patient in seinen Rechtsgütern der körperlichen Unversehrtheit und Gesundheit verletzt.[499]

Diese Auffassung läßt außer acht, daß eine Lebendspende auch einen Eingriff in einen gesunden Spenderorganismus bedeutet. Selbst wenn er mit geringen Risiken behaftet ist, läßt sich ein Schaden für den Spender nicht leugnen. Er bedarf der regelmäßigen medizinischen Kontrolle und läuft immer Gefahr, selbst ein-

---

[495] Nickel / Schmidt-Preisigke / Sengler § 12, Rn 11

[496] Vgl. 1. Teil D. II., S. 41 ff

[497] Nickel / Schmidt-Preisigke / Sengler § 8, Rn 10

[498] BT-Drs. 13 / 4355, 20

[499] Gutmann 152 (1997); Gutmann / Schroth 178

mal Organempfänger zu werden. Tritt beim Spender ein Schaden infolge der Lebendspende ein, so trifft das letztlich auch die Solidargemeinschaft. Die Subsidiaritätsklausel stellt aus diesen Gründen das Ergebnis einer allen Interessen berücksichtigenden verfassungsgemäßen Abwägung dar.
Das Gebot der subsidiären Anwendung von Lebendspenden soll nach teilweise vertretener Meinung nicht uneingeschränkt gelten. Bei Patienten, die – unabhängig von den Gründen – ein postmortal gespendetes Organ ablehnen und nur das eines Lebenden akzeptieren, sei mit Rücksicht auf ihr Selbstbestimmungsrecht eine Lebendspende möglich, selbst wenn ein geeignetes Organ eines Verstorbenen zur Verfügung steht.[500]
Diese Auffassung ist in dieser uneingeschränkten Form abzulehnen, da sie geeignet ist, den Subsidiaritätsgrundsatz zu unterlaufen. So besteht die Gefahr, daß sich Patienten, die einen potentiellen Lebendspender kennen, allein aufgrund der zu erwartenden besseren Funktion des Organs des Lebendspenders der Implantation eines geeigneten postmortal gespendeten Organs verschließen. Eine Einschränkung von § 8 Abs 1 S 1 Nr 3 dTPG sollte daher nur bei glaubhaft gemachten und gewichtigen Gründen – wie religiöser oder psychischer Art – möglich sein.

Aus ärztlicher Sicht muß der Lebendspender für die Spende geeignet sein und darf nicht über das allgemeine Operationsrisiko hinaus gefährdet oder über die unmittelbaren Folgen der Explantation hinaus gesundheitlich schwer beeinträchtigt werden, § 8 Abs 1 S 1 Nr 1 lit c dTPG.
Nach § 8 Abs 1 S 1 Nr 2 dTPG muß die Organtransplantation auf den vorhergesehenen Empfänger geeignet sein, sein Leben zu erhalten oder seine schwerwiegende Krankheit zu heilen, ihre Verschlimmerung zu verhüten oder sein Leiden zu lindern.
Die Explantation vom Lebenden darf nur durch einen Arzt vorgenommen werden, § 8 Abs 1 S 1 Nr 4 dTPG.

§ 8 Abs 1 S 2 dTPG schränkt den **Empfängerkreis** für Organe, die sich nicht wieder bilden können, auf Verwandte ersten oder zweiten Grades, Ehegatten, Verlobte oder andere Personen, die dem Spender in besonderer persönlicher Verbundenheit offenkundig nahestehen, ein.
Diese Regelung soll die Freiwilligkeit der Organspende sichern und die Gefahr des Organhandels vermindern.[501] Das damit verbundene Verbot der **anonymen altruistischen Lebendspende** und die Einschränkung des Selbstbestimmungsrechts solcher potentiellen Spender wird damit begründet, daß eine allgemeine Öffnung des Spenderkreises die Gefahr des Organhandels heraufbeschwören würde.[502]

---

[500] Nickel / Schmidt-Preisigke / Sengler § 8, Rn 11
[501] BT-Drs. 13 / 4355, 20
[502] BT-Drs. 13 / 4355, 20; Nickel / Schmidt-Preisigke / Sengler § 8, Rn 14

Diese Begründung vermag nicht vollends zu überzeugen, da auch oder gerade eine enge Beziehung zwischen Spender und Empfänger zumindest zu mittelbarem Druck auf den potentiellen Lebendspender führen kann.[503] Der deutsche Gesetzgeber sollte seine restriktive Einstellung gegenüber der anonymen altruistischen Lebendspende überdenken.
Die Anonymität ließe sich durch Ausnutzung der vorhandenen Strukturen wahren. So könnte sich ein potentieller altruistischer Lebendspender seinem nächsten Transplantationszentrum vorstellen. Das Zentrum würde eine entsprechende Meldung an die DSO veranlassen, die diese an Eurotransplant weiterleitet. Eurotransplant würde einen passenden Empfänger ermitteln und die DSO alle mit der Transplantation verbundenen Maßnahmen koordinieren. Der Organisations- und Vermittlungsablauf entspräche also dem postmortaler Organspenden. Die datenschützenden Vorschriften des dTPG würden zur Gewährleistung der Anonymität von Spender und Empfänger beitragen.[504]
13,3 % der von mir befragten Deutschen würden anonym ein Organ als Lebende spenden.[505]

Die vom Gesetz geforderte **besondere persönliche Verbundenheit** zwischen nicht verwandten Spendern und Empfängern kennzeichnet regelmäßig eine gemeinsame Lebensplanung mit innerer Bindung. Eine räumliche Trennung steht der Annahme einer solchen Beziehung nicht entgegen. Es kommen hier etwa Lebenspartner, aber auch enge Freunde in Betracht. Reine Zweckgemeinschaften, wie Wohngemeinschaften, sind nicht ausreichend.[506]
Problematisch ist der Fall, wenn sich Spender und Empfänger erst anläßlich der in Betracht kommenden Lebendspende kennengelernt haben. Dieser Anlaß steht der Annahme eines persönlichen Näheverhältnisses nach dem Wortlaut sowie Sinn und Zweck des Gesetzes nicht entgegen. Denn trotzdem kann es zwischen Empfänger und Spender zu einer auf Dauer angelegten und inneren Beziehung kommen.[507] Doch ist hier bei der Beurteilung der Beziehung zwischen Spender und Empfänger besondere Umsicht geboten, da in solchen Fällen – wie Berichte aus dem Ausland zeigen[508] – die hohe Gefahr besteht, daß der Kontakt zwischen den beiden durch einen Organhändler, der die Funktion eines „Maklers" ausübt, zustande gekommen ist und vor oder nach der Spende eine Gegenleistung erfolgt.

Eine weitere problematische Art der Lebendspende ist die sog. **Cross-Spende.**[509]

---

[503] Vgl. ausführlich: 3. Teil G., S. 84 ff
[504] Gutmann 150 (1997); Rittner / Besold / Wandel 118 ff; vgl. 3. Teil G., S. 84 ff
[505] Vgl. 6. Teil, S. 216 f
[506] BT-Drs. 13 / 4355, 21
[507] Nickel / Schmidt-Preisigke / Sengler § 8, Rn 17 f
[508] Finkel 26 ff
[509] Vgl. ausführlich: 3. Teil G., S. 85 f

Eine Meinung hierzu ist, daß die jeweilige besondere persönliche Verbundenheit zum eigenen Partner nicht die zum tatsächlichen Spender bzw. Empfänger ersetzen könne.[510]
Dagegen spricht, daß das Erfordernis der besonderen persönlichen Verbundenheit in erster Linie der Vorbeugung des Organhandels dienen soll. Diese Gefahr besteht bei der Cross-Spende jedoch nicht – zumindest nicht in höherem Maße als bei der Spende unter Personen mit besonderer Verbundenheit oder Verwandten. Die besondere persönliche Verbundenheit zum eigenen Partner ist daher mit derjenigen zum Empfänger bzw. Spender des anderen Paares gleichzusetzen.[511]
Die Freiwilligkeit stellt sich in diesem Fall nicht weniger fraglich dar als bei einer direkten Spende an den eigenen Partner, denn der Entschluß zu spenden besteht regelmäßig bereits vor der Suche nach einem geeigneten „Tauschpartner“. Auch die Unentgeltlichkeit kann gerade infolge des Organtauschs als weitgehend gesichert gelten. Die Empfänger erhalten nämlich nicht mehr, als bei einer direkten Spende ihres eigenen Partners, die ohne Zweifel zulässig wäre.[512]
Der von Eurotransplant geplante Organpool für Cross-Spenden[513] dürfte von Deutschland wegen der Voraussetzung des besonderen persönlichen Näheverhältnisses in § 8 Abs 1 S 2 dTPG nicht genutzt werden. Mit dem geplanten Pool käme es nicht zu einem direkten Organtausch. Es könnte sogar der Fall eintreten, daß der Patient, für den ein Verwandter ein Organ in den Pool gespendet hat, im Gegenzug überhaupt kein Organ erhält, weil er beispielsweise die Wartezeit bis zum Erhalt eines passenden Organs nicht überlebt. Der bei diesem Pool nur indirekt stattfindende Organtausch könnte das Erfordernis des besonderen persönlichen Näheverhältnisses nicht ersetzen.
Der Pool ist allerdings unter Einbeziehung der vorhandenen Transplantationsstrukturen sowohl für Cross-Spenden als auch für anonyme Lebendspenden eine sinnvolle Einrichtung, da durch ihn die Gefahr des Organhandels so weit reduziert wäre, wie es bei postmortalen Organspenden der Fall ist.
Da Cross-Spende und anonyme altruistische Lebendspende aus ethischer Sicht wünschenswert sind und sogar die Chance bieten, dem Organhandel entgegenzuwirken,[514] ist der Gesetzgeber besonders gefordert, diese Problembereiche der Lebendspende zu regeln und seine generelle ablehnende Haltung gegenüber der anonymen Lebendspende zu überdenken.

---

[510] Bickelböller / Gossmann / Kramer / Scheuermann 332; Nickel / Schmidt-Preisigke / Sengler § 8, Rn 20
[511] Nickel / Schmidt-Preisigke / Sengler § 8, Rn 21
[512] Seidenath 256
[513] Vgl. 3. Teil G., S. 86
[514] Vgl. ausführlich: 3. Teil G., S. 84 ff

An die **Person des Lebendspenders** stellt § 8 dTPG ebenfalls besondere Zulässigkeitsvoraussetzungen: er muß volljährig und einwilligungsfähig sein.
Minderjährige, die einwilligungsfähig sind, also nach ihrer geistigen und sittlichen Reife die Bedeutung und Tragweite der Explantation begreifen, können nicht wirksam in eine Lebendspende einwilligen.[515]
Die Einwilligung zur Lebendspende ist höchstpersönlich. Sie kann nicht durch einen gesetzlichen oder bevollmächtigten Vertreter abgegeben werden.[516] Das gilt auch bei volljährigen einsichtsunfähigen Personen, bei denen man vor dem Inkrafttreten des dTPG eine Stellvertretung durch den Betreuer zuließ. Sofern die Organspende einem nahen Angehörigen zugute kam, war man der Auffassung, sie diene dann auch den – nicht unbedingt nur gesundheitlichen – Belangen des Betreuten.[517]

Da die Organentnahme für den Lebendspender ein nicht indizierter medizinischer Eingriff ist, stellt § 8 Abs 2 dTPG hohe Anforderungen an die **Aufklärung** des Spenders, ohne die eine wirksame Einwilligung nicht möglich ist.
Aufzuklären hat ein Arzt über die Art des Eingriffs, den Umfang und die möglichen Folgen und Spätfolgen für die Gesundheit des Lebendspenders. Gegenstand der Aufklärung müssen zudem die Erfolgsaussicht der Organtransplantation und sonstige Umstände, wie etwa vorzeitige Berufs- oder Erwerbsunfähigkeit, psychische, moralische und soziale Auswirkungen, denen der Lebendspender erkennbar Bedeutung beimißt, sein. Auch auf möglicherweise vorhandene andere Behandlungsmöglichkeiten und die Subsidiarität der Lebendspende ist hinzuweisen.[518]
Bei dem Aufklärungsgespräch muß ein weiterer Arzt, der weder an der Organentnahme noch an der Organtransplantation beteiligt ist, noch den Weisungen eines Arztes untersteht, der an solchen Maßnahmen beteiligt ist, anwesend sein, § 8 Abs 2 S 2 dTPG. Falls erforderlich, sind andere sachverständige Personen, beispielsweise für versicherungsrechtliche Fragen, hinzuziehen.
Der Inhalt des Aufklärungsgesprächs und die Einwilligung sind in einer Niederschrift zu dokumentieren, die von den aufklärenden Personen, dem weiteren Arzt und dem Spender zu unterschreiben ist, § 8 Abs 2 S 3 dTPG.
Die Niederschrift muß nach § 8 Abs 2 S 4 dTPG auch eine Angabe über die versicherungsrechtliche Absicherung des Lebendspenders enthalten. Dadurch sollen mögliche Versicherungslücken für die Folgen der Organentnahme erkennbar und gegebenenfalls geschlossen werden.[519]
Gem. § 8 Abs 2 S 5 dTPG kann der Lebendspender seine Einwilligung jederzeit formlos widerrufen.

---

[515] Walter 184
[516] Walter 184 f
[517] Kern 70 (1991); Kern 250 (1993); Walter 184
[518] Nickel / Schmidt-Preisigke / Sengler § 8, Rn 26 f
[519] Nickel / Schmidt-Preisigke / Sengler § 8, Rn 30

Weitere Entnahmevoraussetzung der Lebendspende ist die Bereitschaft von Spender und Empfänger zur Teilnahme an einer ärztlich empfohlenen **Nachbetreuung**, § 8 Abs 3 S 1 dTPG. Dadurch soll eine optimale ärztliche und psychische Versorgung der Betroffenen gewährleistet und der Transplantationserfolg auf Dauer gesichert werden.[520]

Die Lebendspende soll **freiwillig** erfolgen und darf nicht gem. § 17 dTPG Gegenstand **verbotenen Handeltreibens** sein. Nach § 8 Abs 3 S 2 und 3 dTPG hat eine nach Landesrecht bei den Landesärztekammern eingerichtete Gutachterkommission die Freiwilligkeit der Spende zu überprüfen. Die Entscheidung über die Vornahme der Transplantation verbleibt jedoch bei dem verantwortlichen Arzt, unabhängig davon, ob die Stellungnahme der Kommission positiv oder negativ ausfällt. Die Stellungnahme bietet dem Arzt lediglich eine Entscheidungshilfe und verfahrensrechtliche Sicherheit.[521]

Ein besonderer Fall der Lebendspende ist im dTPG nicht geregelt. Bei der sog. **Dominotransplantation** wird einem ersten Empfänger das Organ aus einer postmortalen Spende oder einer Lebendspende implantiert. Das erkrankte Organ des ersten Empfängers ist nur insofern geschädigt, als es nicht mehr in dessen Körper seine Funktion ausübt. Aus medizinischer Sicht ist es jedoch geeignet, einem zweiten Empfänger implantiert zu werden und dort für viele Jahre einwandfrei zu arbeiten.
In diesem Fall können für die Spende an den zweiten Empfänger die strengen Voraussetzungen des § 8 dTPG keine Anwendung finden. Zum einen muß dem ersten Empfänger das Organ entnommen werden, um das „neue" überhaupt einsetzen zu können, so daß man schon an dem Merkmal der Freiwilligkeit der Spende zweifeln muß. Weiterhin steht regelmäßig kein Verwandter ersten oder zweiten Grades, Ehegatte, Verlobter oder keine Person mit besonderer persönlicher Verbundenheit zum Spender, der bzw. die das Organ benötigt, zur Verfügung, wie es § 8 Abs 1 S 2 dTPG fordert. Eine postmortale Organspende liegt nicht vor, da der erste Empfänger, der gleichzeitig Spender ist, noch lebt.
Aus diesen Gründen sollte die Weitergabe des Organs an den zweiten Empfänger analog den Vorschriften für postmortale Organspenden erfolgen, sofern nicht der äußerst seltene Fall vorliegt, in dem eine Person im Sinne des § 8 Abs 1 S 2 dTPG das Organ benötigt. Hierbei ist vor allem die Aufklärung und Einwilligung des ersten Empfängers erforderlich, daß sein Organ einem zweiten Empfänger implantiert wird.[522] Für die Auswahl des zweiten Empfängers wird vorgeschlagen, das Organ gem. § 12 dTPG analog zu vermitteln. Dieses gebiete Art. 3 Abs 1 GG.[523]

---

[520] BT-Drs. 13 / 4355, 21
[521] Nickel / Schmidt-Preisigke / Sengler § 8, Rn 37
[522] Nickel / Schmidt-Preisigke / Sengler vor § 8, Rn 6
[523] Nickel / Schmidt-Preisigke / Sengler § 9, Rn 4

Hierfür spricht, daß das Organ aus einer Zwangslage heraus „gespendet" wird. Denn nur, wenn es entnommen wird, kann das lebensrettende „neue" Organ implantiert werden. Zwar könnte der erste Empfänger seine Einwilligung zur Spende seines eigenen Organs verweigern. Doch dürfte dieses angesichts des Empfangs der Organspende seinerseits schon aus einer moralischen Pflicht nicht oder nur äußerst selten vorkommen. Aufgrund dieser Zwangslage ist die Freiwilligkeit der Spende aber nicht mehr gegeben. Sie erfolgt unfreiwillig und ist eher einem Zufall zu verdanken. Das Organ sollte daher der Allgemeinheit zustehen und nach den allgemeinen Verteilungsregeln für postmortal gespendete vermittlungspflichtige Organe vermittelt werden. Dieses erscheint auch deshalb sinnvoll, da der erste Empfänger, der gleichzeitig Spender ist, sich nicht einen bestimmten Empfänger aussuchen kann, da eine derartige Verfügung über das Organ aufgrund der Nichtverfügbarkeit des Körpers oder seiner Bestandteile nicht möglich ist. Auch die Transplantationschirurgen besitzen keine fachliche und gesellschaftliche Legitimation, das Organ nach eigenem Ermessen einem Patienten zuzuteilen.

Ein Arzt, der einem Lebenden, der nicht volljährig oder einwilligungsfähig oder nicht aufgeklärt ist, oder in die Entnahme nicht eingewilligt hat, ein Organ entnimmt, kann nach § 19 Abs 2 dTPG mit einer **Freiheitsstrafe** bis zu fünf Jahren oder mit Geldstrafe bestraft werden. Gleiches gilt gem. § 19 Abs 2 dTPG für denjenigen, der nicht Arzt ist und die Entnahme durchführt oder denjenigen, der Organe, die sich nicht wieder bilden können, auf andere als die in § 8 Abs 1 S 2 dTPG genannten Personen überträgt.

Sämtliche **Kosten** für Maßnahmen zur Vorbereitung der Lebendspende, der Organentnahme und zur Nachsorge, einschließlich der lebenslangen Kontrolluntersuchungen des Lebendspenders, übernimmt, soweit vorhanden, die gesetzliche Krankenversicherung des Organempfängers. Diese Leistungspflicht umfaßt auch mögliche Fahrt- und Unterbringungskosten sowie Verdienstausfall des Lebendspenders.
Ein Anspruch auf Fortzahlung des Arbeitsentgelts gegenüber dem Arbeitgeber gem. § 3 Abs 1 S 1 Entgeltfortzahlungsgesetz besteht bei komplikationslosem Verlauf der Spende nicht. Die Krankenkasse des Spenders ist nicht leistungspflichtig.[524]
Wenn der Organempfänger auf die Transplantation infolge eines Arbeitsunfalls oder einer Berufskrankheit angewiesen ist, ist der Unfallversicherungsträger des Organempfängers leistungspflichtig.[525]
Wenn der Spender nach Abschluß seiner Nachbehandlung erneut behandlungsbedürftig wird, ist die Krankenkasse oder der Unfallversicherungsträger des Organempfängers nur insoweit leistungspflichtig, als die Behandlungsbedürftig-

[524] Schwerdtfeger § 2 SGB VII, Rn 469; Nickel / Schmidt-Preisigke / Sengler § 23, Rn 2
[525] Schwerdtfeger § 2 SGB VII, Rn 469

keit unmittelbare Folge der Organspende oder der damit verbundenen Maßnahmen ist. Ist dieses nicht der Fall, ist die Krankenkasse des Spenders leistungspflichtig.[526]
Entsprechendes gilt, wenn der Organempfänger privat krankenversichert oder Beihilfe nach dem Beamtenrecht zu gewähren ist. Besteht für den Spender eine private Krankenversicherung, so ist bei bestehendem Vertrag eine Beitragserhöhung infolge der Organspende unzulässig.[527]
Der Lebendspender ist weiterhin gem. § 2 Abs 1 Nr 13 lit b SGB VII kraft Gesetzes unfallversichert. Versichert sind dabei alle Schäden, die nicht unmittelbar durch die Organentnahme, wie etwa die Schnittwunde, entstanden sind, sondern die Folge einer Komplikation der Spende darstellen, wie beispielsweise eine Infektion.[528] Die Versicherung umfaßt sowohl zeitlich unmittelbare als auch später eintretende Schäden.[529] Diese Schäden werden gem. § 7 in Verbindung mit § 8 SGB VII als Arbeitsunfälle behandelt. Leistungspflichtig ist dann der für die Organentnahme zuständige Unfallversicherungsträger. Gem. § 11 Abs 4 SGB V hat der Spender in diesem Fall keinen Anspruch mehr gegenüber der gesetzlichen Krankenkasse.[530]
Der Versicherungsschutz nach § 2 Abs 1 Nr 13 lit b SGB VII setzt die Erfüllung der Voraussetzungen des § 8 dTPG und die Durchführung der Organentnahme einschließlich der mit ihr verbundenen Maßnahmen im Inland voraus. Der Spender muß weder die deutsche Staatsangehörigkeit besitzen, noch in Deutschland angestellt oder selbständig tätig sein, noch seinen Wohnsitz oder gewöhnlichen Aufenthalt in Deutschland haben, § 2 Abs 3 S 2 SGB VII, § 3 Nr 2 SGB IV.
Der Schaden, der als Arbeitsunfall gilt, stellt gleichzeitig eine Krankheit dar. Ist der Spender Arbeitnehmer und wird er infolge des Schadens, der auf Komplikationen infolge der Spende beruht, arbeitsunfähig, hat er gegenüber seinem Arbeitgeber einen Entgeltfortzahlungsanspruch gem. §§ 3 ff Entgeltfortzahlungsgesetz.[531]
Das Risiko, infolge der Spende oder mit ihr verbundener Maßnahmen berufs- oder erwerbsunfähig zu werden, ist durch die gesetzliche Rentenversicherung gesichert. Vor dem Risiko der Pflegebedürftigkeit schützt die soziale Pflegeversicherung oder die private Pflege-Pflichtversicherung. Das Risiko finanzieller Einbußen infolge vorzeitiger Berufs- und Erwerbsunfähigkeit oder Pflegebedürftigkeit ist nicht gesetzlich versichert. Gleiches gilt für das Risiko der nur noch eingeschränkten Berufsfähigkeit.[532]

---

[526] Nickel / Schmidt-Preisigke / Sengler § 23, Rn 4
[527] Nickel / Schmidt-Preisigke / Sengler § 23, Rn 5
[528] Schwerdtfeger § 2 SGB VII, Rn 462 ff
[529] Nickel / Schmidt-Preisigke / Sengler § 23, Rn 8
[530] Nickel / Schmidt-Preisigke / Sengler § 23, Rn 9
[531] Nickel / Schmidt-Preisigke / Sengler § 23, Rn 11
[532] Nickel / Schmidt-Preisigke / Sengler § 23, Rn 11

f. Meldungen, Datenschutz, Fristen, Richtlinien

Die Art und Weise des zu verschlüsselnden Austauschs von Spender- und Empfängerdaten ist nebst Aufbewahrungs- und Löschungsfristen ausführlich in §§ 13 bis 15 dTPG geregelt. Ein Verstoß kann teilweise gem. § 20 Abs 1 Nr 4 dTPG als Ordnungswidrigkeit geahndet werden.

§ 16 dTPG bestimmt, daß die Bundesärztekammer für die genannten Bereiche Richtlinien festzustellen hat, an die sich die Ärzte halten müssen.
Die wichtigsten Richtlinien sind die für postmortale Organspenden erwähnten zur Feststellung des Todes sowie des irreversiblen Ausfalls des Gesamthirns, zur Aufnahme von Patienten auf die Warteliste, zur Beurteilung, ob ein Verstorbener als Organspender in Betracht kommt und zur Organvermittlung. Daneben hat die Bundesärztekammer in erster Linie zum Schutz der Organempfänger Richtlinien festzustellen, die sowohl postmortale als auch Lebendspenden betreffen, nämlich für die Untersuchung der Organspender sowie der entnommenen Organe und der Organempfänger, um vor allem die Übertragung von Krankheiten zu vermeiden. Weitere Richtlinien sind für die Konservierung, Aufbereitung, Aufbewahrung und Beförderung von Organen und für Qualitätssicherungsmaßnahmen[533] zu erstellen. Je nachdem, um welche Richtlinien es sich handelt, sollen bei der Erarbeitung gem. § 16 Abs 2 dTPG neben Ärzten auch Volljuristen, Organempfänger und Angehörige von postmortalen Organspendern vertreten sein.

g. Verbotsvorschriften

§ 17 Abs 1 S 1 dTPG verbietet, mit Organen, die einer Heilbehandlung dienen sollen, Handel zu treiben.
Ausgenommen hiervon sind gem. § 17 Abs 1 S 2 Nr 1 dTPG die Gewährung oder Annahme eines angemessenen Entgelts für die zur Erreichung des Ziels der Heilbehandlung gebotenen Maßnahmen, insbesondere für Entnahme, Konservierung, weitere Aufbereitung, Aufbewahrung und Beförderung der Organe. Diese Ausnahme gilt gem. § 17 Abs 1 S 2 Nr 2 dTPG auch für Arzneimittel, die aus oder unter Verwendung von Organen hergestellt und nach den Vorschriften des Arzneimittelgesetzes zu beurteilen sind.
§ 17 Abs 2 dTPG verbietet es, Organe, die Gegenstand verbotenen Handeltreibens sind, zu entnehmen, auf einen anderen Menschen zu übertragen oder sich übertragen zu lassen.
Durch das Verbot des Organhandels setzt das dTPG Art. 21 des Übereinkommens über Menschenrechte und Biomedizin des Europarates um.[534]
Primäres Ziel des Verbots ist der Schutz der körperlichen Integrität des Lebenden und der Menschenwürde gem. Art. 1 Abs 1 GG, die auch nach dem Tod

---

[533] Für Qualitätssicherungsmaßnahmen: Bundesärztekammer, Anforderungen B-1907

[534] Nickel / Schmidt-Preisigke / Sengler § 17, Rn 1; vgl. zur Rechtslage in Europa: 5. Teil, S. 189 ff

schutzwürdig ist. Die Menschenwürde wird durch den Handel mit Organen verletzt, denn dann werden der Mensch und seine Körperteile zum bloßen Objekt finanzieller Interessen.[535]
Der Begriff des Handeltreibens orientiert sich am Betäubungsmittelrecht. Handeltreiben ist somit jede eigennützige, auf Güterumsatz gerichtete Tätigkeit. Eine gelegentliche, einmalige oder vermittelnde Tätigkeit reicht bereits aus. Es genügen auch bloße Verkaufsverhandlungen, unabhängig von ihrem Erfolg.[536]
Eigennützig handelt derjenige, der einen Gewinn erzielen will. Das folgt aus § 17 Abs 1 S 2 Nr 1 dTPG, denn der angemessene Ersatz der zur Erreichung des Ziels der Organtransplantation gebotenen Maßnahmen stellt kein Handeltreiben dar. Ausgeschlossen ist somit ein Entgelt für das Organ als solches, aber nicht die Vergütung für die mit der Organtransplantation verbundenen Tätigkeiten. Gleiches gilt für den Ersatz für mit der Organentnahme unmittelbar verbundene Aufwendungen des Lebendspenders, wie etwa Fahrtkosten oder Verdienstausfall.[537]
Daß auch Ärzte, die Organe in Kenntnis des verbotenen Handeltreibens ex- oder implantieren, mit Strafe bedroht sind, selbst wenn sie ohne Eigennutz handeln, beruht darauf, daß ohne diesen Beitrag der kommerzielle Organhandel überhaupt nicht möglich wäre.[538]
Ähnliches gilt für den Empfänger, der bereit ist, für ein Organ eine Gegenleistung zu erbringen. Ohne einen solchen Abnehmer wäre ein Organhandel nicht möglich.[539]
Eine Cross-Spende ist grundsätzlich kein Fall der §§ 17 f dTPG. Denn der jeweilige Spender handelt uneigennützig und ohne Gewinnerzielungsabsicht. Das Organ soll dem jeweiligen Empfänger das Leben retten. Gleichzeitig soll die eigene Organspende bewirken, daß der Partner des Empfängers dem eigenen Partner ein Organ spendet, wodurch dessen Leben gerettet werden soll. Strafbar ist die Cross-Spende jedoch, wenn mit ihr auch ein Gewinn in materieller oder finanzieller Hinsicht erzielt werden soll.[540]

2. Strafrecht

Ein Verstoß gegen § 17 dTPG ist gem. § 18 dTPG mit Geldstrafe oder Freiheitsstrafe bis zu fünf Jahren bedroht, wobei bereits der Versuch strafbar ist. § 18 Abs 4 dTPG sieht die Möglichkeit der Strafmilderung für Organspender und -empfänger vor.

---

[535] BT-Drs. 13 / 4355, 29
[536] BT-Drs. 13 / 4355 30; LG München I; NJW 2002, 2655 (Urt. v. 23.5.2002)
[537] BT-Drs. 13 / 4355, 30
[538] BT-Drs. 13 / 4355, 30
[539] BT-Drs. 13 / 8017, 43
[540] Nickel / Schmidt-Preisigke / Sengler § 18, Rn 4

Eine Organentnahme, die gegen die Zulässigkeitsvoraussetzungen des § 3 dTPG oder gegen § 4 Abs 1 S 2 dTPG verstößt, ist gem. § 19 Abs 1 dTPG strafbar.[541]
Liegt ein ausdrücklicher Widerspruch des Verstorbenen gegen eine Organentnahme vor, so ist eine Rechtfertigung gem. § 34 dStGB ausgeschlossen, da sonst § 3 Abs 2 Nr 1 dTPG ins Leere liefe.[542]
Teilweise wird eine im Sinne von § 3 Abs 1 und 2 sowie § 4 Abs 1 S 2 dTPG tatbestandsmäßige Handlung gem. § 34 dStGB als gerechtfertigt angesehen, wenn die Transplantation des entnommenen Organs der einzige Weg ist, das Leben des Empfängers zu retten oder eine wesentliche Verbesserung seiner Gesundheit zu erreichen. Das Ergebnis bei der vorzunehmenden Rechtsgüterabwägung sei in der Regel eine Höherbewertung der Lebensrettung oder der Heilung einer schweren Krankheit gegenüber dem postmortalen Persönlichkeitsrecht, dem Totensorgerecht und der Unversehrtheit der Leiche. Eine Organentnahme ohne Einwilligung des Verstorbenen oder ohne Zustimmung seiner nächsten Angehörigen sei regelmäßig nur in dem Fall gerechtfertigt, wenn sie zur konkreten unmittelbaren Rettung eines Menschenlebens geeignet ist. Es sei also erforderlich, daß der Empfänger bei der Entnahme bereits feststeht und sein Leben nur durch die sofortige Transplantation auch gerettet werden kann. Bestehe beispielsweise die Möglichkeit der Dialyse als alternative Behandlung, so komme eine Rechtfertigung gem. § 34 dStGB nicht in Betracht.[543]
Gegen diese Meinung spricht, daß selbst bei bestehender Notstandslage nach dem ausdrücklichen Wortlaut der § 3 Abs 1 und 2, § 4 Abs 1 S 2 dTPG bei Fehlen einer der dort genannten Voraussetzungen eine Entnahme ausgeschlossen ist. Der Widerspruch des Verstorbenen, aber auch nur das bloße Fehlen einer Erklärung zur Organspende – sei es durch den Verstorbenen selbst oder durch die Angehörigen – kann unabhängig von der Dringlichkeit des Organbedarfs für einen konkreten Patienten nicht durch eine Interessenabwägung beseitigt werden. Ansonsten wäre eine Organentnahme entgegen § 3 Abs 1 und 2 oder § 4 Abs 1 S 2 dTPG praktisch immer möglich, womit diese Zulässigkeitsvoraussetzungen ins Leere laufen würden.[544]

Neben den Strafbestimmungen des dTPG und den Körperverletzungs- und Tötungsdelikten des dStGB kommt auch § 168 dStGB Bedeutung zu, so etwa bei einem Verstoß gegen das Gebot der Achtung der Würde des verstorbenen Spenders bei der Organentnahme gem. § 6 dTPG. § 168 dStGB schützt das all-

---

[541] Vgl. zu den Zulässigkeitsvoraussetzungen: 4. Teil A. III. 1., S. 106 ff
[542] Nickel / Schmidt-Preisigke / Sengler § 19, Rn 8
[543] Kühl § 168 StGB, Rn 4 a; Nickel / Schmidt-Preisigke / Sengler § 19, Rn 8
[544] Lenckner § 168 StGB, Rn 8; Tröndle / Fischer § 168 StGB, Rn 20

gemeine Pietätsempfinden und die über den Tod hinaus wirkende Menschenwürde sowie die Totenruhe und Totenverehrung.[545]
§§ 211 und 212 dStGB kommen in Betracht, wenn die Explantation den Tod des Spenders oder auch nur die Beschleunigung des Sterbeprozesses zur Folge hat, selbst wenn sie auf Wunsch des Spenders erfolgte, § 216 dStGB.
Nach § 5 Nr 15 dStGB unterliegen deutsche Staatsangehörige, die im Ausland gegen das Verbot des Organhandels gem. § 17 dStGB verstoßen, dem deutschen Strafrecht. Dadurch soll ein effektiver Schutz vor illegalem Organhandel gewährleistet werden.[546]

3. Zivilrecht

Aus dem allgemeinen Zivilrecht sind insbesondere die §§ 823 ff BGB von Bedeutung. So können etwa Verstöße gegen die umfassende Aufklärungspflicht, die Zulässigkeitsvoraussetzungen für Organentnahmen, die Organvermittlung oder die Rechte der Angehörigen Schadensersatzansprüche auslösen.

B. Österreich

In Österreich regeln seit 1. Juni 1982 die §§ 62 a - c KAG[547] die Voraussetzungen der postmortalen Organspende.

I. Entstehungsgeschichte der §§ 62 a - c KAG

Anlaß für die Entwicklung der §§ 62 a - c KAG war im Jahr 1978 ein Strafverfahren gegen einen Arzt, der ohne Zustimmung der Verfügungsberechtigten einem 16jährigen Toten Knochenspäne aus dessen Oberschenkel entnommen und in einer Knochenbank verwahrt hatte. In der ersten Instanz wurde der Arzt wegen Störung der Totenruhe gem. §§ 12, 190 Abs 1 öStGB verurteilt. Im Berufungsverfahren wurde er freigesprochen. Der Freispruch erfolgte allerdings aus rein verfahrensrechtlichen Gründen, womit die materiellrechtlichen Fragen weiterhin ungeklärt blieben.[548]
Die Folge war, daß der aufgrund der unterschiedlichen Auffassungen in der juristischen Literatur zur Organentnahme von Verstorbenen zu Heilzwecken bereits seit langem bestehenden Forderung nach einer gesetzlichen Regelung der Organtransplantation Nachdruck verliehen wurde.[549]
1980 schlug Fuhrmann zwei Lösungsmöglichkeiten vor:[550] § 25 KAG solle durch einen dritten Absatz erweitert werden, der auch die Entnahme von

[545] Lenckner vor §§ 166 ff StGB, Rn 2; AG Berlin-Tiergarten, NJW 1996, 3092 (Beschl. v. 27.3.1996)
[546] BT-Drs. 13 / 4355, 32
[547] öBGBl 1982 Nr. 273, 1161 f
[548] Kalchschmid 56; Kalchschmid / Barta 15, Fn 8
[549] Edlbacher 449 (1965); Gaisbauer 520; Jarosch 165; Rieder 113 ff; Wölkart 83
[550] Fuhrmann 259

Leichenteilen zulassen sollte, wenn der Tote zu Lebzeiten keinen ausdrücklichen Widerspruch geäußert habe.
Alternativ sprach er sich für eine Novellierung des § 190 öStGB aus. Durch Ergänzung eines dritten Absatzes sollte die Organentnahme von in öffentlichen Krankenanstalten Verstorbenen zu Heilzwecken ohne Einwilligung der Verfügungsberechtigten gestattet sein.
Mit einer Initiative der österreichischen Bundesregierung wurde eine abschliessende Regelung der Organentnahme von Verstorbenen zu Heilzwecken verfolgt.[551]
Vor der Regierungsvorlage gab es, ähnlich wie in Deutschland, lange Auseinandersetzungen über ein mögliches Zustimmungsrecht des Verstorbenen zu Lebzeiten und der Angehörigen.[552]
Die Regierungsvorlage zur KAG-Novelle sah zunächst die Notstandslösung[553] vor. Es sollte zulässig sein, Verstorbenen einzelne Organe oder Organteile zu entnehmen, um durch deren Transplantation das Leben eines anderen Menschen zu retten oder dessen Gesundheit wiederherzustellen. Die Einführung der Widerspruchs- oder der Zustimmungslösung wurde abgelehnt, da den Rechtsgütern Rettung des menschlichen Lebens und Wiederherstellung der Gesundheit vor dem Selbstbestimmungsrecht sowie der Pietät und Achtung religiöser Anschauungen Vorrang zukomme. Als Ausgleich solle es lediglich erlaubt sein, einzelne Organe oder Organteile zu entnehmen. Weiterhin spreche für die Notstandslösung, daß es den Ärzten infolge der für eine Transplantation nur knappen zur Verfügung stehenden Zeit nicht möglich sei, Nachforschungen über den Willen des potentiellen Spenders anzustellen.[554]
Der parlamentarische Ausschuß für Gesundheit und Umweltschutz war dagegen der Auffassung, daß der Wille des Verstorbenen und seiner Angehörigen nicht völlig unbeachtet bleiben könne. In einem Abänderungsantrag hielt er es „im Hinblick auf die Wahrnehmung religiöser und philosophischer Überzeugungen" für erforderlich, „einen im Zeitpunkt der vorgesehenen Entnahme vorliegenden Widerspruch des Verstorbenen bzw. seines gesetzlichen Vertreters zu beachten".[555]
Der Nationalrat griff diesen Antrag auf und beschloß so letztlich die Widerspruchslösung.

---

[551] RV 969 BlgNR 15. GP 1 ff; Kalchschmid 58; Kopetzki 19 (1988)
[552] Kalchschmid 58; vgl. zum Inhalt der Diskussion: 4. Teil A. I., S. 99 ff
[553] Vgl. 3. Teil C. IV., S. 70 f
[554] RV 969 BlgNR 15. GP 1 ff
[555] 1089 BlgNR 15. GP 1

II. Rechtslage vor Inkrafttreten der §§ 62 a - c KAG

Vor dem Inkrafttreten der §§ 62 a - c KAG wurden postmortale Organspenden und Lebendspenden nach den allgemeinen zivil- und strafrechtlichen Bestimmungen beurteilt.[556]

Grundsätzliche Voraussetzung postmortaler Organentnahmen war die Feststellung des irreversiblen Ausfalls der Hirnfunktionen, wobei dieses Kriterium äußerst umstritten war.[557] Hinsichtlich der weiteren Voraussetzungen wurden unterschiedliche Ansichten vertreten.

Harbich war der Auffassung, der Leichnam stehe im Eigentum der Erben. Daher sei grundsätzlich für eine Organentnahme die Einwilligung der Erben erforderlich, sofern der Verstorbene zu Lebzeiten nicht selbst mittels einer letztwilligen Verfügung Bestimmungen getroffen hatte, wie mit seinem Leichnam umgegangen werden soll. Wenn weder eine Einwilligung des Verstorbenen noch eine Zustimmung der Erben vorliegen würde, könne der Transplantationschirurg eine mutmaßliche Einwilligung des Verstorbenen und der Erben annehmen, da „in einem zivilisierten Staat nicht anzunehmen sei, daß jemand eine für ihn völlig nutzlose und auch wertlose Sache nicht hergeben würde, wenn er einen anderen Menschen retten könne". Seien keine Erben vorhanden, falle der Leichnam dem Staat anheim, mit dessen amtlichen Stellen sich der Arzt dann auseinandersetzen müsse.[558]

Diese Meinung berücksichtigte nicht, daß Menschen unter Umständen aus religiösen Gründen eine Organentnahme ablehnen und die Organe daher auch für die Zeit nach dem Tod nicht als nutz- und wertlos ansehen. Unter dem Gesichtspunkt der Rechte auf freie Religionsausübung und Selbstbestimmung war diese Meinung daher abzulehnen. Außerdem ging Harbich von der unhaltbaren Voraussetzung aus, der Leichnam sei Teil des Nachlasses des Verstorbenen.[559]

Edlbacher vertrat die Ansicht, den Angehörigen stehe ein Zustimmungsrecht zu, das aus deren Persönlichkeitsrecht resultiere. Dieses beruhe wiederum auf Gewohnheitsrecht. Dem Zustimmungsrecht der Angehörigen gehe grundsätzlich das Verfügungsrecht des Verstorbenen vor, es sei denn, die zu Lebzeiten getroffenen Verfügungen würden das Pietätsgefühl der Angehörigen verletzen. Im übrigen müsse sich die Zustimmung im Rahmen der guten Sitten halten.[560]

Dieser Auffassung wurde entgegengehalten, das Gewohnheitsrecht sei in Österreich nicht als selbständige Rechtsquelle anerkannt,[561] was allerdings unzutreffend ist.[562]

---

[556] Kalchschmid 54; Kalchschmid / Barta 15

[557] Loebenstein 310; vgl. 1. Teil D. I., S. 36 ff; 3. Teil D., S. 71 ff; 4. Teil A. I., S. 99 ff

[558] Harbich 126

[559] Blume 375 ff; Edlbacher 450 (1965); Kopetzki 14 (1988)

[560] Edlbacher 449 ff (1965)

[561] Kopetzki 15 (1988)

[562] Barta 404 f (2000); Kalchschmid 55

Unter strafrechtlichen Gesichtspunkten ist zu berücksichtigen, daß im Jahre 1974 § 190 öStGB an die Stelle des § 306 öStG trat.[563]

§ 190 öStGB stellt den Entzug eines Leichnams oder von Leichenteilen von einem Verfügungsberechtigten unter Strafe. Als verfügungsberechtigt wurden der Verstorbene und seine nahen Angehörigen angesehen, so daß die Organentnahme ohne Zustimmung grundsätzlich als strafbar beurteilt wurde.[564]

Um Organentnahmen dennoch rechtfertigen zu können, wurden auch auf strafrechtlicher Ebene verschiedene Meinungen vertreten.

Nach der überwiegenden Auffassung sollte eine Organexplantation ohne Zustimmung der Angehörigen oder Einwilligung des Verstorbenen zu Lebzeiten gerechtfertigt sein, wenn für den Organempfänger eine ernste Gefahr bestand und diese Gefahr nicht anders abwendbar und es zeitlich nicht möglich war, die Zustimmung von Verfügungsberechtigten einzuholen. Der Arzt könne sich dann auf den im öStGB nicht geregelten Rechtfertigungsgrund des übergesetzlichen Notstands berufen. Dieses sei nur möglich, wenn kein ausdrücklicher Wille des Verstorbenen oder seiner Angehörigen entgegenstehe. Die Entnahme von Organen zur Lagerung in Organbanken sei von diesem Rechtfertigungsgrund nicht gedeckt.[565]

Kohlhaas vertrat die Meinung, der Schutz der Pietät der Angehörigen müsse auch gegenüber der Rettung künftig Lebender zurückstehen. Danach wäre sogar die Explantation von Organen zur Lagerung in Organbanken zulässig gewesen.[566]

Teilweise war man auch der Auffassung, Organentnahmen ohne Zustimmung der Verfügungsberechtigten seien durch eine analoge Anwendung der Obduktionsbestimmung des § 25 KAG rechtmäßig.[567]

Dagegen spricht jedoch, daß die Organentnahme nicht mit der Obduktion vergleichbar ist.[568] Im übrigen steht das öffentliche Recht der Analogie zurückhaltend gegenüber.[569]

Die Lebendspende war und ist bis heute nicht gesetzlich geregelt und wird nach wie vor nach den allgemeinen zivil- und strafrechtlichen Bestimmungen beurteilt.

---

[563] Kalchschmid 55

[564] Foregger / Serini § 190 StGB, Anm. II; Kalchschmid 56; Kopetzki 16 (1988)

[565] Brandstetter 91 f; Fuhrmann 259 f; Leukauf / Steininger § 190 StGB, Rn 11 (1984); Loebenstein 310; Rieder 113 ff

[566] Kohlhaas 1489 ff

[567] Kalchschmid 56

[568] Eder-Rieder 289; Kopetzki 17 (1988); vgl. 3. Teil C., S. 62

[569] Barta 396 (2000)

III. Rechtslage seit Inkrafttreten der §§ 62 a - c KAG

1. Krankenanstaltengesetz

Seit Inkrafttreten der §§ 62 a - c KAG im Jahr 1982 ist das Organtransplantationswesen in Österreich teilweise gesetzlich geregelt.

a. Ziele

Primäres Ziel der §§ 62 a - c KAG ist es, Rechtssicherheit für Ärzte und Krankenanstalten bei postmortalen Organentnahmen zu schaffen. Dabei wird auf einen Interessenausgleich zwischen Spendern und Empfängern Wert gelegt, der Rettung und Erhaltung des Lebens unter gleichzeitiger Achtung der Pietät und der Gefühle der Angehörigen des Verstorbenen beinhaltet. Weiteres Ziel ist die Achtung des Spenderwillens, da niemand gegen seinen Willen zu einer postmortalen Organspende gezwungen werden soll.[570]

b. Anwendungsbereich

Die §§ 62 a - c KAG finden Anwendung auf Organtransplantationen, die therapeutischen Zwecken dienen und medizinisch indiziert sind. Organentnahmen, die wissenschaftliche Zwecke verfolgen oder sonstige Ziele als die Transplantation auf einen anderen Menschen, wie etwa zur Kosmetikherstellung oder zur Arzneimittelgewinnung, fallen nicht unter diese Vorschriften.[571]
Der Organbegriff des § 62 a KAG umfaßt alle menschlichen Organe, Organteile und Gewebe.[572] Blut und Knochenmark gehören mangels einer Einschränkung dazu.[573] Ei- und Samenzellen sowie Gene sind nicht Bestandteil des Anwendungsbereichs, da sie keine Organe oder Gewebe sind.[574] Sie sind beispielsweise nach dem Fortpflanzungsmedizingesetz und Gengesetz zu beurteilen.
Wie in Deutschland, sind unter dem Organbegriff keine Gliedmaßen zu verstehen, sondern nur „innere Organe".[575] Dafür spricht, daß zur Zeit des Inkrafttretens der §§ 62 a - c KAG die Transplantation von Gliedmaßen noch nicht vorkam und sie sich auch heute noch auf Experimente begrenzt. Der Gesetzgeber hatte mit seiner Regelung nur die „herkömmliche" Übertragung „innerer Organe" im Blick. Außerdem darf die Explantation gem. § 62 a Abs 1 S 3 KAG „nicht zu einer die Pietät verletzenden Verunstaltung der Leiche führen". Selbst bei plastischem Ersatz von entnommenen Gliedmaßen ließe sich eine solche Verunstaltung nicht leugnen.

---

[570] StProtNR 15. GP, 11623 ff
[571] StProtNR, 15. GP, 11627; Brandstetter 95; Foregger / Fabrizy, § 190, Rn 3; Kalchschmid / Barta 20; Kopetzki 148 (1988)
[572] Kalchschmid / Barta 21; Kopetzki 64 (1987); Kopetzki 137 (1988)
[573] Kalchschmid 80; Kopetzki 64, Fn 22 (1987)
[574] Vgl. 4. Teil A. III. 1. b., S. 107 f
[575] Barta, Rechtsdenken 98 f (2001); vgl. 4. Teil A. III. 1. b., S. 108

Die Regelungen der §§ 62 a - c KAG gelten nur für menschliche Organe, da mit dem Begriff „Verstorbene" in § 62 a I S 1 KAG nur menschliche Leichen gemeint sein können. Außerdem setzt „Verstorbene" voraus, daß als Organspender nur Lebendgeburten in Betracht kommen. Die rechtliche Beurteilung embryonaler und fetaler Gewebe richtet sich daher nicht nach den §§ 62 a - c KAG, sondern nach den allgemeinen zivil- und strafrechtlichen Vorschriften.[576]
Künstliche und tierische Organe sind, da keine menschlichen Organe oder Gewebe, ebenfalls nach zivil- und strafrechtlichen Normen zu beurteilen.
Eine gesetzliche Klarstellung des Anwendungsbereichs der Transplantationsvorschriften und eine besondere Regelung für die Transplantation künstlicher und tierischer Organe wäre sinnvoll.
Der Begriff „Entnahme" schließt die Anwendung der §§ 62 a - c KAG auf Organe, die nicht durch eine aktive Handlung vom Körper getrennt wurden, aus.[577]

c. Postmortale Organspende

Organentnahmen von Verstorbenen sind gem. § 62 a Abs 1 S 1 KAG nur zulässig, um durch die Transplantation das Leben anderer Menschen zu retten oder deren Gesundheit wiederherzustellen. Sie dürfen also nur zur medizinischen Behandlung eines kranken Lebenden erfolgen. Hinter einer Organentnahme muß demnach die Absicht stehen, eine Transplantation ausschließlich zu **therapeutischen Zwecken** durchzuführen. Unerheblich ist, ob der mit der Organtransplantation angestrebte therapeutische Erfolg auch tatsächlich erreicht wird. Die Transplantation muß jedoch eine reale medizinische Heilungschance bieten und darf nicht lediglich zu wissenschaftlichen Zwecken erfolgen.[578]

Vor oder während der Organentnahme hat nicht bereits ein bestimmter Empfänger festzustehen. Die Transplantation muß, sofern medizinisch möglich, nicht im sofortigen Anschluß an die Explantation stattfinden. Organe, die zu therapeutischen Zwecken entnommen wurden, dürfen mangels entgegenstehender Normen in **Organbanken** aufbewahrt werden. Eine Entnahme aus medizinisch-wissenschaftlicher Sicht nicht in absehbarer Zukunft transplantierbarer Organe ist aber unzulässig.[579]
Im Ergebnis scheint dieses sinnvoll, insbesondere sobald die längerfristige Konservierung von Organen in der Praxis einmal möglich sein wird. Doch um der drohenden Gefahr eines wahllosen „Ausschlachtens" eines Leichnams zu begegnen, sollte diese Regelungslücke vom Gesetzgeber geschlossen werden. Aufgrund der intensiven Forschung nach langfristigen Konservierungsmöglich-

[576] Kalchschmid 73 ff; Kopetzki 130 ff (1988)
[577] Vgl. 4. Teil A. III. 1. b., S. 107
[578] StProtNR 15. GP, 11.627; Kalchschmid / Barta 20; Kopetzki 66 (1987)
[579] Eder-Rieder 291; Kalchschmid 86; Kalchschmid / Barta 21; Kopetzki 66 (1987); Leukauf / Steininger, § 190 StGB, Rn 10 (1992); vgl. auch: 1. Teil F., S. 45 und 3. Teil K., S. 93 f

keiten wird die Lagerung von Organen in Organbanken in der Praxis zunehmend an Bedeutung gewinnen.[580] Erforderlich sind vor allem medizinische Sorgfaltsvorschriften und Regelungen der Verwaltung des Organbestandes, der Verteilung gelagerter Organe und des Verhältnisses der Verteilung gelagerter Organe zu frisch entnommenen Organen.

Zulässig ist nach § 62 a Abs 1 S 1 KAG die Entnahme **„einzelner" Organe** oder Organteile. Nach herrschender – aber dennoch nicht ganz unbestrittener – Meinung beinhaltet diese Voraussetzung die Unzulässigkeit der Entnahme aller Organe. Die zu entnehmende Anzahl von Organen wird regelmäßig durch den Begriff „einzelne" als begrenzt angesehen. Die Entnahme zu vieler Organe ist danach unzulässig. Dadurch soll die Würde des Toten und die Pietät geschützt werden.[581]

Eine quantitative Begrenzung der zu entnehmenden Organe ergibt sich indes nicht, wie teilweise angenommen,[582] allein aus § 62 a Abs 1 S 3 KAG.[583] Danach darf die Entnahme „nicht zu einer die Pietät verletzenden Verunstaltung der Leiche führen". Als Ausfluß der über den Tod hinaus wirkenden Persönlichkeitsrechte und des Rechts auf einen pietätvollen Umgang mit dem Leichnam, §§ 16 und 17 ABGB, beinhaltet diese Regelung die Forderung, daß das äußere Erscheinungsbild nach der Organentnahme im wesentlichen dem vorherigen entsprechen muß. Falls erforderlich, ist es mit plastisch-rekonstruktiven Maßnahmen wiederherzustellen.[584] Probleme ergeben sich bei der Entnahme von Gliedmaßen wie Händen, Beinen oder Köpfen,[585] die nicht ohne weiteres durch plastische Maßnahmen ersetzt werden können. Die Grenze der Pietät dürfte hier bei der überwiegenden Zahl in der Bevölkerung überschritten werden.

Teilweise wird „einzelne" im Sinne von zwei oder drei Organen ausgelegt.[586] Etymologisch gesehen enthält „einzelne" keine zahlenmäßige Grenze. Im heutigen Sprachgebrauch wird es aber als unbestimmte Mengenangabe im Sinne von „einigem aus einer größeren Anzahl oder Menge" oder im Sinne von „unbestimmte kleine Menge, nicht allzu viel" verwendet,[587] so daß der Auslegung im Sinne von zwei oder drei Organen zuzustimmen ist.

89,1 % der von mir befragten Österreicher sind für eine Entnahme aller Organe. 2,2 % wollen, daß ihnen nur ein oder zwei Organe entnommen werden. 6,5 % stimmen einer Entnahme von bis zu drei Organen zu.[588]

---

[580] Vgl. auch: 1. Teil F., S. 45 und 3. Teil K., S. 93 f

[581] Barta, Rechtsfragen 34 (2001); Eder-Rieder 290; Fieber 51; Gaisbauer 520; Kalchschmid 81 ff; Kalchschmid / Barta 21

[582] Kopetzki 66 (1987); Kopetzki 139 f (1988)

[583] Kalchschmid 82; Kalchschmid / Barta 21 f, Fn 34

[584] Barta, Rechtsfragen 40 (2001); Kalchschmid 84; Kalchschmid / Barta 23

[585] Barta, Rechtsfragen 36 (2001)

[586] Kalchschmid / Barta 22

[587] Duden 205 ff

[588] Vgl. 6. Teil, S. 204 f

Multiorganentnahmen, bei denen mehr als zwei Organe entnommen werden, bewegen sich daher in einem Grenzbereich des gerade noch Zulässigen bis hin zur völligen Unzulässigkeit. Die österreichische Praxis sieht sich aufgrund dieser unklaren Regelung Fragen, wenn nicht sogar dem Verdacht ausgesetzt, zahlreiche unzulässige Organentnahmen durchzuführen. Grundsätzlich wird jeder Verstorbene, bei dem der irreversible Ausfall des Gesamthirns festgestellt worden ist und keine anderen Organschäden oder funktionellen Störungen vorliegen, als potentieller Multiorganspender angesehen.[589] In Österreich und Deutschland gelten als Multiorganspender Verstorbene, denen eine oder beide Nieren und mindestens ein weiteres nicht-renales Organ entnommen wurde.[590] Den Eindruck der Vornahme unzulässiger Multiorganentnahmen verdeutlicht auch die folgende Statistik:

Statistik 10: Multiorganentnahmen in den Jahren 1997 - 2001:[591]

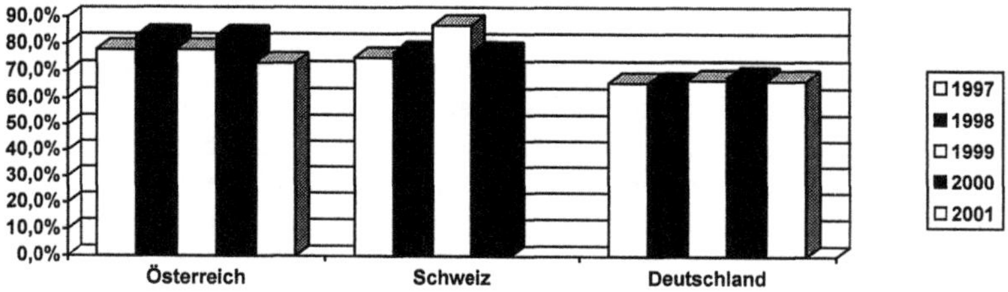

	Österreich	Schweiz	Deutschland
1997	**78,0 %**	75,0 %	66,0 %
1998	**83,0 %**	77,0 %	66,0 %
1999	**78,0 %**	87,0 %	67,0 %
2000	**83,0 %**	77,0 %	68,0 %
2001	**73,1 %**	Keine Zahlen verfügbar	66,7 %

Nach der Statistik liegt Österreich im Gegensatz zu den beiden Vergleichsländern, in denen keine zahlenmäßige Begrenzung für Organentnahmen besteht, im Bereich der Multiorganentnahme an führender Stelle. Allein im Jahr 2001 waren 73,1 % der postmortalen Organentnahmen Multiorganentnahmen. In Deutschland waren es dagegen nur 66,7 %.

[589] Mayrhofer 56
[590] Statt vieler: Eurotransplant, Annual Report 2000, 28
[591] Eurotransplant, Annual Report 1997, 22; Eurotransplant, Annual Report 1998, 22; Eurotransplant, Annual Report 1999, 22; Eurotransplant, Annual Report 2000, 28; Eurotransplant, Annual Report 2001, 30; Swisstransplant, www.swisstransplant.org (Stand 6.2.2002)

Der Gesetzgeber ist aufgrund der Bedeutung der Multiorganentnahme in Österreich gehalten, hier eine eindeutige gesetzliche Regelung zu schaffen, indem er entweder den Begriff „einzelne“ wegläßt oder eine klare Zahlengrenze angibt.

Das KAG regelt die postmortale Organspende auf der Grundlage der **Widerspruchslösung.**[592] Die Regelung soll davor schützen, daß jemand gegen seinen Willen gezwungen wird, ein Organ zu spenden und dient dem absoluten Respekt vor dem Spenderwillen.[593] Danach ist eine Organentnahme unzulässig, wenn ihr der Verstorbene oder sein gesetzlicher Vertreter vor dem Tod ausdrücklich widersprochen hat, § 62 a Abs 1 S 2 KAG.
Das Schweigen wird somit als Zustimmung gewertet. Dieses steht der allgemeinen zivilrechtlichen Regel, daß Schweigen nicht als eine rechtsgeschäftliche Erklärung ausgelegt werden darf, nicht entgegen, da es sich bei der Erklärung zur Organspende nicht um eine solche handelt.[594]
Bei Fehlen eines Widerspruchs dürfen Organe auch ohne Befragung oder Zustimmung der Angehörigen entnommen werden.[595]
Teilweise wird die Auffassung vertreten, die **Angehörigen** seien über die Bestimmung eines Patienten als Organspender zu informieren. Dieses ergebe sich aus den Ausführungsgesetzen der Länder zum KAG, wie etwa § 9 a Nr 4 und 9 TirKAG.[596]
Dafür spricht, daß so die Chance besteht, den Willen des Verstorbenen bestmöglich zu berücksichtigen. Da der Widerspruch formlos abgegeben werden kann, ist auch eine mündlich geäußerte Erklärung des Verstorbenen maßgeblich. Über eine mündliche Erklärung können Angehörige, die über Veränderungen des Gesundheitszustands des Patienten informiert werden sollen oder gar wollen und den Patienten im Sterbeprozeß begleiten, regelmäßig Auskunft geben, da zwischen ihnen und dem Verstorbenen ein gewisses Vertrauensverhältnis bestanden hat. Das Informationsrecht kann jedoch nur analog aus den entsprechenden Vorschriften der Ausführungsgesetze der Länder zum KAG abgeleitet werden, da sie davon ausgehen, daß der Patient noch lebt.
Da die Bestimmung eines Menschen als Organspender erst nach dessen Tod erfolgen darf, kann das entsprechende Informationsrecht erst nach dem Todeseintritt entstehen.
Eine ausdrückliche gesetzliche Regelung der Rechtsstellung der Angehörigen wäre sinnvoll, um Rechtssicherheit in der Ärzteschaft und der Bevölkerung zu schaffen. Damit sollte die Einführung des Rechts der Angehörigen, den Leichnam nach der Explantation noch einmal zu sehen, verbunden sein. Auf diese

---

[592] Vgl. 3. Teil C. III., S. 68 ff
[593] StProtNR, 15. GP, 11626
[594] Kalchschmid / Barta 18
[595] Eder-Rieder 290; Kalchschmid 90
[596] Kalchschmid / Barta 18, Fn 16

Weise ließe sich eine Kontrollmöglichkeit für die Achtung der Pietät und der Würde des Leichnams bei der Organentnahme erzielen.[597]
Teilweise herrscht die Auffassung, Organentnahmen seien auch bei vorliegendem Widerspruch zulässig, wenn ein akut gefährdetes Leben eines Menschen gerettet werden könne. Die Lebensrettung sei höher als der Schutz der Persönlichkeit des Verstorbenen zu bewerten.[598]
Dagegen spricht, daß nach dieser Meinung die gesetzliche Widerspruchslösung hinfällig und überflüssig wäre. Denn nahezu jede Organentnahme dient der Lebensrettung, wenn sie ihrer ethischen und rechtspolitischen Zweckrichtung entsprechend angewendet wird. Diese Auffassung stellt letztlich das allgemein abgelehnte Notstandsmodell dar. Der Wille eines Verstorbenen muß aber aus rechtsstaatlichen Gründen bei Organentnahmen beachtet werden.[599]

Wie oben ausgeführt, ist die **Abgabe eines Widerspruchs** formlos möglich. Er kann beispielsweise im Widerspruchsregister des Österreichischen Bundesinstituts für Gesundheit eingetragen, selbst schriftlich niedergelegt oder anderen Personen mündlich mitgeteilt werden. Er ist auch als Bestandteil eines Patiententestaments oder der Krankengeschichte denkbar.[600]
Wirksam ist ein Widerspruch, wenn der Widersprechende bei Abgabe einsichts- und urteilsfähig war, d. h. aufgrund seiner geistigen und sittlichen Reife die Bedeutung und Tragweite seiner Entscheidung und der Organtransplantation allgemein erfassen konnte.[601] Die Überprüfung und Beurteilung der Einsichts- und Urteilsfähigkeit eines Minderjährigen dürfte in der Praxis aber schon aus zeitlichen Gründen problematisch sein, da eine Organentnahme möglichst zeitnah nach dem Todeseintritt vorgenommen werden muß. Der Gesetzgeber sollte die Widerspruchsmöglichkeit in Anlehnung an die Geschäftsfähigkeit mündiger Minderjähriger ab dem 14. Lebensjahr festlegen, da mit diesem Alter regelmäßig die Urteils- und Einsichtsfähigkeit angenommen werden kann. Ansonsten ist die Erklärung eines Widerspruchs nur von einem gesetzlichen Vertreter – allerdings auch nur zu Lebzeiten des Verstorbenen – möglich.[602] Darüber bedarf es einer entsprechenden Information der Bevölkerung, die gesetzlich sichergestellt werden sollte.
Nach herrschender Meinung muß der Widerspruch oder die Einwilligung zur postmortalen Organspende nicht für alle Organe abgegeben werden, sondern kann auch für bestimmte einzelne Organe gelten.[603]

---

[597] Barta / Kalchschmid 61
[598] Stellamor / Steiner 203
[599] Vgl. ausführlich: 3. Teil C., S. 62 ff
[600] Kalchschmid / Barta 19
[601] Blg 1089 StProtNR, 15. GP, 1; BGHZ 29, 33 ff (Urt. v. 5.12.1958); Kalchschmid / Barta 19
[602] Kalchschmid 91 ff; Kalchschmid / Barta 19
[603] Kalchschmid / Barta 22

Hier wirft der Begriff „einzelne" in § 62 a Abs 1 S 1 KAG weitere Probleme auf. Da bei mangelndem Widerspruch lediglich „einzelne", also zwei bis drei Organe entnommen werden dürfen, ist konsequenterweise für eine Entnahme von mehr als drei oder gar allen Organen die Zustimmung des Verstorbenen zu Lebzeiten erforderlich.
Dieses führt zu dem Ergebnis, daß man zur Zeit in Österreich neben der Widerspruchslösung für eine Organentnahme bis zu drei Organen die Zustimmungslösung für eine Explantation von mehr als drei Organen annehmen muß.
Um den Ärzten die Rechtsunsicherheit und die Gefahr illegalen Handelns zu nehmen, ist der Gesetzgeber dringend aufgefordert, eine klare Regelung zu schaffen, zumal davon ausgegangen werden kann, daß in der Praxis das Zustimmungserfordernis bei einer Organentnahme von mehr als drei Organen von Ärzten nicht beachtet wird oder diesen vielleicht überhaupt nicht bewußt ist.
Der Vorteil der gesetzlichen Normierung der momentanen Situation einer Begrenzung der Widerspruchslösung für Organentnahmen bis zu drei Organen und der Annahme der Zustimmungslösung für Explantationen von mehr als drei Organen besteht in der ausgewogenen Berücksichtigung der Spenderautonomie einerseits und der Solidarität des einzelnen gegenüber der Gemeinschaft andererseits.[604]
Bei einer Explantation von bis zu drei Organen könnten bei vergleichbarer Organqualität die zu entnehmenden Organe nach akutem oder statistischem Bedarf ausgewählt werden.
Die Transplantationschirurgen würden sich bei Einführung einer solchen Lösung auch nicht mehr dem Vorwurf des rücksichtslosen „Ausschlachtens" eines Leichnams ausgesetzt sehen.

Die Gültigkeit eines Widerspruchs kann nicht an die Bedingung geknüpft werden, daß ein bestimmter Patientenkreis, dem die Organe des Verstorbenen zustehen sollen, keinen Bedarf hat. Das käme einer Diskriminierung der anderen wartenden Patienten gleich. Außerdem würde die Bedingung, daß Organe nur einem bestimmten Patientenkreis zustehen sollen, gegen die guten Sitten und den Grundsatz, daß ein Mensch kein freies Verfügungsrecht über seinen oder fremde Körper hat,[605] verstoßen.
8,3 % der von mir befragten Österreicher sind der aus rechtsstaatlicher Sicht nicht haltbaren Meinung, daß ihre postmortal entnommenen Organe nur einem bestimmten Patientenkreis, wie etwa Verwandten, zustehen sollen.[606]

Ein Widerspruch darf gem. § 62 a Abs 1 S 2 KAG dem entnehmenden Arzt nicht **„vorliegen"**. „Vorliegen" bedeutet nicht Zugang im rechtsgeschäftlichen

---

[604] I. d. S. auch Barta, Rechtsfragen 39 (2001)
[605] Barta, Rechtsdenken 100 (2001); Lilie, 131 (1983); vgl. 3. Teil C., S. 62 ff und 4. Teil A. III. 1. d. aa., S. 109 f
[606] Vgl. 6. Teil, S. 210 f

Sinn, sondern beinhaltet nach herrschender Meinung eine Pflicht des entnehmenden Arztes zur Anfrage beim Widerspruchsregister und zur Einsicht in die Krankengeschichte. Ist dem Arzt eine Widerspruchserklärung nach Durchsicht der Krankengeschichte und Anfrage beim Widerspruchsregister unbekannt geblieben und ergeben sich sonst keine Zweifel an der Nichtexistenz eines Widerspruchs, soll die Explantation zulässig sein.[607]

Teilweise wird daneben auch gefordert, die Papiere eines Verstorbenen nach einem Widerspruch durchzusehen, sofern die Zeit es erlaubt.[608]

In der Praxis ruft der Transplantationskoordinator das Widerspruchsregister in der Regel tatsächlich ab.[609]

Eine gesetzliche Grundlage gibt es für diese Praxis und die Annahme einer Anfragepflicht beim Widerspruchsregister und Einsicht in die Krankenakte nicht. Zur Zeit des Inkrafttretens der §§ 62 a - c KAG im Jahr 1982 war die Einrichtung des Registers, das erst seit 1995 besteht, auch überhaupt nicht vorgesehen. Das Unterlassen einer Anfrage hat demnach keine strafrechtlichen Konsequenzen zur Folge.

Fraglich ist, ob es bei der jetzigen Gesetzeslage ausreicht, das Widerspruchsregister und die Krankengeschichte einzusehen. Denn einerseits würde dieses eine umfassende Information der Bevölkerung voraussetzen, daß nur diese beiden Quellen verläßlich abgerufen werden. Andererseits bedeutet diese Praxis eine indirekte Pflicht, den Widerspruch auf die eine oder andere Art abzugeben. Die Möglichkeit einer mündlichen Erklärung – etwa gegenüber den Angehörigen – hat danach keine Bedeutung mehr, womit auch der Grundsatz der Formlosigkeit des Widerspruchs in Frage gestellt ist. Wie die herrschende Meinung allerdings zutreffend feststellt, können sich auch „sonst“ Zweifel an der Nichtexistenz eines Widerspruchs ergeben. Gerade die Angehörigen stellen regelmäßig eine „sonstige“ verläßliche Quelle zur Beurteilung des Willens des Verstorbenen zur Organspende dar, da sie seine Lebensweise und Ansichten meistens kennen.

In Anbetracht des Fehlens einer klaren Regelung sind die Ärzte und das mit einer Transplantation befaßte Personal dazu angehalten, nicht nur das Widerspruchsregister und die Krankengeschichte nach einem Widerspruch abzurufen, sondern auch die nächsten Angehörigen zu befragen. Ob diese Pflicht immer eingehalten wird, erscheint fraglich. Ein Verstoß bleibt jedenfalls mangels einer gesetzlichen Regelung ungeahndet.

Der Gesetzgeber ist daher dazu aufgefordert, die Form des Widerspruchs sowie die Art und Weise der Nachforschung zu regeln.[610] Am sinnvollsten scheint es, den Ärzten die gesetzliche Pflicht aufzuerlegen, das Widerspruchsregister und die Krankengeschichte einzusehen und die Möglichkeit zu gewähren, einen

607 Kalchschmid 92; Kalchschmid / Barta 19; ÖBIG, Jahresbericht 2001, 26
608 Eder-Rieder 291
609 Kalchschmid / Barta 20; vgl. 2. Teil B. III., S. 56
610 Barta, Rechtsfragen 31 (2001)

Widerspruch nur dort wirksam zu dokumentieren. Denn nur so kann der Vorteil der Widerspruchslösung gegenüber der Zustimmungslösung, die Gefahr der Verfälschung des Spenderwillens durch Angehörige auszuschließen, gewährleistet werden.
Soll auch die Möglichkeit bestehen, einen Widerspruch mündlich zu äußern, müßte den Angehörigen ein Informationsrecht über die geplante Transplantation und eine Auskunftspflicht über die Möglichkeit oder gar die Pflicht der Mitteilung eines Widerspruchs des Verstorbenen zustehen. Die Befragung der Angehörigen könnte dann in Anlehnung an die Vorschriften des § 4 dTPG geregelt werden.

Momentan fehlen in Österreich auch Normen zur Pflicht der **Information der Bevölkerung** über die Tatsache, daß bei fehlendem Widerspruch nach dem Tod Organe entnommen werden können. Das stellt eine Verletzung des Selbstbestimmungsrechts dar. Nur wer ausreichend individuell und durch Öffentlichkeitsarbeit über die Widerspruchslösung aufgeklärt ist, kann sein Selbstbestimmungsrecht, sich für oder gegen eine Organspende zu entscheiden, ausüben.[611]
Ein österreichisches Transplantationsgesetz hat daher auch Regelungen zu enthalten, wie die Bevölkerung über die Widerspruchslösung und ihre Reichweite aufgeklärt werden muß. Dabei bietet sich an, an alle Personen, die das widerspruchsfähige Alter erreicht haben, Informationen zu senden oder beispielsweise bei Personalausweisen ausstellenden Behörden darauf aufmerksam zu machen und verstärkt Öffentlichkeitsarbeit zu betreiben.
Immerhin 73,3 % der österreichischen Befragten haben schon einmal Informationen über das Thema Organspende erhalten – meistens durch Fernsehen oder Zeitung. Aber nur 56,8 % fühlen sich gut informiert. 41,7 % wissen nicht, daß es ihres ausdrücklichen Widerspruchs bedarf, falls sie eine Organspende nach dem Tod ablehnen.[612]

Daneben ist in jedem Fall eine Regelung zum Verfahren des Abrufens der Daten beim Österreichischen Bundesinstitut für Gesundheit erforderlich. Hier ist vor allem klarzustellen, daß eine Anfrage an das Widerspruchsregister erst nach dem Eintritt des irreversiblen Ausfalls des Gesamthirns statthaft ist und datenschutzrechtliche Bestimmungen einzuhalten sind. Um die Beachtung der Anfragepflicht des Arztes wirksam durchzusetzen, wäre im übrigen eine Strafandrohung für den Fall ihres Unterlassens erforderlich.

Nach § 62 a Abs 2 KAG darf die Explantation erst erfolgen, wenn ein Arzt, der weder die Entnahme noch die Transplantation durchführt, noch an diesen Eingriffen beteiligt oder durch sie betroffen ist, den Tod des potentiellen Organspenders festgestellt hat.

---

[611] Hirsch / Schmidt-Didczuhn 58
[612] Vgl. 6. Teil, S. 198 ff

Nicht betroffen durch Explantation und Transplantation im Sinne des § 62 Abs 2 S 3 KAG sind die den Tod feststellenden Ärzte, wenn sie keine persönliche Beziehung zum Spender oder Empfänger haben und weder an diesen Eingriffen beteiligt sind, noch Weisungen eines Arztes unterstehen, der an solchen Maßnahmen beteiligt ist.[613]
Der österreichische Gesetzgeber sollte zur Klarstellung und um Interessenskollisionen zu vermeiden, regeln, daß die den Tod feststellenden Ärzte auch nicht an Untersuchungen beteiligt sein dürfen, die der Identifizierung des Verstorbenen als Organspender dienen.[614]

Die Art und Weise der **Todesfeststellung** schreibt das Gesetz nicht vor. Zur Einhaltung bestimmter Standards und zur Qualitätssicherung wäre jedoch die gesetzliche Pflicht, die Todesfeststellung nach den vom Obersten Sanitätsrat erstellten Richtlinien durchzuführen, sinnvoll.
In der Praxis wird die Todesfeststellung nicht durch lediglich einen Arzt, sondern ein Ärztekollegium mit dem Nachweis des irreversiblen Ausfalls des Gesamthirns vorgenommen.[615] Dabei wirken regelmäßig ein Intensivmediziner zum Nachweis des Atemstillstandes, ein Facharzt für Neurologie zur Diagnostizierung der klinischen Symptome des irreversiblen Ausfalls des Gesamthirns, ein Experte zur Beurteilung des EEG und / oder ein Radiologe zur Feststellung des Kontrastmittelstops mit. Diese Verfahrensweise sollte vom Gesetzgeber aufgegriffen und normiert werden.[616]
Die Kriterien der Todesfeststellung sind gesetzlich nicht geregelt. Maßgebend ist der aktuelle Stand der medizinisch-wissenschaftlichen Erkenntnisse.[617]
Voraussetzung für die Feststellung des Todes im Sinne des § 62 a Abs 2 KAG ist nach herrschender Meinung sowohl der Mediziner als auch der Juristen der **irreversible Ausfall des Gesamthirns**.[618] Die gesetzliche Festlegung dieses Todeskriteriums als Mindestvoraussetzung für eine Organentnahme ist besonders wichtig. Es gibt nämlich auch die Möglichkeit, nach Eintritt des Stillstands von Herz und Kreislauf Organe zu entnehmen. Da der Herz-Kreislauf-Stillstand jedoch reversibel sein kann, ist er als alleiniges Entnahmekriterium nicht ausreichend.[619] Bei Personen, bei denen lediglich der Herz-Kreislauf-Stillstand festgestellt wurde, besteht aufgrund der Zweifel dieser Todesdiagnose die Gefahr, daß sie erst durch Maßnahmen zur Organerhaltung, die ausschließlich

---

[613] Gaisbauer 521; Kalchschmid / Barta 25; Margreiter 30; vgl. auch § 5 Abs 2 S 1, 2 dTPG
[614] I. d. S. Gruber 127 ff
[615] Zum Ablauf der Todesfeststellung: vgl. 1. Teil D. I., S. 18 ff
[616] Kalchschmid / Barta 24
[617] Kalchschmid / Barta 25
[618] Kloth 57 m. w. N.; Weber 15
[619] Kalchschmid / Barta 28, Fn 57

der Vorbereitung der Explantation dienen und nicht dem Wohl des Patienten, oder durch die Organentnahme als solche getötet werden.[620]
In Österreich gibt es keine gesetzliche Definition des Todes und keinen einheitlichen rechtlichen Todesbegriff. Im Hinblick auf den Grundsatz der Einheit der Rechtsordnung sollte ein künftiges österreichisches Transplantationsgesetz vom Gesetzgeber zum Anlaß genommen werden, klarzustellen, daß der irreversible Ausfall des Gesamthirns ein Mindestkriterium bei der Todesfeststellung darstellt, wobei eine regelmäßige Überprüfung und zügige Anpassung an neue medizinisch-wissenschaftliche Erkenntnisse gewährleistet sein muß.

Medizinische Untersuchungen, die erforderlich sind, um festzustellen, ob jemand als Organspender in Betracht kommt, dürfen ebenfalls erst nach Feststellung des irreversiblen Ausfalls des Gesamthirns vorgenommen werden.[621] Entgegengesetztes Handeln würde einen gravierenden Verstoß gegen das Recht auf Leben und Gesundheit sowie die Menschenwürde darstellen.
Gegen diese wichtigsten Grundsätze des österreichischen Rechtssystems verstößt die derzeitige Praxis. Denn bereits während des Sterbeprozesses wird dem Sterbenden ein oberflächlich unter der Haut liegender Lymphknoten entnommen, um die Gewebetypisierung vorzunehmen. Außerdem wird dem Patienten Blut abgenommen, um das virologische Screening und die Blutgruppenbestimmung vorzunehmen. Der Zeitpunkt der Eingriffe wird damit begründet, sie dienten den Interessen des Empfängers und es dauere einige Stunden, bis die Untersuchungsergebnisse vorlägen.[622]
Diese Eingriffe sind ungesetzlich.[623] Sie dienen nicht der Erhaltung der Gesundheit oder der Rettung des Lebens des Sterbenden. Für sie besteht nicht einmal seine Einwilligung. Ärzte, die solche Maßnahmen ergreifen, machen sich somit einer Körperverletzung strafbar. Außerdem stehen sie auch der Ethik ärztlichen Handelns entgegen, zunächst alle Maßnahmen zur Rettung eines Patienten zu ergreifen.[624] Daß sie den Interessen des Empfängers dienen, rechtfertigt die Eingriffe nicht. Denn solange ein Mensch lebt, sind seine Rechte und Interessen nicht als geringerwertig einzustufen, nur weil er sich im Sterben befindet. Die Ärzteschaft verletzt mit ihrem Vorgehen nicht nur die Rechte sterbender Patienten, sondern schadet dem Ansehen ihres Berufsstandes und besonders der Akzeptanz der Organspende.
Im übrigen sind diese Maßnahmen bereits unzulässig, wenn ein Widerspruch bekannt ist, so daß vor ihrer Durchführung immer die Feststellung des Vorliegens eines Widerspruchs erforderlich ist.

---

[620] Eidgenössisches Departement des Innern 41; Kloth 21 ff; vgl. 1. Teil D. I., S. 36 ff und 3. Teil D., S. 71 ff
[621] Kalchschmid 90; Kalchschmid / Barta 23
[622] Kalchschmid / Barta 23, Fn 39 und 46; Mayrhofer 57
[623] Kalchschmid / Barta 23, Fn 39
[624] Vgl. 3. Teil D., S. 71 ff

Aber auch das bloße Abfragen des Widerspruchsregisters darf, wie oben ausgeführt, nicht schon vor der Todesfeststellung erfolgen. Denn dadurch wird der Sterbende in seinem Persönlichkeitsrecht verletzt.
In Österreich ist aus diesen Gründen dringend eine gesetzliche Regelung nötig, daß auch **Vorbereitungsmaßnahmen** für eine Explantation erst nach Feststellung des Todes und Prüfung des Vorliegens eines Widerspruchs vorgenommen werden dürfen, wobei die zeitliche Reihenfolge des Vorgehens klar vorgegeben werden sollte. Eine solche Regelung würde nicht nur zur Rechtssicherheit der Bevölkerung, sondern auch der Ärzte beitragen. Denn neben der Gefahr der Strafbarkeit befinden sich die Ärzte in der schwierigen Konfliktsituation, einerseits für die optimale medizinische Betreuung eines Sterbenden und andererseits im Interesse schwerkranker Organempfänger für eine möglichst frühzeitige Erkennung potentieller Organspender zu sorgen.

Die **Verteilung vermittlungspflichtiger Organe** erfolgt wie in Deutschland über Eurotransplant.[625] Das Verfahren ist in Österreich aber nicht gesetzlich geregelt. Österreich hat sich, ebenso wie die anderen Länder im Eurotransplantgebiet, vertraglich verpflichtet, daß die Transplantationszentren Eurotransplant grundsätzlich alle potentiellen Organspender melden sowie die auf ein Organ wartenden Patienten registrieren zu lassen, damit Eurotransplant die Zuteilung gespendeter Organe auch in Österreich vornehmen kann.[626] Ein Verstoß gegen die Vereinbarungen mit Eurotransplant bleibt in Österreich aber ungeahndet. Eurotransplant meldet einen Verstoß lediglich dem jeweiligen Zentrum, das diesen gegenüber Eurotransplant rechtfertigen muß. Gegenwärtig wird auch über eine Meldung an eine zentrale österreichische Stelle zur besseren Kontrolle diskutiert.[627]
Gibt es keinen wartenden Patienten, der ein Organ als hochdringlicher Fall benötigt oder gibt es keinen in den Gewebemerkmalen des Spenders ideal übereinstimmenden Empfänger oder stellt Eurotransplant es dem den Spender meldenden Transplantationszentrum frei, die Verteilung des Organs selbst vorzunehmen, können die einzelnen Transplantationszentren frei über die Zuteilung des gespendeten Organs entscheiden. Die Entscheidung folgt dabei den in den einzelnen Transplantationszentren herrschenden Gewohnheiten, die nicht einmal schriftlich festgelegt sind und sich von Zentrum zu Zentrum unterscheiden.[628]
Eine gerechte Organverteilung nach gleichen Regeln ist in Österreich gesetzlich nicht garantiert. Die Organverteilung muß ein weiterer Gegenstand einer künftigen gesetzlichen Regelung sein.[629] Eine dabei normierte Trennung der Aufga-

---

[625] Vgl. 2. Teil A. I., S. 51 ff
[626] Kalchschmid 41 ff
[627] Eurotransplant, mündl. Auskunft v. 16.7.2002; ÖBIG, schriftl. Auskunft v. 18.7.2002
[628] Kalchschmid 44
[629] Barta, Rechtsfragen 31 (2001)

benbereiche Organentnahme, Koordination und Vermittlung sowie Transplantation nach dem Vorbild des dTPG ist grundsätzlich mit der Maßgabe der Vermeidung der oben festgestellten Unsicherheiten[630] überlegenswert.
Die Vermittlungsstelle sollte nach Maßgabe gesetzlich geregelter Kriterien die Organe vermitteln dürfen. Die Möglichkeit, Eurotransplant als Vermittlungsstelle vertraglich zu beauftragen, würde dem internationalen Organaustausch dienen.
Wie in Deutschland, geben heute bei der Organverteilung in Österreich medizinische wie nicht-medizinische Kriterien den Ausschlag.[631]
Auch in Österreich erfolgt die erste Auswahl, ob ein Patient ein Organ erhält, durch die Entscheidung über die **Aufnahme auf die Warteliste**. Wie bei der Organverteilung finden hier neben medizinischen auch nicht-medizinische Kriterien Anwendung. Neben wirtschaftlichen Überlegungen spielen insbesondere das Lebensalter, das soziale Umfeld und die Compliance eine Rolle.[632]
Diese Kriterien sind für die Entscheidung über die Annahme eines Patienten zur Organtransplantation aber nicht geeignet.[633] Für eine möglichst gerechte Behandlung von potentiellen Organempfängern sind auch hier einheitliche Regelungen erforderlich. Dabei sollten fragwürdige Kriterien, wie sie in Deutschland in den Richtlinien der Bundesärztekammer festgeschrieben wurden und über das dTPG Anwendung finden, ausgeschlossen werden.[634]
Neben den Zentrumswartelisten sollte es auch für die einzelnen Organe national geführte Wartelisten geben.

Organ*entnahmen* dürfen nur in Krankenanstalten vorgenommen werden, die die Voraussetzungen des § 16 Abs 1 lit a und c bis g KAG erfüllen, § 62 a Abs 3 KAG. Diese Regelung gilt nur für Entnahmen, nicht auch für Transplantationen von Organen.[635] Sie soll verhindern, daß Krankenanstalten mit Transplantationen eine Gewinnerzielung verfolgen. Außerdem soll dem Patienten auf diese Weise ein gewisser persönlicher und sachlicher Standard garantiert werden. Da die Vorschrift nur auf den Ort abstellt, dürfen mobile Entnahmeteams der Transplantationszentren Explantationen an den vorgeschriebenen Krankenhäusern vornehmen.[636]
Organ*implantationen* dürfen dagegen an jedem geeigneten Ort, also neben Krankenanstalten etwa auch in ärztlichen Ordinationen, stattfinden.[637] Das

---

630 Vgl. 4. Teil A. III. 1., S. 106 ff
631 Vgl. zu den Bedenken zu einigen der Kriterien: 3. Teil E. S. 75 ff und 4. Teil A. III. 1. d. bb., S. 124 ff
632 Kalchschmid 47
633 Vgl. 3. Teil E., S. 75 ff und 4. Teil A. III. 1. d. bb., S. 124 ff
634 Vgl. 4. Teil A. III. 1. d. bb., S. 124 ff
635 Vgl. 2. Teil C., S. 57 f
636 Gaisbauer 521, Fn 16; Kalchschmid 148; Kalchschmid / Barta 16, Fn 11; Kopetzki 67 (1987)
637 Kalchschmid 148; Kalchschmid / Barta 16, Fn 11; Kopetzki 67 (1987)

scheint im Hinblick zur Vermeidung illegalen Organhandels nicht sehr sinnvoll. Die Kontrolle über die Verteilung und Transplantation von in Österreich entnommenen Organen wird dadurch erschwert. Hinzu kommt, daß Transplantationen von im Ausland illegal entnommenen Organen Vorschub geleistet wird. Auch die Qualitätssicherung, die in erster Linie dem Wohl des Empfängers dienen soll, ist so nicht gewährleistet. Der Gesetzgeber sollte daher auch besondere Anforderungen an den Ort von Organimplantationen stellen.[638] Dieses würde weiterhin der Transparenz des Transplantationswesens dienen.

Streitig ist, ob das österreichische Transplantationsrecht auch auf in Österreich verstorbene **Ausländer** Anwendung findet.
Obwohl in den einzelnen Staaten unterschiedliche Voraussetzungen für eine Organentnahme, insbesondere hinsichtlich des Vorliegens eines Widerspruchs oder einer Zustimmung sowie der Beteiligung der Angehörigen gelten, wird die Anwendung des österreichischen Transplantationsrechts auf in Österreich verstorbene Ausländer angewendet. Danach können ihnen mangels Widerspruchserklärung ohne Anhörung von Angehörigen Organe entnommen werden.[639] Zur Begründung wird das Territorialitätsprinzip angeführt. Die Anwendung des IPRG komme nicht in Betracht, da von einer Organentnahme ausschließlich Fragen des öffentlichen Rechts betroffen seien.[640]
Diese Auffassung ist abzulehnen. Das Transplantationsrecht ist geprägt von Elementen sowohl des öffentlichen als auch des Privatrechts (Gemengelage). Im Privatrecht wird das postmortale Persönlichkeitsrecht und insbesondere das Recht auf einen würdigen Tod durch § 16 ABGB geschützt. Öffentlich-rechtlich ist das Recht auf einen würdigen Tod sogar ausdrücklich in § 5 a Nr 9 KAG in Verbindung mit den Ausführungsgesetzen der Länder geregelt. Diese Gemengelage führt aber bereits zur Anwendung des IPRG.[641]
Nach § 1 Abs 1 IPRG ist ein Sachverhalt mit Auslandsberührung nach jener Rechtsordnung zu beurteilen, zu der die stärkste Beziehung besteht. Die Bestimmung des anzuwendenden Rechts richtet sich daher im Transplantationswesen nach dem Personalstatut des Organspenders, § 9 IPRG, da es sich auch um eine Frage seines Persönlichkeitsrechts handelt und nicht um eine sachenrechtliche im Sinne des § 31 IPRG.[642] Dafür spricht, daß eine Organentnahme grundsätzliche Voraussetzung für eine Transplantation ist. Zwar sind sowohl durch deren Durchführung als auch durch deren Unterlassen die Interessen des Empfängers positiv oder negativ betroffen. Doch zunächst stellt die Explantation einzig einen Eingriff in das postmortale Persönlichkeitsrecht des Verstorbenen dar. Die Interessen des Empfängers haben bei der Entscheidung, ob Organe

[638] Etwa in Anlehnung an § 10 Abs 1 dTPG.
[639] Kalchschmid / Barta 28 f; Kopetzki 72 f (1987); Kopetzki 173 ff (1988)
[640] Kopetzki 72 f (1987); Kopetzki 173 ff (1988)
[641] Barta 147 ff (2000); Frick 26 ff; Kalchschmid 149 f; Kalchschmid / Barta 29
[642] Barta 52 f (2000); Kalchschmid 150; Kalchschmid / Barta 29

entnommen werden, zunächst zurückzustehen, da es sich für den Empfänger lediglich um einen Zufall handelt, daß gerade in dem Zeitpunkt jemand stirbt, in dem er auf ein Organ wartet und dessen Organ(e) er möglicherweise erhalten kann. Ein Recht auf diese Organe besteht aber gerade nicht.
Ein weiterer Grund, die Anwendung des Transplantationsrechts nach dem Personalstatut zu richten, ist, daß nach der momentanen Praxis Staatsbürgerschaft und Religion des verstorbenen Ausländers unberücksichtigt bleiben.[643] Ein Mensch, der zu Lebzeiten eine Organentnahme etwa aus religiösen Gründen ablehnte und sich in seinem Heimatland sicher sein konnte, daß sein Wille respektiert wird, läuft in Österreich im Falle seines Todes Gefahr, daß sein Wille mißachtet wird. Im übrigen kann von einem Ausländer nicht erwartet werden, daß er sich vor der Einreise nach Österreich mit dem dort geltenden Transplantationsrecht vertraut macht,[644] erst recht nicht, wenn er sich nur kurze Zeit in dem Land aufhalten will. Es sind also nicht nur grund- und menschenrechtliche Fragen, sondern auch außenpolitische Aspekte betroffen.[645]
Für eine klare Rechtslage und zum Schutz von Ausländern ist hier eine gesetzliche Regelung erforderlich.

Besonders die postmortale Organspende hat seit Inkrafttreten der §§ 62 a bis c KAG im Jahre 1982 immer mehr an Bedeutung gewonnen. Zur Rechtssicherheit der Spender, Empfänger und Ärzte müssen insbesondere die Zulässigkeitsvoraussetzungen von Organentnahmen, wie etwa Feststellung des irreversiblen Ausfalls des Gesamthirns vor Beginn organerhaltender Maßnahmen und Explantation, Abgabe von Zustimmung und Widerspruch zur Organspende, aber auch die Organverteilung eine gesetzliche Neuregelung erfahren.

d. Lebendspende

Die Lebendspende ist in Österreich nicht gesetzlich geregelt. Ihre grundsätzliche Rechtmäßigkeit läßt sich aus § 26 Abs 1 Nr 5 KAG in Verbindung mit den Ausführungsgesetzen der Länder, wie beispielsweise § 38 Abs 1 lit e, § 41 a Abs 2 lit a TirKAG, herleiten. Die Zulässigkeitsvoraussetzungen für Lebendspenden ergeben sich zur Zeit aber nicht direkt aus dem Gesetz. Ihre rechtliche Beurteilung richtet sich nach den allgemeinen zivil-, straf- und öffentlichrechtlichen Normen.

Wie in Deutschland, gilt auch in Österreich die Lebendspende als **ultima ratio** für den Fall, daß kein Leichenorgan oder keine andere Behandlungsmöglichkeit für einen Empfänger zur Verfügung steht, die den gleichen oder gar einen besseren Heilungserfolg erzielt.[646] Zum Schutz der Interessen potentieller

[643] Kalchschmid / Barta 30
[644] Kalchschmid / Barta 29
[645] Barta / Kalchschmid 58; Kalchschmid / Barta 30
[646] Kalchschmid 224; Kalchschmid / Barta 37

Lebendspender und der Gesellschaft sowie zur Beachtung des Subsidiaritätsgrundsatzes ist seine gesetzliche Formulierung zu fordern.[647]

Explantation und Implantation bedürfen der vorherigen **Einwilligung** des Spenders und Empfängers. Die Einwilligungserklärungen müssen freiwillig, irrtumsfrei, ausdrücklich und höchstpersönlich abgegeben werden.[648] Ihre Wirksamkeit setzt grundsätzlich Einsichts- und Urteilsfähigkeit des Erklärenden voraus. Die Erklärung durch einen Stellvertreter ist nicht möglich, da die Einwilligung nach herrschender Meinung ein höchstpersönliches Recht und nicht ein Rechtsgeschäft darstellt.[649]
Die *Explantation* bedeutet für den Spender aus straf- und zivilrechtlicher Sicht eine Körperverletzung, §§ 83 ff öStGB, §§ 1325 ff ABGB.
Sie dient nicht der Heilbehandlung des Spenders, sondern ausschließlich der des Empfängers. Erforderlich ist daher immer eine rechtswirksame Einwilligung des Organspenders gem. § 90 öStGB. Die Einwilligung darf nicht gegen die guten Sitten verstoßen. Unwirksam sind somit Zustimmungen zu Organentnahmen, die zur Tötung oder einer schweren Gesundheitsbeeinträchtigung führen.[650]
Bei einsichtsfähigen Minderjährigen ist neben deren Einwilligung die eines Vormundschaftsrichters erforderlich. Die Zustimmung gesetzlicher Vertreter ist nicht möglich, da die Explantation nicht dem Wohl des Kindes dient. Vor seiner Entscheidung hat der Richter den Minderjährigen, seine Eltern und Ärzte anzuhören. Liegt keine Einwilligungsfähigkeit infolge mangelnder Urteils- und Einsichtsfähigkeit vor, ist eine Organexplantation nicht möglich. Eine Zustimmung seitens der Sorgeberechtigten oder des Vormundschaftsgerichts allein reicht nicht aus, wenn der einsichtsfähige Minderjährige nicht einwilligt.[651]
Die Einwilligung eines einsichts- und urteilsfähigen Minderjährigen zur Organ*implantation* bedarf der zusätzlichen Zustimmung des Sorgeberechtigten. Die Zustimmung des Sorgeberechtigten allein ist nicht ausreichend, wenn der einsichtsfähige Minderjährige eine Einwilligungserklärung ablehnt. Verweigert der Sorgeberechtigte die Zustimmung, obwohl der einsichtsfähige Minderjährige einwilligt, kann vom Gericht ein Sachwalter zur Erteilung der Zustimmung bestellt werden. Bei nicht einsichtsfähigen Patienten sind die Sorgeberechtigten für oder gegen eine Implantation entscheidungsbefugt. Im Falle ihrer Ablehnung einer medizinisch indizierten Organimplantation kann der Arzt gem. § 176 ABGB das Vormundschaftsgericht anrufen.[652] Diese Einwilligungsvorausset-

---

[647] Vgl. zur Rechtslage in Deutschland: 4. Teil A. III. 1. e., S. 126 ff
[648] Kalchschmid / Barta 34, Fn 84; Kopetzki 254 (1988)
[649] Aicher, § 16 ABGB, Rn 17; Kalchschmid 195 ff m. w. N; Kalchschmid / Barta 34, Fn 84
[650] Kalchschmid 185 ff; Kalchschmid / Barta 33 f; Kopetzki 251 (1988)
[651] Kalchschmid 199 ff; Kalchschmid / Barta 35; Kopetzki 89 (1987); Kopetzki 253 (1988); Rieder 115
[652] Aicher, § 16 ABGB, Rn 17; Edlbacher 373 f (1982); Kalchschmid 198 f; Kalchschmid / Barta 34; Zankl 301

zungen für die Organimplantation folgen neben dem allgemeinen Persönlichkeitsrecht des § 16 ABGB teilweise auch aus § 8 Abs 3 KAG.

Voraussetzung einer rechtswirksamen Einwilligung in eine Explantation oder in eine Implantation ist eine umfassende ärztliche **Aufklärung**. Der Umfang der Aufklärung sollte dem in Deutschland entsprechen.[653]

Die Organentnahme darf den Spender weder in **Lebensgefahr** bringen noch wesentlichen **gesundheitlichen Risiken** aussetzen. Dieses ergibt sich neben dem Aspekt der Sittenwidrigkeit bereits aus dem Recht auf Leben und körperliche Unversehrtheit.[654] Daraus folgt, daß Organentnahmen nur bei paarig angelegten oder regenerierungsfähigen Organen zulässig sind.[655]
Die Lebendspende ist nur zulässig, wenn das Spenderrisiko in einem vertretbaren Verhältnis zum Nutzen des Patienten steht.[656] Insbesondere muß die Transplantation geeignet sein, dem Empfänger das Leben zu retten oder seinen Gesundheitszustand zu verbessern, während dem Spender über das allgemeine Operationsrisiko hinaus keine gesundheitlich nachteiligen Folgen erwachsen dürfen.[657]
Dem hält das Österreichische Bundesministerium für Arbeit, Gesundheit und Soziales entgegen, daß in der Medizin so gut wie keine Erfolgsgarantien abgegeben werden könnten und vertritt die Auffassung, Lebendspenden seien auch bei geringer Erfolgsaussicht zulässig.[658]
Erfolgsgarantien werden aber überhaupt nicht verlangt, sondern lediglich Wahrscheinlichkeitsprognosen, die von Medizinern durchaus geleistet werden können.[659] Würde man der Auffassung des Bundesministeriums folgen, bestünde die Gefahr von Lebendorganspenden ohne Rücksicht auf Verluste. Dieses wäre ethisch wie rechtspolitisch nicht vertretbar. Einerseits würde das dem Schutz des Lebens und der Gesundheit widersprechen und andererseits auch das Gemeinschaftswesen wirtschaftlich belasten. Eine Transplantation verursacht enorme Kosten.[660] Achtet man weder auf die Erfolgsaussicht der Transplantation, noch auf den Gesundheitszustand des Spenders, sind die aufgewendeten Kosten möglicherweise nutzlos oder es entstehen weitere erhebliche Kosten durch die erforderliche medizinische Nachbehandlung des Spenders.[661]

---

[653] Kalchschmid 203 ff; vgl. 4. Teil A. III. 1. e., S. 126 f und allgemein: 3. Teil H., S. 87 f
[654] Kalchschmid / Barta 37
[655] Vgl. 1. Teil D. II., S. 41 ff
[656] Kalchschmid 225 f; Kalchschmid / Barta 38
[657] Vgl. auch: 4. Teil A. III. 1. e., S. 127
[658] Kalchschmid 225 f; Kalchschmid / Barta 39
[659] Kalchschmid 225 f; Kalchschmid / Barta 39
[660] Vgl. 1. Teil H., S. 49 f
[661] Kalchschmid / Barta 39

Zur Zeit wird in der österreichischen Praxis eine **verwandtschaftliche Beziehung** zwischen Lebendspender und Empfänger gefordert. Rechtlich ist diese Voraussetzung jedoch nicht begründet. Es wäre daher auch eine Spende unter Fremden möglich, sofern sie freiwillig und unentgeltlich erfolgt.[662]
Aus ethischer und rechtspolitischer Sicht ist diese Gesetzeslücke ausnahmsweise begrüßenswert, da die **anonyme altruistische Lebendspende** die einzige Form ist, bei der mit hoher Wahrscheinlichkeit Freiwilligkeit und Unentgeltlichkeit angenommen werden können, sofern die Anonymität durch ein entsprechendes Verfahren sichergestellt ist.[663]
Die Anonymität könnte durch einen ähnlichen Ablauf, wie er für Deutschland vorgeschlagen wurde,[664] unter Einbeziehung der vorhandenen Strukturen der Transplantationszentren und einer nationalen Vermittlungsstelle gewährleistet werden. Lediglich die Funktion der DSO würde durch die Transplantationszentren miterfüllt. Datenschützende Vorschriften würden zusätzlich der Anonymität und der Vorbeugung von Organhandel dienen.
Immerhin 23,3 % der von mir in Österreich befragten Personen würden anonym ein Organ als Lebender spenden.[665]

Zumindest die **Cross-Spende**[666] sollte bei einer gesetzlichen Einführung der „Verwandtenspende“ ausdrücklich erlaubt werden.

Der von Eurotransplant geplante Organpool für Cross-Spenden[667] könnte nach der derzeitigen Rechtslage genutzt werden.

Die für den Organspender mit der Organentnahme und ihrer Vorbereitung verbundenen **Kosten** übernimmt gem. § 120 Abs 2 ASVG die Krankenversicherung des Spenders. Sinnvoller wäre eine Regelung, nach der die Krankenversicherung des Empfängers diese Kosten zu tragen hat, da die Explantation ausschließlich dem Empfänger zugute kommt. Ist der Spender nicht versichert, übernimmt die Kosten die Krankenversicherung des Empfängers.[668]

Nicht nur die postmortale Organspende, sondern auch die Lebendspende hat seit 1982 an Bedeutung gewonnen. Voraussichtlich wird diese Entwicklung in der Zukunft noch anhalten. Um so dringender bedarf die Lebendspende in Österreich endlich einer gesetzlichen Regelung. § 8 dTPG könnte für die Lebendspende als Beispiel dienen, wobei die mit dieser Vorschrift offengelasse-

---

662 Kalchschmid 226; Kalchschmid / Barta 40
663 Vgl. 3. Teil G., S. 84 ff
664 Vgl. 3. Teil G., S. 84 ff und 4. Teil A. III. 1. e., S. 127 ff
665 Vgl. 6. Teil, S. 217 f
666 Vgl. 3. Teil G., S. 85 f
667 Vgl. 3. Teil G., S. 85 f und 4. Teil A. III. 1. e., S. 129
668 Kalchschmid / Barta 34, Fn 83

nen Fragen und ungeregelten Probleme sofort berücksichtigt werden sollten.[669] Besonders bedeutsam ist die Regelung der Lebendspende Minderjähriger und Nicht-Urteilsfähiger, der anonymen altruistischen Spende sowie der Cross-Spende.[670] Auch die versicherungsrechtliche Absicherung des Spenders darf in einem österreichischen Transplantationsgesetz nicht fehlen.

e. Datenschutz und Dokumentation

Dokumentationspflichten für Organtransplantationen ergeben sich aus § 10 KAG in Verbindung mit den Ausführungsgesetzen der Länder, wie beispielsweise § 15 Abs 1 lit c und d TirKAG, sowie den allgemeinen berufs- und zivilrechtlichen Normen.[671]

Der Datenschutz richtet sich nach den allgemeinen berufs-, straf- und sozialversicherungsrechtlichen Vorschriften sowie nach § 62 b KAG in Verbindung mit § 11 Datenschutzgesetz. Angaben über die Person von Spender und Empfänger sind danach bei bestehendem Einsichtsrecht in die Krankenakte ausgenommen.[672]

f. Verbotsvorschriften

Nach § 62 a Abs 4 KAG dürfen Organe oder Organteile Verstorbener nicht Gegenstand von Rechtsgeschäften sein, die auf Gewinn ausgerichtet sind.

Gewinnerzielungsabsicht liegt vor, wenn die Einnahmen der Überschußerzielung und nicht nur der Kostendeckung dienen sollen.[673]

Diese Vorschrift schützt die Pietät und gilt sowohl für Organspender als auch für alle Personen und Institutionen, die mittelbar oder unmittelbar an einer Organtransplantation beteiligt sind.[674]

Deutlicher wäre allerdings ein gesetzliches Verbot des Organhandels und auch dessen Versuch in Anlehnung an die Vorschrift des § 18 dTPG. Es müßte zudem klargestellt werden, daß das Verbot auch für im Ausland illegal entnommene Organe gilt.

Aus dem momentanen Wortlaut des § 62 a Abs 4 KAG könnte man im übrigen schließen, daß Rechtsgeschäfte, die nicht auf Gewinnerzielung ausgerichtet sind, wie beispielsweise Schenkungen, zulässig seien. Dieses ist jedoch nicht der Fall, da ein Organspender, wie oben ausgeführt, zu Lebzeiten nicht bestimmen kann, daß seine nach dem Tod entnommenen Organe nur einem bestimmten Personenkreis zustehen sollen. Eine solche Verfügung wäre sittenwidrig, da niemand einem anderen bestimmte Rechte an Bestandteilen seines Körpers ein-

---

[669] Vgl. 4. Teil A. III. 1. e., S. 126 ff
[670] Vgl. 3. Teil G., S. 85 ff und 4. Teil A. III. 1. e., S. 127 ff
[671] Kalchschmid 156 ff
[672] Kalchschmid 154 f
[673] Kalchschmid 153; Kalchschmid / Barta 31; Kopetzki 257 (1988)
[674] Eder-Rieder 291; Gaisbauer 522; Kalchschmid / Barta 30

räumen kann.[675] Im übrigen würde so die Organverteilung über Eurotransplant unterlaufen und das gesamte Verteilungssystem wäre gefährdet und in Frage gestellt.
Analog § 62 a Abs 4 KAG gilt das Gewinnverbot auch für die Lebendspende.[676] Entschädigungszahlungen, insbesondere an den Spender, die nicht der Kostendeckung dienen, sind als Gewinn und somit als verbotenes Handeltreiben zu bewerten.
Teilweise wird die analoge Anwendung des § 62 a Abs 4 KAG auf Lebendspenden mit Hinweis auf das strafrechtliche Analogieverbot abgelehnt, da die Vorschrift nur für postmortale Spenden gelte.[677]
Dagegen spricht, daß eine Entnahme beim Toten mit geringeren Eingriffen in Rechtsgüter verbunden ist, als die beim Lebenden. Sofern sich dieses als sinnvoll erweist, sind die Vorschriften der Totenspende mangels einer ausdrücklichen Regelung der Lebendspende auf diese erst recht anzuwenden. Für Lebendspenden darf kein geringerer Maßstab angelegt werden als für postmortale Spenden. Um einer Kommerzialisierung der Lebendspende vorzubeugen, ist die analoge Anwendung des § 62 a Abs 4 KAG sinnvoll.
§ 62 c KAG enthält eine Strafandrohung von einer Geldstrafe bis zu 2.180 EUR für Zuwiderhandlungen gegen die Zulässigkeitsvoraussetzungen des § 62 a KAG. Diese Strafe ist in Anbetracht der veränderten Einkommenssituation seit 1982 nicht mehr angemessen.[678]
Ein österreichisches Transplantationsgesetz sollte den Straftatbestand des Organhandels aufnehmen und angemessene Sanktionsmaßnahmen vorsehen, um zur Einhaltung der Bestimmungen, die in erster Linie dem Schutz des Persönlichkeitsrechts und des Rechts auf Leben sowie Gesundheit dienen, beizutragen.

g. Finanzielle Förderung des Transplantationswesens

Der österreichische Gesetzgeber hat sich das sog. „Spanische Modell“ zum Vorbild gemacht, mit dem Spanien die Anzahl an postmortalen Organspenden beträchtlich steigern konnte.[679]
§§ 56 a ff KAG regeln die finanzielle Förderung des Transplantationswesens. § 59 d KAG nennt die dabei zu verfolgenden Ziele.
So soll beispielsweise gem. § 59 d Abs 1 Nr 1 KAG „die Kontinuität im Spenderaufkommen auf hohem Niveau (zirka 30 Organspender pro Million Einwohner)“ sichergestellt werden. Diese Vorschrift erscheint bedenklich. Zum einen suggeriert sie, das Aufkommen an postmortalen Organspendern belaufe

---

[675] Barta, Rechtsdenken 100 (2001); Lilie 131 (1983); vgl. 3. Teil C., S. 62 ff und 4. Teil A. III. 1. d. aa., S. 110
[676] Kalchschmid 229; Kalchschmid / Barta 40
[677] Kopetzki 256 (1988)
[678] Kalchschmid / Barta 17
[679] ÖBIG, Jahresbericht 1999, 55; vgl. ausführlich: 3. Teil I., S. 88 ff

sich in Österreich bereits auf zirka 30 Organspender pro Million Einwohner.[680] Tatsächlich waren es im Jahr 2001 aber nur 23.[681] Die Regelung muß daher vielmehr als Aufforderung und Anreiz verstanden werden, die Spenderanzahl zu erhöhen. Zum anderen läßt sie befürchten, daß die derzeitige unsichere Rechtslage, nach der Mißbräuche bei postmortalen Organspenden ungeahndet bleiben oder zumindest nur mit geringer Strafe bedroht sind, ausgenutzt wird, um mit rücksichtslosen Methoden Organspender „zu rekrutieren". Dieses ist mit der großen Gefahr von Eingriffen in die Persönlichkeitsrechte, wenn nicht sogar in das Recht auf Leben und Gesundheit, verbunden.

Den gleichen Bedenken begegnet ein anderes Beispiel. Gem. § 59 d Abs 3 Nr 1 lit b KAG sollen den „spenderbetreuenden Krankenanstalten pro gemeldetem und explantiertem Organspender" „pauschalierte Kostenersätze" zufließen. Dieses läßt den Eindruck einer Art Kopfgeld für die Meldung von potentiellen Organspendern aufkommen.

Außerdem besteht bei nur pauschalierten Zahlungen die Gefahr des Verstoßes gegen das Gewinnverbot.[682]

Daneben enthält § 59 d KAG weitere ähnlich bedenkliche Regelungen für die Mittelverwendung, mit denen die Interessen der Transplantationsmedizin einseitig berücksichtigt werden.[683] Die höchsten Grundsätze unseres Rechtssystems, die die Persönlichkeit, das Leben und die Gesundheit des einzelnen schützen, verlieren hier an Bedeutung und drohen, unterlaufen zu werden.

Der österreichische Gesetzgeber hat die Aufgabe, diese Regelungen auf Änderung oder gar Abschaffung zu prüfen. Der Wille, sich das „Spanische Modell" als Vorbild zu nehmen, sollte überdacht werden, denn letztlich besteht die Gefahr, daß bei einer öffentlichen Diskussion der finanziellen Förderung von Spendermeldungen die Ablehnung der Organspende in der Bevölkerung weiter steigt.

Das Österreichische Bundesinstitut für Gesundheitswesen erachtet es als bemerkenswert, daß die finanzielle Förderung von Spendermeldungen in Spanien zu einer Erhöhung der Spenderanzahl führte, obwohl trotz bestehender Widerspruchslösung die Angehörigen um Zustimmung zur Explantation gebeten werden.[684] Es verwundert sehr, daß diese Praxis als bemerkenswert angesehen wird. Denn neben dem Verstoß der finanziellen Förderung gegen das Gewinnverbot und die Persönlichkeitsrechte verstößt die spanische Praxis auch noch gegen die dort geltende gesetzliche Widerspruchslösung und damit gegen den möglichen Willen vieler Verstorbener. Hätte etwa ein Verstorbener eine Ablehnung der Explantation gewollt, hätte er einen Widerspruch abgegeben. Hätte er eine Entscheidung durch seine Angehörigen gewollt, hätte er sie ihnen übertra-

[680] Barta / Kalchschmid 72
[681] Vgl. 1. Teil D. I., S. 36 f
[682] Kalchschmid / Barta 33, Fn 80
[683] Barta / Kalchschmid 73
[684] ÖBIG, Jahresbericht 1999, 59

gen. Die Zustimmung der Angehörigen allein dürfte nicht für eine Explantation maßgeblich sein. In Spanien besteht durch diese gesetzeswidrige Praxis sogar die Gefahr, daß Angehörige von regionalen Koordinatoren oder Krankenhäusern, die selbst von der Zustimmung der Angehörigen zur Organentnahme beim Verstorbenen profitieren, für die Zustimmung einen geldwerten Vorteil erhalten. Somit würde auch eine stillschweigende Akzeptanz der zu mißbilligenden finanziellen Förderung von Spendermeldungen in der Bevölkerung erreicht.

2. Strafrecht

Liegt eine unzulässige Explantation wegen Mißachtung einer oder mehrerer Voraussetzungen des § 62 a KAG vor, ist zunächst zu prüfen, ob der Tatbestand des § 190 öStGB, der in erster Linie die Pietät schützt, erfüllt ist.
Bei nicht die Pietät verletzenden Verstößen kommt der zu § 190 öStGB subsidiär geltende § 62 c KAG zur Anwendung.
Eine Strafbarkeit tatbestandsmäßiger Handlungen im Sinne des § 190 öStGB oder § 62 a KAG kann durch das Vorliegen eines rechtfertigenden oder entschuldigenden Notstands entfallen.[685]
Bedeutung erlangen selbstverständlich auch die Tötungs- und Körperverletzungsdelikte gem. §§ 75 ff öStGB.

3. Zivilrecht

Aus dem allgemeinen Zivilrecht sind insbesondere die §§ 16, 1293 ff ABGB von Bedeutung. Verstößt ein Arzt beispielsweise gegen seine Aufklärungspflicht oder verursacht er den Tod des Spenders oder Empfängers, haftet er aus unerlaubter Handlung. Der Schadensersatzanspruch steht im Falle des Todes von Spender oder Empfänger unter Umständen den Angehörigen zu, § 1327 ABGB.
Daneben gelten die allgemeinen vertrags- und arzthaftungsrechtlichen Grundsätze.

C. Schweiz

In der Schweiz gibt es keine umfassende bundeseinheitliche gesetzliche Regelung für die Transplantation menschlicher Organe. Ein (Bundes-) Transplantationsgesetz liegt jedoch im Entwurf vor. Im Jahr 2004 soll das Gesetz in Kraft treten.[686] Gem. Art. 119 a BV besteht für den Bund der Auftrag, dieses Gesetz zu erlassen. Es handelt sich hierbei nicht nur um eine Gesetzgebungskompetenz.[687]

---

685 Brandstetter 99 f; vgl. zu den ähnlichen Voraussetzungen in Deutschland: 4. Teil A. III. 2., S. 135 ff
686 Richter
687 Schweizerischer Bundesrat 25 (1997); Schweizerischer Bundesrat 39 (2002)

Bis zur Verabschiedung des Transplantationsgesetzes gelten die – soweit überhaupt vorhanden – kantonalen Transplantationsgesetze sowie die allgemeinen zivil- und strafrechtlichen Rechtsgrundsätze.
Der am 1. August 1996 in Kraft getretene Bundesbeschluß vom 22. März 1996 über die Kontrolle von Transplantaten – zunächst Bundesbeschluß über die Kontrolle von Blut, Blutprodukten und Transplantaten genannt und zuletzt durch Bundesgesetz vom 15. Dezember 2000 geändert – dient daneben in erster Linie dem Schutz von Spendern und Empfängern.
Besondere Bedeutung kommt auch den verschiedenen Richtlinien zur Organtransplantation der Schweizerischen Akademie der Medizinischen Wissenschaften (SAMW) zu. Sie sind aber rechtlich unverbindlich, so daß Verstöße gegen die Richtlinien keine Sanktionen zur Folge haben. Allerdings dienen sie teilweise Gerichten und kantonalen Gesetzgebern als Maßstab für die Beurteilung des ärztlichen Handelns im Rahmen von Organtransplantationen.[688]

I. Transplantationsspezifische Normen und Richtlinien der SAMW

Aufgrund der zahlreichen einzelnen kantonalen Transplantationsgesetze und Richtlinien der SAMW soll im Folgenden nur ein Überblick über die Rechtslage in der Schweiz gegeben werden.
22 Kantone verfügen über eine gesetzliche Regelung der Transplantationsmedizin. Eine umfassende Regelung von Spende, Entnahme und Transplantation besteht aber in keinem Kanton. Vier Kantone besitzen keine spezifischen Regelungen.[689]

1. Postmortale Organspende

Elf Kantone haben die postmortale Organspende auf der Grundlage der Widerspruchslösung[690] geregelt. Die Widerspruchslösung beinhaltet nach Auffassung des Bundesgerichts eine Informationspflicht der Betroffenen und der Angehörigen. Insbesondere müßten die Angehörigen eines Verstorbenen vor einer Organentnahme informiert werden, daß eine Nichtäußerung wie eine Zustimmung gewertet wird. Wenn die Angehörigen nicht erreichbar seien, habe eine Explantation zu unterbleiben.[691] Diese Auffassung stellt praktisch die Informationslösung[692] dar.
In sechs Kantonen gilt die Informationslösung. Der Verstorbene zu Lebzeiten oder seine Angehörigen nach seinem Tod dürfen keinen Einspruch erhoben haben. Es besteht in diesen Kantonen eine Informationspflicht der Ärzte

---

688 Bundesamt für Gesundheit 16; Eidgenössisches Departement des Innern 23; Schweizerischer Bundesrat 17 (1997); Schweizerischer Bundesrat 35 (2002)
689 Schweizerischer Bundesrat 34 (2002)
690 Vgl. 3. Teil C. III., S. 68 ff
691 BGE 123 I 112 ff (Urt. v. 16.4.1997)
692 Vgl. 3. Teil C. II. S. 68

gegenüber den Angehörigen von der geplanten Organentnahme und der Einspruchsmöglichkeit.[693]
Fünf Kantone haben die postmortale Organspende nach der erweiterten Zustimmungslösung geregelt, wonach entweder eine Zustimmung des Verstorbenen zu Lebzeiten oder seiner Angehörigen nach dem Tod für eine zulässige Organentnahme vorliegen muß.[694]
In zwei Kantonen können sich die Angehörigen einer Explantation nicht widersetzen, wenn der Tote ausdrücklich zugestimmt hatte. Die anderen Kantone besitzen keine gesetzliche Regelung für den Fall der widersprüchlichen Angaben von Spender und Angehörigen nach dem Tod.[695]

In der Praxis handhabt man postmortale Organentnahmen in der gesamten Schweiz unabhängig von einer kantonalen Gesetzgebung nach der **erweiterten Zustimmungslösung**.[696]
Ein Verstoß der Ärzte gegen die hierbei zu beachtenden Rechte und Pflichten bleibt mangels einer gesetzlichen Normierung ungeahndet, soweit der Verstoß nicht zufällig in einem Kanton erfolgt, der die erweiterte Zustimmungslösung normiert hat.
Es wird demnach offensichtlich von einem Zustimmungsrecht der Angehörigen ausgegangen, das aus dem Totensorgerecht entspringt.[697] Teilweise wird das Zustimmungsrecht der Angehörigen auch aus ihrem eigenen Persönlichkeitsrecht hergeleitet. Dieses werde verletzt, wenn gegen den Willen der Angehörigen oder ohne ihr Wissen Organe entnommen werden.[698]
Diese Auffassung setzt eine Pflicht der Ärzte voraus, die Angehörigen über eine geplante Explantation zu informieren und um ihre Zustimmung zu bitten, wenn ihnen keine ausdrückliche zu Lebzeiten erklärte Zustimmung des Verstorbenen bekannt ist.
Um der Ärzteschaft und der Bevölkerung bundesweit Rechtssicherheit zu gewährleisten, ob und unter welchen Voraussetzungen eine Zustimmung des Verstorbenen oder seiner Angehörigen für eine Organentnahme vorliegen muß, ist eine gesetzliche Regelung dringend geboten.
Am 22. November 2000 beschloß der Bundesrat, die erweiterte Zustimmungslösung in einem Transplantationsgesetz zu verankern. Die Einführung eines **Transplantationsregisters** ist aber nicht geplant,[699] was für die praktische Umsetzung dieses Lösungsmodells allerdings sinnvoll wäre.[700]

---

693 Eidgenössisches Departement des Innern 27; Schweizerischer Bundesrat 14 (1997)
694 Eidgenössisches Departement des Innern 27; Schweizerischer Bundesrat 15 (1997); vgl. 3. Teil C. I., S. 65 ff
695 Schweizerischer Bundesrat 34 (2002)
696 Eidgenössisches Departement des Innern 27
697 Honsell 16
698 BGE 101 II 177 ff (Urt. v. 3.7.1975)
699 Schweizerischer Bundesrat 45 ff (2002)
700 Vgl. 3. Teil C. I., S. 65 ff

In der Schweiz muß vor einer postmortalen Organspende der Tod entweder infolge des **irreversiblen Ausfalls des Gesamthirns** oder des **irreversiblen Herzstillstands** festgestellt worden sein.[701] Dieses verlangen auch die Richtlinien zur Organtransplantation der SAMW. Für die Feststellung des Todes gelten die Richtlinien zur Definition und Feststellung des Todes der SAMW.[702]
Der irreversible Ausfall des Gesamthirns ist als Entnahmevoraussetzung verfassungsgemäß.[703]
Die Möglichkeit, Organe auch nach Eintritt des irreversiblen Herzstillstands, aber ohne den Nachweis des irreversiblen Ausfalls des Gesamthirns, entnehmen zu können, birgt erhebliche Gefahren in sich. Denn der Nachweis der Irreversibilität eines Herzstillstandes kann heute noch nicht sicher geführt werden.[704]
Zum Schutz von Patienten, die aufgrund ihrer Erkrankung bereits vor ihrem Tod als Organspender in Betracht kommen, ist eine gesetzliche Regelung, die die Feststellung des irreversiblen Ausfalls des Gesamthirns als Mindestvoraussetzung bei der Todesfeststellung fordert, dringend geboten. Aufgrund der derzeitigen Unsicherheiten bei der Feststellung des Todes infolge des irreversiblen Herzstillstandes müssen Organentnahmen ohne vorherige Feststellung des irreversiblen Ausfalls des Gesamthirns als unzulässig gewertet werden. Denn es besteht die Gefahr, daß Patienten mit einem diagnostizierten Herzstillstand erst durch Maßnahmen zur Organerhaltung, die aber nur der Organentnahme dienen und nicht dem Wohl des Patienten, oder durch die Organentnahme selbst, getötet werden.[705]

Ein Transplantationsgesetz sollte auch sicherstellen, daß Maßnahmen zur **Vorbereitung einer Organentnahme** und Identifizierung einer Person als Organspender erst nach Feststellung des Todes vorgenommen werden dürfen. Denn der Schutz von Patienten, die auf der Intensivstation behandelt werden und als Organspender in Betracht kommen, wird nur ansatzweise in den medizinisch-ethischen Richtlinien zu Grenzfragen der Intensivmedizin der SAMW berücksichtigt. Danach haben die den Patienten betreuenden Ärzte und Pflegepersonen seine Rechte und seinen Willen zu respektieren. Allerdings erlauben die Richtlinien bereits vor Eintritt des irreversiblen Ausfalls des Gesamthirns diagnostische Untersuchungen und organerhaltende Maßnahmen.[706] Dieses ist nicht mit den Grundrechten auf Menschenwürde sowie Leben und Gesundheit vereinbar.[707]

---

[701] Eidgenössisches Departement des Innern 32 ff; Schweizerischer Bundesrat 17 (1997); vgl. 1. Teil D. I., S. 36 ff und 3. Teil D., S. 71 ff
[702] Vgl. 1. Teil D. I., S. 36 ff
[703] Eidgenössisches Departement des Innern 37
[704] Vgl. 1. Teil D. I. m. w. N., S. 36 ff und 4. Teil B. III. 1. c., S. 150 f
[705] Eidgenössisches Departement des Innern 41
[706] Eidgenössisches Departement des Innern 22
[707] Vgl. 3. Teil D., S. 71 ff; 4. Teil A. III. 1. d. aa., S. 113 und 4. Teil B. III. 1. c., S. 151 f

Die meisten der kantonalen Gesetze verlangen, daß der den Tod feststellende Arzt weder Mitglied des Explantationsteams noch des Teams, das die eigentliche Transplantation vornimmt, sein darf.[708] Diese Regelung sollte in einem Transplantationsgesetz aufgegriffen und dahingehend präzisiert werden, daß der den Tod feststellende Arzt auch nicht Weisungen eines an der Entnahme oder Transplantation beteiligten Arztes unterliegen und keine persönliche Beziehung zu Spender und Empfänger haben darf.[709]

Die **Organallokation** ist in der Schweiz nicht gesetzlich geregelt, auch nicht in kantonalen Gesetzen.[710]
Die Verteilung postmortal entnommener Organe übernimmt nicht eine internationale Organaustauschorganisation, sondern die national wirkende Stiftung Swisstransplant.[711]
Die Transplantationszentren haben mit Swisstransplant Allokationsregeln festgelegt und sich zu deren Einhaltung verpflichtet.[712]
Jeder Organspender ist Swisstransplant zu melden. Die Organe werden entweder im Spenderhospital oder im regional am nächsten gelegenen Transplantationszentrum grundsätzlich vom begünstigten Transplantationsteam entnommen.[713]
Swisstransplant führt eine nationale und die Transplantationszentren jeweils lokale Listen mit den wartenden Patienten.[714]
Die Organverteilung von Herz, Lunge, Leber, Pankreas und Nieren erfolgt in drei Abstufungen.
Für Patienten, die aufgrund ihres Gesundheitszustandes besonders dringend ein Organ benötigen, bietet Swisstransplant ein Organ dem zuständigen Transplantationszentrum patientenspezifisch an.
Organe, die in einem Transplantationszentrum einer verstorbenen Person entnommen werden, teilt das Zentrum selbst dort wartenden Patienten zu.
Organe, für die sich in einem Transplantationszentrum selbst keine geeigneten Empfänger finden sowie Organe von Spendern, die in einem Spital verstorben sind, das selbst keine Transplantationen durchführt, werden den verschiedenen Zentren von Swisstransplant nach einer bestimmten Reihenfolge angeboten. Die konkrete Patientenzuteilung nehmen dann die jeweiligen Transplantationschirurgen vor.

---

[708] Bundesamt für Gesundheit 16
[709] Vgl. auch 4. Teil A. III. d. aa., S. 112 f und 4. Teil B. III. 1. c., S. 150
[710] Bundesamt für Gesundheit 16
[711] Vgl. 2. Teil A. II., S. 54
[712] Schlumpf 17
[713] Largiadèr 28; Schlumpf 17
[714] Schweizerischer Bundesrat 71 (2002)

Findet sich in der Schweiz kein passender Empfänger für ein Spenderorgan, wird es im Ausland angeboten.[715]
In der Praxis ist der Fall des patientenbezogenen Organangebots durch Swisstransplant die Ausnahme. In der Regel erfolgt die patientenspezifische Zuteilung durch die Transplantationschirurgen. Die Zuteilungsregeln der Zentren liegen ganz in deren Ermessen. Sie sind nicht offiziell festgehalten und veröffentlicht. Es ist davon auszugehen, daß sie von Zentrum zu Zentrum unterschiedlich aussehen.[716]
Allgemein gelten für die Zuteilung und die Aufnahme von Patienten auf die Warteliste Kriterien wie Blutgruppenkompatibilität, Gewebeverträglichkeit, Dringlichkeit, Wartezeit, Alter, Wohnort und Compliance.[717]
Nach den Richtlinien für die Organtransplantation der SAMW dürfen weder für die Allokation noch für die Aufnahme eines Patienten auf die Warteliste Kriterien wie Nationalität, Geschlecht, wirtschaftliche Verhältnisse, Bekanntheitsgrad, sozialabweichendes Verhalten oder soziales Versagen ausschlaggebend sein. Lokale Empfänger sollten nicht bevorzugt werden, wenn in einem anderen Transplantationszentrum ein für das Spenderorgan besser geeigneter Patient auf ein Organ wartet.[718]
Die Verteilungsregelungen in der Schweiz bergen erhebliche Mißbrauchsgefahren und Rechtsunsicherheiten in sich.
So besteht beispielsweise die Gefahr, daß Spender nach ihrem Tod in einem normalen Spital in ein Transplantationszentrum verbracht werden, um dort die Organe entnehmen und gleichzeitig den Anschein erwecken zu können, es handele sich um einen Spender, über dessen Organverteilung das Zentrum gemäß der oben genannten Ausnahme frei verfügen darf, ohne den allgemeinen Turnus zu beeinflussen und so zusätzliche Organe zu erhalten. Das gleiche Ziel könnte mißbräuchlich herbeigeführt werden, indem ein Patient, der als Organspender nach seinem Tod in Betracht kommt, noch zu Lebzeiten in ein Transplantationszentrum verlegt wird, damit er dort stirbt.
Außerdem weist das Allokationssystem Merkmale eines Zufallsprinzips auf. Begibt sich ein Patient zufällig in das Transplantationszentrum, das turnusgemäß ein für ihn geeignetes Organ als nächstes angeboten bekommt, erhält er früher die Chance auf eine Transplantation als in dem Fall, in dem er sich in einem anderen Zentrum vorgestellt hätte.
Daß die Verteilungskriterien nicht streng eingehalten werden, zeigt eine diesbezügliche Regelung, daß ein Zentrum, das ein nach den Allokationskriterien ihm

---

715 Eidgenössisches Departement des Innern 55 f; Largiadèr 29; Largiadèr / Candinas / Mosimann 24; Schlumpf 18; Schweizerischer Bundesrat 75 (2002)
716 Schweizerischer Bundesrat 74 (2002)
717 Largiadèr / Candinas / Mosimann 22 ff (1997); Schlumpf 18; Schweizerischer Bundesrat 74 (2002); vgl. auch: 3. Teil E., S. 75 ff
718 SAMW

nicht zustehendes Organ bezieht, diesen Vorzug später kompensieren muß („pay back").[719]
Aufgrund der Möglichkeit, die Organe selbst Patienten zuzuteilen, sind der Willkür der Transplantationschirurgen bei der Organzuteilung kaum Grenzen gesetzt. Allein sie entscheiden in der Regel, wer ein Organ erhält oder nicht. Eine objektive Kontrolle ist nur schwer möglich, zumal die Zuteilungskriterien von Zentrum zu Zentrum unterschiedlich gewichtet werden. An der Willkür- und Mißbrauchsgefahr ändert auch die Beteuerung nichts, die Ärzte würden nach bestem Wissen und Gewissen handeln.[720]
Es ist nicht sichergestellt, daß die unverbindlichen Richtlinien der SAMW tatsächlich beachtet werden und nicht doch Patienten, die beispielsweise prominent sind oder finanziell besser dastehen als andere, bevorzugt ein Organ erhalten. Denn es fehlt eine gesetzliche Sanktionsmöglichkeit für Verstöße gegen die Richtlinien.
Die Gerechtigkeit bei der Organverteilung ist in der Schweiz zur Zeit nicht gewährleistet. Die Verteilung darf nicht weiterhin in der Hand der Transplantationszentren liegen, da auf diese Weise nicht sichergestellt ist, daß die am besten geeignete Person ein Spenderorgan erhält und die Patienten bei der Organverteilung gleich behandelt werden. Aufgabe der Transplantationszentren und der Chirurgen ist die Durchführung von Explantationen und Transplantationen. Die Festlegung der dabei zu beachtenden Voraussetzungen ist jedoch Aufgabe der Gesellschaft.[721] Es bedarf daher dringend einer gesetzlichen Regelung der Allokation, verbunden mit Strafandrohungen für den Fall ihrer Nichtbeachtung.
Ein anderes Problem birgt die primär nationale Organverteilung und der fehlende Anschluß an internationale Austauschorganisationen in sich. Die Folge ist eine inakzeptabel hohe Sterberate von Patienten, die besonders dringend ein Organ benötigen. Aufgrund des kleinen (nationalen) Spenderpools stehen nämlich nur wenige entsprechend geeignete Spender zur Verfügung.[722]
Die Allokation sollte in der Schweiz nach den Kriterien, wie sie Eurotransplant festgelegt hat, erfolgen.[723] Sofern die Schweiz den Anschluß an eine internationale Austauschorganisation weiter ablehnt, bedarf es einer vom Bund beauftragten Vermittlungsstelle, die, wie etwa Swisstransplant, bundesweit die Organe patientenspezifisch nach vom Gesetzgeber festgelegten Kriterien zuteilt.[724] Eine diesbezügliche Richtlinienkompetenz der SAMW zur Festlegung der Allokationskriterien durch ein interdisziplinär besetztes Gremium scheint sinnvoll.

[719] Schlumpf 17
[720] Largiadèr / Candinas / Mosimann 24
[721] Gubernatis 7 (1995)
[722] Schlumpf 18; vgl. 1. Teil D., S. 31 ff
[723] Vgl. 2. Teil A. I., S. 51 ff
[724] Eidgenössisches Departement des Innern 59; Schweizerischer Bundesrat 34 (1997); Schweizerischer Bundesrat 84 f (2002)

Mit dem dadurch bedingten Wegfall der Zuteilung durch die Transplantationszentren, des Verteilungsturnuses und der „pay-back“-Möglichkeit,[725] ließe sich mehr Verteilungsgerechtigkeit bundesweit erreichen.
Die Regelungen des dTPG, wonach Transplantation und Organverteilung getrennt sind, könnte für die Organisation des schweizerischen Transplantationswesens beispielhaft sein.[726]
Da sich bereits die Entscheidung des behandelnden Arztes über die Überweisung eines Patienten an ein Transplantationszentrum und bei der Entscheidung über die Aufnahme auf die Warteliste auf die Allokation auswirkt, müssen auch hier für die gesamte Schweiz einheitliche Kriterien festgelegt werden.[727]

Zur Zeit bestehen keine besonderen Anforderungen an die Orte, an denen Organtransplantationen vorgenommen werden. In der Praxis sind es die sechs schweizerischen **Transplantationszentren**. Transplantationen könnten aber auch an jedem anderen Ort stattfinden.
Der Bundesbeschluß über die Kontrolle von Transplantaten verlangt u. a. in Art. 4 lediglich, daß derjenige, der „mit Transplantaten umgeht, alle nach dem Stand der Wissenschaft erforderlichen Maßnahmen treffen muß, damit die Gesundheit insbesondere der Personen, welche Transplantate spenden oder empfangen, nicht gefährdet wird“. Der Kreis von Personen, die mit Transplantaten umgehen dürfen, ist aber nicht eingeschränkt.
Diese Vorschriften reichen zur Qualitätssicherung nicht aus. In einem Transplantationsgesetz sollte geregelt sein, daß Organtransplantationen nur in behördlich zugelassenen Transplantationszentren stattfinden dürfen, die bei ihrer Zulassung Schwerpunkte für die Organtransplantation zu bilden haben.[728] Dadurch bestünde auch die Möglichkeit einer besseren Kontrolle und der Vorbeugung vor illegalem Organhandel.

Die Frage, unter welchen Voraussetzungen **Ausländern** Organe in der Schweiz entnommen werden dürfen, stellt sich in der Praxis nicht, da die Organentnahmen nach den Grundsätzen der erweiterten Zustimmungslösung erfolgen und somit ein entgegenstehender Wille des potentiellen Spenders vor einer Explantation geklärt sein muß. Doch Rechtssicherheit besteht hier auch für Ausländer nicht, da die erweiterte Zustimmungslösung nicht gesetzlich verankert ist.

Die verschiedenen Kantonsgesetze zur Organtransplantation, der Bundesbeschluß über die Kontrolle von Transplantaten und die Richtlinien der SAMW geben zwar bundesweite Vorgaben für postmortale Organspenden, entfalten

---

[725] Eidgenössisches Departement des Innern 60; Schweizerischer Bundesrat 89 (2002)
[726] Vgl. 4. Teil A. III. 1. d., S. 109 ff
[727] Schweizerischer Bundesrat 87 (2002)
[728] Eidgenössisches Departement des Innern 63

allerdings keine direkte Bindungswirkung und reichen bei weitem nicht für die Schaffung von Rechtssicherheit und Gerechtigkeit aus.
Um Rechtsunsicherheit bei der Ärzteschaft sowie der Bevölkerung vorzubeugen, wäre ein bundeseinheitliches Transplantationsgesetz sinnvoll.
Nur so kann ein hinreichender bundesweiter Schutz der Menschenwürde, der Persönlichkeit und des Lebens sowie der Gesundheit gewährleistet werden.[729]
Insbesondere die Bereiche Todesfeststellung, Berücksichtigung des Spenderwillens, Rechtsstellung der Angehörigen und Organallokation bedürfen dringend einer bundeseinheitlichen gesetzlichen Regelung.

2. Lebendspende

Bundesgesetzlich ist die Lebendspende ebenfalls nicht speziell geregelt. Sie wird aber offensichtlich als zulässig angesehen, wie beispielsweise Art. 4 („damit die Gesundheit insbesondere der Personen, welche Transplantate spenden ... nicht gefährdet wird") oder Art. 17 Abs 2 lit b („... Aufwand, welcher der spendenden Person unmittelbar entsteht") des Bundesbeschlusses über die Kontrolle von Transplantaten zeigen.
Acht Kantone besitzen gesetzliche Bestimmungen zur Lebendspende. Die Entnahme erfordert dort eine schriftliche oder ausdrückliche Einwilligung des Spenders.
Die weiteren Voraussetzungen haben die Kantone unterschiedlich ausgestaltet.
In einigen Kantonen darf die Explantation den Lebendspender nicht ernsthaft gesundheitlich gefährden. Weiterhin muß ein Arzt, der nicht an dem Eingriff beteiligt ist, den Spender umfassend aufklären.[730]
In anderen Kantonen ist bei minderjährigen, aber urteilsfähigen Lebendspendern neben deren Einwilligung die ihrer gesetzlichen Vertreter erforderlich.
Manche Kantonsgesetze schließen die Lebendspende von urteilsunfähigen Personen vollständig aus.
Teilweise verbieten die Kantone lediglich die Entnahme von nicht regenerierungsfähigen Organen bei Urteilsunfähigen.
Andere Kantone schließen die Lebendspende nicht regenerierbarer Organe von Minderjährigen aus, es sei denn, es handelt sich bei Spender und Empfänger um eineiige Zwillinge.
Andernorts ist die Lebendspende nicht regenerierbarer Organe von Minderjährigen oder urteilsfähigen Bevormundeten grundsätzlich untersagt. Ausnahmsweise wird sie aber zugelassen, wenn die Vormundschaftsbehörde die Zustimmung bewilligt, Spender und Empfänger in einer nahen verwandtschaftlichen Beziehung zueinander stehen und ohne die Transplantation schwere Gesundheitsschäden des Empfängers drohen.[731]

---

729 Schweizerischer Bundesrat 19 (1997)
730 Eidgenössisches Departement des Innern 23; Schweizerischer Bundesrat 15 (1997)
731 Schweizerischer Bundesrat 15 (1997)

Allgemein wird in der Schweiz bei der Lebendspende von Urteilsunfähigen das **Einverständnis** des gesetzlichen Vertreters gefordert.[732]

Nach den medizinisch-ethischen Richtlinien für die Organtransplantation der SAMW sollen Lebendspenden nur mit freiwilliger Zustimmung des Spenders erfolgen. Der Gesundheitszustand des Spenders muß eine Lebendorganentnahme erlauben.[733]
Im Gegensatz zu Deutschland und Österreich gilt in der Schweiz die Lebendspende **nicht** als **subsidiär** zur postmortalen Spende.

Das Prinzip der **Unentgeltlichkeit** von Lebendspenden ist in Art. 17 des Bundesbeschlusses über die Kontrolle von Transplantaten indirekt verankert. Danach dürfen menschliche Organe nicht gegen Entgelt in Verkehr gebracht werden. Gem. Art. 17 II gelten Aufwendungen, welche der spendenden Person unmittelbar entstehen, nicht als Entgelt.

Für Lebendspenden gilt wie für postmortale Spenden Art. 25 des Bundesgesetzes vom 18. März 1994 über die Krankenversicherung, wonach die obligatorische Krankenpflegeversicherung des Empfängers die **Kosten** aller mit einer Transplantation verbundenen Leistungen übernimmt.[734]

Auch die Lebendspende bedarf dringend einer einheitlichen gesetzlichen Regelung. Die wenigen kantonalen Gesetze bieten keine Rechtssicherheit, da die Möglichkeit besteht, die Vorschriften zu umgehen, indem eine Lebendspende in einem Kanton mit fehlender oder einer weniger strengen gesetzlichen Regelung erfolgt.
Zum Schutz von potentiellen Lebendspendern und der Solidargemeinschaft vor unnötigen Kosten darf eine gesetzliche Festschreibung der Subsidiarität der Lebendspende nicht fehlen.[735]
Die momentane Möglichkeit der **anonymen altruistischen Lebendspende** und der dadurch in der Schweiz ebenfalls als unproblematisch anzusehenden **Cross-Spende** sollte in einem schweizerischen Transplantationsgesetz bestehen bleiben. Der Ablauf zur Gewährleistung der Anonymität könnte, ähnlich wie für Deutschland und Österreich vorgeschlagen, über die Vermittlungsstelle erfolgen. Datenschützende Normen würden ebenfalls dem Schutz der Anonymität dienen.[736]
Auch die Qualitätssicherung zugunsten der Empfänger und Spender sowie eine versicherungsrechtliche Absicherung des Spenders für kurz- oder langfristig

---

[732] Bär 427
[733] Eidgenössisches Departement des Innern 20; Schweizerischer Bundesrat 16 (1997)
[734] Schweizerischer Bundesrat 39 (2002)
[735] Vgl. 4. Teil A. III. 1 .e., S. 126 ff
[736] Vgl. 3. Teil G., S. 84 ff; 4. Teil A. III. 1. e., S. 127 ff und 4. Teil B. III. 1. d., S. 158

auftretende Schäden infolge der Lebendspende bedarf einer gesetzlichen Regelung.

3. Organhandel

Das Verbot des Organhandels in Art. 119 a Abs 3 BV normiert bereits der vorher erlassene Art. 17 des Bundesbeschlusses über die Kontrolle von Transplantaten. Danach dürfen menschliche Transplantate nicht gegen Entgelt in der Schweiz oder von der Schweiz aus im Ausland in Verkehr gebracht oder gegen Entgelt erworbene menschliche Transplantate übertragen werden. Dieses Verbot gilt sowohl für postmortale als auch für Lebendspenden. Lediglich die Kosten für Entnahme, Transport, Aufbereitung, Aufbewahrung und Transplantation sowie dem Spender unmittelbar entstandene Aufwendungen dürfen erstattet werden.
Das Verbot des Organhandels sollte, verbunden mit entsprechenden Strafandrohungen, für Zuwiderhandlungen zum Schutz des Persönlichkeitsrechts und des Rechts auf Leben sowie Gesundheit in ein schweizerisches Transplantationsgesetz übernommen werden.

4. Spezialgesetzliche Sanktionsmöglichkeiten

Art. 32 des Bundesbeschlusses über die Kontrolle von Transplantaten enthält verschiedene Strafandrohungen von Freiheitsstrafe und Geldbuße bis zu 200.000 SFR für Verstöße gegen die Vorschriften des Bundesbeschlusses, wie etwa zur Qualitätssicherung oder das Verbot des Organhandels.

5. Xenotransplantation

Am 1. Juli 2001 trat in der Schweiz die gesetzliche Regelung der Xenotransplantation[737] in Art. 18 a und 19 des Bundesbeschlusses über die Kontrolle von Transplantaten in Kraft, obwohl sie noch keine Praxisrelevanz besitzt. Das geplante Transplantationsgesetz soll diese Regelungen einmal ablösen.
Gem. Art. 18 a Abs 1 bedürfen Xenotransplantationen einer Bewilligung der zuständigen Bundesstelle.
Im Rahmen eines klinischen Versuchs dürfen tierische Transplantate auf den Menschen nur übertragen werden, wenn mit hoher Wahrscheinlichkeit ein Infektionsrisiko für die Bevölkerung ausgeschlossen und ein therapeutischer Nutzen erwartet werden kann, Art. 18 a Abs 2.
Als Standardbehandlung dürfen Xenotransplantationen nur vorgenommen werden, wenn nach dem Stand der Wissenschaft ein Infektionsrisiko für die Bevölkerung ausgeschlossen werden kann und der therapeutische Nutzen der Behandlung durch klinische Versuche nachgewiesen ist, Art. 18 a Abs 3.

---

[737] Vgl. 1. Teil C. IV., S. 31; 1. Teil G. V., S. 49 f und 3. Teil J. I., S. 91 f

Mit diesen restriktiven Vorschriften soll der Kreis der Empfänger von Tierorganen und -geweben möglichst klein gehalten werden, um die Infektionsrisiken für die Bevölkerung zu verringern.[738]

II. Strafrecht

Aus strafrechtlicher Sicht sind die Vorschriften für Körperverletzungs- und Tötungsdelikte, Art. 111 ff chStGB und gegen die Störung des Totenfriedens gem. Art. 262 Abs 2 chStGB bedeutsam.
Als strafrechtlicher Rechtfertigungsgrund ist Art. 34 Abs 2 chStGB (Notstand) zu beachten.[739]

III. Zivilrecht

Im Zivilrecht erlangen insbesondere die allgemeinen Vorschriften zum Schutz der Persönlichkeit gem. Art. 27 und 28 ZGB und für den Schadensersatz aus unerlaubter Handlung gem. Art. 41 ff OR Bedeutung.

D. Vergleich der Rechtslage in Deutschland, Österreich und der Schweiz – Zusammenfassung der rechtspolitischen Forderungen[740]

Die **historische Entwicklung**[741] der bestehenden gesetzlichen Bestimmungen zur Regelung des Transplantationswesens – in der Schweiz dauert die Entwicklungsphase zur Zeit noch an – ist in den drei Nachbarländern Deutschland, Österreich und Schweiz von den gleichen Problemen geprägt.
Zur rechtlichen Beurteilung der Organspende zog man zunächst in den jeweiligen Ländern die allgemeinen zivil-, straf- und öffentlich-rechtlichen Bestimmungen heran, die zu den bestehenden Problemen aber keine hinreichenden Lösungsmöglichkeiten boten.
Freiwillige Übereinkommen der deutschen Transplantationszentren sollten einen einheitlichen Standard in der Transplantationsmedizin bewirken, brachten mangels rechtlicher Verbindlichkeit aber keine hinreichende Rechtssicherheit mit sich.
Allgemein anerkannt war – und ist es auch heute – in Deutschland und Österreich, daß postmortale Organentnahmen erst nach Feststellung des irreversiblen Ausfalls des Gesamthirns zulässig sind. In der Schweiz reicht auch heute noch der Nachweis des irreversiblen Ausfalls des Herz-Kreislauf-Systems aus.
In allen drei Ländern galten Organentnahmen nur unter besonderen Rechtfertigungsgründen als zulässig, deren Umfang jedoch streitig war.

---

[738] Bundesamt für Gesundheit 19

[739] Vgl. zu den ähnlichen Voraussetzungen in Deutschland: 4. Teil A. III. 2., S. 135 ff

[740] Vgl. ausführlich zu den ethischen sowie rechtspolitischen Aspekten nebst Literaturnachweisen: 3. Teil, S. 59 ff und zu den Einzelheiten der Rechtslage sowie der rechtspolitischen Forderungen nebst Literaturnachweisen: 4. Teil, S. 99 ff

[741] Vgl. 4. Teil A. I. und II., S. 99 ff; 4. Teil B. I. und II., S. 137 ff; 4. Teil C. I., S. 163 ff

Unklarheit herrschte insbesondere darüber, inwieweit eine zu Lebzeiten geäusserte Erklärung des Verstorbenen zur Organspende vorliegen und beachtet werden mußte, ob sie in Form eines Widerspruchs oder einer Zustimmung zu erfolgen hatte und welche Rechtsstellung den Angehörigen des Verstorbenen zukam.
Als Rechtfertigungsgründe diskutierten die Vertreter der verschiedenen Meinungen die Zustimmung des Verstorbenen zu Lebzeiten oder seiner Angehörigen nach dem Tod, den fehlenden Widerspruch oder den Notstand im strafrechtlichen Sinne.
Die Lebendspende warf zunächst aufgrund ihrer geringen Bedeutung in der Praxis kaum Schwierigkeiten auf.
Auch das Organallokationsproblem kam erst mit der Etablierung der Organtransplantation als medizinisches Behandlungsverfahren auf.
Die rechtspolitische Diskussion um die Transplantationsmedizin begann in Deutschland und Österreich bereits in den 70er Jahren des letzten Jahrhunderts.
Anlässe für die Diskussion waren unter anderem gerichtliche Verfahren gegen Ärzte – in Deutschland eine Schadensersatzklage, in Österreich ein Strafverfahren. In den Prozessen trat die Rechtsunsicherheit deutlich zutage, was sich teilweise auch in den Urteilen widerspiegelt. Die Gerichte vermochten die umfassenden rechtlichen und gesellschaftspolitischen Fragen nicht zu klären.
Hauptthema der Diskussion in Deutschland war, so wie heute in der Schweiz, die Einführung der Widerspruchslösung oder der erweiterten Zustimmungslösung. In Österreich waren es die Notstands- und die Widerspruchslösung.
Während man in Österreich relativ zügig, nämlich bereits im Jahr 1982, eine gesetzliche Regelung zur postmortalen Organspende aufweisen konnte, dauerte die rechtspolitische Diskussion in Deutschland, die wegen der großen Uneinigkeit sogar für ungefähr 10 Jahre unterbrochen wurde, bis in das Jahr 1997. Die Schweiz befindet sich erst seit einigen Jahren in der Diskussion um ein bundeseinheitliches Gesetz zur Regelung des Transplantationswesens. Bis zu dessen Erlaß gelten dort im wesentlichen die zahlreichen unterschiedlichen kantonalen Gesetze.

Trotz derselben medizinischen und der sehr ähnlichen rechtlichen und gesellschaftspolitischen Probleme der Transplantationsmedizin stellt sich ihre **heutige Rechtslage** in den drei Nachbarländern völlig unterschiedlich dar.
Ein Grund hierfür liegt bereits in der unterschiedlichen Dauer der rechtspolitischen Diskussionen.
Zur Zeit des Inkrafttretens der österreichischen gesetzlichen Bestimmungen im KAG war die Organtransplantation als medizinische Behandlungsmethode noch nicht so etabliert wie heute. Besonders Lebendspenden spielten damals eine untergeordnete Rolle. Da Österreich seitdem das Gesetz bis auf Regelungen zur finanziellen Förderung der Transplantationsmedizin nicht dem medizinischen Fortschritt und dem Wandel der gesellschaftlichen Bedürfnisse angepaßt hat, beinhaltet es heute nur Regelungen zur postmortalen Organspende und zum

Verbot des Organhandels. Das ist völlig unzureichend. Um den heutigen Bedürfnissen der Medizin und der Gesellschaft gerecht werden zu können, bedarf es eines zeitnahen Erlasses eines österreichischen Transplantationsgesetzes.
Deutschland, das demgegenüber erst 1997 ein Transplantationsgesetz erließ, konnte aufgrund des gegenüber Österreich wesentlich späteren Inkrafttretens den enormen medizinischen Fortschritt berücksichtigen. Das dTPG enthält insbesondere Vorschriften zur Toten- und Lebendspende, Organverteilung, sowie ein Verbot des Organhandels.
In der Schweiz gibt es seit 1996 einen Bundesbeschluß zur Kontrolle von Transplantaten. Er enthält allerdings nur Bestimmungen zur Qualitätssicherung, zur Xenotransplantation und zum Verbot des Organhandels, das auch in der Bundesverfassung verankert worden ist. Ansonsten regeln die zahlreichen kantonalen Gesetze die Toten- und teilweise auch die Lebendspende völlig unterschiedlich.
Das primäre Ziel der gesetzlichen Bestimmungen, Rechtssicherheit zu schaffen, stellt sich in Deutschland und Österreich noch ähnlich dar.
Mit dem dTPG will man für die Bevölkerung sowie für Spender, Empfänger und Ärzte im besonderen sowohl für die Toten- als auch die Lebendspende zivil- und strafrechtlich Rechtssicherheit schaffen. Die Gleichbehandlung der wartenden Patienten und das Verhindern von Organhandel sind weitere wichtige Ziele des dTPG.
In Österreich besteht demgegenüber nicht einmal in ausreichendem Maße Rechtssicherheit über die Voraussetzungen postmortaler Organspenden. Die gesetzlichen Bestimmungen sollen die gegensätzlichen Interessen von Spendern und Empfängern ausgleichen, ein Ziel, das sie aufgrund des medizinischen Fortschritts und dem dadurch bedingten Organmangel heute nicht mehr erreichen.

Der **Anwendungsbereich**[742] der speziellen Normen ist nur in Deutschland gesetzlich verankert. Er umfaßt die Transplantation menschlicher Organe, Organteile und Gewebe zu therapeutischen Zwecken. Transplantationen zu wissenschaftlichen Zwecken sind nicht von den Bestimmungen betroffen. Insbesondere künstliche, künstlich geschaffene und tierische Organe fallen nicht in den Anwendungsbereich.
Ähnlich sieht die herrschende Meinung den Anwendungsbereich der speziellen Normen des KAG in Österreich. Gesetzlich bestimmt ist er aber nicht.
In allen drei Ländern ist streitig, ob die transplantationsspezifischen Regelungen auch die Transplantation von Gliedmaßen umfassen. Aus der Entstehungsgeschichte von dTPG und KAG ist dies zur Zeit zu verneinen. Die Gesetzgeber sind aufgefordert, den Organbegriff diesbezüglich klar zu definieren.[743]

---

[742] Vgl. 4. Teil A. III. 1. b., S. 107 f; 4. Teil B. III. 1. b., S. 141 f
[743] Vgl. 4. Teil A. III. 1. b., S. 107 f; 4. Teil B. III. 1. b., S. 141 f

Aufgrund der neuen technischen Möglichkeiten und der Forschungsziele, Organe beispielsweise künstlich zu schaffen oder tierische Organe auf den Menschen zu übertragen,[744] bedarf es in Österreich einer klaren Regelung des Anwendungsbereichs der Transplantationsvorschriften.
Gleiches gilt für die Schweiz, wo es keine umfassenden Bestimmungen gibt.

Eng mit dem des Anwendungsbereichs ist das Problem des Verhältnisses **anderer Behandlungsmöglichkeiten**, die aufgrund der Forschungsergebnisse in Zukunft einmal als Ersatztherapien zur Organtransplantation in Betracht kommen, verbunden. In keinem der drei Länder gibt es hierfür eine gesetzliche Regelung. Allein die Schweiz hat bereits die Xenotransplantation gesetzlich geregelt, wobei die Normen nur die derzeitige Forschungsphase betreffen. Das Verhältnis zur herkömmlichen Organtransplantation ist dadurch nicht geklärt. Umfassende Vorschriften wären zur Zeit auch nicht sinnvoll. Doch sollten alle drei Länder gesetzlich die Möglichkeit schaffen, rasch auf die sich ändernden Verhältnisse, besonders bei der Organallokation, reagieren zu können, wenn eine der möglichen Ersatztherapien praxisrelevant wird.[745]

In allen drei Ländern fehlen daneben Normen, die die **Organkonservierung** regeln. Auch hier wird der Gesetzgeber tätig werden müssen, sobald eine langfristige Konservierung solider Organe möglich wird. Die heutige Maßgabe für Explantationen, entnommene Organe sofort weiter zu verwenden, würde dann in Frage gestellt. Auch das Problem der Organallokation wäre anders zu bewerten.[746]

In Deutschland haben die gesetzlichen und privaten Krankenkassen nach dem dTPG die Pflicht, ihre Versicherten über das Organtransplantationswesen, insbesondere über die rechtlichen Voraussetzungen und den Bedarf an Spenderorganen, zu **informieren**. In der Praxis findet diese Pflicht allerdings kaum Beachtung.
Entsprechende Bestimmungen in Österreich und in der Schweiz wären wünschenswert, wobei die Aufklärungsarbeit auch durch andere geeignete Institutionen, wie etwa die Gesundheitsministerien, denkbar ist. Die Aufklärung der Bevölkerung bedeutet eine unerläßliche Voraussetzung für die Transplantationsmedizin. Dieser medizinische Bereich hängt wie kein anderer von der Akzeptanz und der Mithilfe der Bevölkerung ab. Nur Informationen wecken die Aufmerksamkeit auf den Bedarf an Organen und das Vertrauen in die Transplantationsmedizin. Gerade in den Ländern mit der erweiterten Zustimmungslösung – also in Deutschland und künftig wohl auch in der Schweiz –

---

[744] Vgl. 1. Teil G., S. 46 ff; 3. Teil J., S. 91 ff
[745] Vgl. 1. Teil G., S. 46 ff; 3. Teil J., S. 91 ff; 4. Teil C. I. 5., S. 172 f
[746] Vgl. 1. Teil F., S. 45; 3. Teil K., S. 93 f; 4. Teil A. III. 1. b., S. 108; 4. Teil B. III. 1. c., S. 142 f

darf es aber nicht bei der gesetzlichen Normierung der Informationspflicht bleiben. Sie muß auch tatsächlich erfüllt werden. Denn das Funktionieren der Transplantationsmedizin setzt dort einen aktiven Beitrag des Bürgers, nämlich die Abgabe einer Erklärung zur Organspende, voraus. Dafür bedarf es neben der Information der Einführung eines **Registers**, in dem Erklärungen möglichst einfach eingetragen, aber auch wieder gelöscht werden können.[747]
In Deutschland sieht das dTPG die Einführung eines Registers vor. Es sollte aber endlich auch eingerichtet werden, zumal dieses überwiegend gewünscht wird.
Für die Schweiz, die die gesetzliche Einführung der erweiterten Zustimmungslösung plant, empfiehlt es sich, gleich eine entsprechende Informationspolitik und die Einrichtung eines Registers sicherzustellen.
Aber auch in Ländern mit der Widerspruchslösung, also etwa Österreich, muß aus rechtsstaatlichen Gründen der Bürger zum Schutz seines Selbstbestimmungsrechts umfassend über die Art der Erklärung zur Organspende und das Erfordernis eines Widerspruchs im Falle der Ablehnung informiert werden.
In Österreich gibt es zwar ein Register, in dem Widersprüche eingetragen werden können, es wird aber nicht vom Gesetz gefordert. Das Unterlassen einer Abfrage vor einer Explantation hat daher keine Sanktionen zur Folge.

Gesetzlich ist die **postmortale Organspende**[748] in Deutschland nach der erweiterten Zustimmungslösung und in Österreich nach der Widerspruchslösung geregelt.
In der Schweiz gibt es Kantonsgesetze mit der Widerspruchs-, der erweiterten Zustimmungs- sowie der Informationslösung. Die Praxis wendet aber die erweiterte Zustimmungslösung an. In der Schweiz bedarf es dringend einer bundeseinheitlichen gesetzlichen Lösung, um Rechtssicherheit über die Voraussetzungen für eine Organentnahme zu schaffen, besonders hinsichtlich der Art und Weise der Äußerung des Willens des Verstorbenen zu Lebzeiten und der Rechtsstellung seiner Angehörigen.
In Deutschland und in der Schweiz wird mit der erweiterten Zustimmungslösung großer Wert auf die Spenderautonomie gelegt. In Österreich findet dagegen das Solidaritätsprinzip mehr Beachtung. Welche Lösung den Vorzug verdient, kann nicht pauschal beantwortet werden. Beachtenswert scheint, daß ein Großteil der Bevölkerung der Organspende gegenüber positiv eingestellt und bereit ist, Organe nach dem Tod zu spenden, aber nicht aktiv eine Erklärung etwa in Form des Ausfüllens des Organspendeausweises abgibt.
So liegt der Schluß nahe, daß die Widerspruchslösung dem Willen eines Großteils der Bevölkerung entsprechen dürfte. Doch gilt das ebenfalls nicht uneinge-

[747] Vgl. 3. Teil C. I., S. 65 ff; 3. Teil C. III, S. 68 ff; 4. Teil A. III. 1. c. und d., S. 109 ff; 4. Teil B. III 1. c., S. 142 ff; 4. Teil C. I. 1., S. 163

[748] Vgl. 3. Teil C., S. 62 ff; 4. Teil A. III. 1. d., S. 109 ff; 4. Teil B. III. 1. c., S. 142 ff; 4. Teil C. I. 1., S. 163 ff

schränkt, da nach meiner Umfrage 43,5 % der Deutschen und 37,0 % der Österreicher gegen eine Entnahme aller Organe sind.[749] Ein Entwurf für ein österreichisches Transplantationsgesetz,[750] der für eine Entnahme bis zu drei Organen die Widerspruchslösung und darüber hinaus die erweiterte Zustimmungslösung vorsieht, könnte für alle drei Länder beispielhaft sein. Dadurch würde ein sinnvoller Ausgleich zwischen Solidaritätsprinzip und Spenderautonomie geschaffen.

In Deutschland und in der Schweiz sind **Multiorganentnahmen** mangels einer gesetzlichen Beschränkung zulässig. In Österreich gilt durch den im KAG verwendeten Begriff „einzelne" eine zahlenmäßige Grenze, die man allgemein bei zwei bis drei Organen zieht. Durch konsequente Auslegung des § 62 a KAG gelangt man also bereits heute zu der für ein österreichisches Transplantationsgesetz vorgeschlagenen „Mischlösung" aus Widerspruchs- und erweiterter Zustimmungslösung. Gesetzlich gesichert ist ihre Beachtung zur Zeit nicht. Die Zahl der Multiorganentnahmen übersteigt in Österreich teilweise die in den beiden anderen Vergleichsländern, wo sie als zulässig gelten. Der österreichische Gesetzgeber sollte besonders hier eine gesetzliche Klarstellung schaffen, um Rechtssicherheit für Bevölkerung und Ärzteschaft zu erreichen. Dabei wäre es sinnvoll festzulegen, daß Widerspruch und Zustimmung auf bestimmte Organe begrenzt werden können, andere Auflagen aber unzulässig sind.[751]

Die Rechtsstellung der **Angehörigen** Verstorbener, die als Organspender in Betracht kommen, erweist sich in den drei Nachbarländern ebenfalls als unterschiedlich, obwohl überall anerkannt ist, daß ihnen bei der Verwirklichung des Schutzes des Willens eines Verstorbenen gewisse Rechte zukommen.[752]
In Deutschland nehmen die Angehörigen das allgemeine Persönlichkeitsrecht des Verstorbenen an dessen Stelle wahr.[753]
In der Schweiz wahren die Angehörigen das Persönlichkeitsrecht des Verstorbenen aus ihrem eigenen Persönlichkeitsrecht.[754]
In Österreich ist zwar allgemein anerkannt, daß nach dem Tod schutzwürdige Persönlichkeitsrechte des Verstorbenen bestehen; die rechtliche Herleitung der Wahrnehmung durch die Angehörigen ist aber umstritten.[755]
In Deutschland müssen die nächsten Angehörigen laut dTPG über eine geplante Organentnahme informiert werden. Ein Verstoß gegen diese Informationspflicht, die eine Kontrollmöglichkeit für die Achtung der Würde des Leichnams

---

[749] Vgl. 6. Teil, S. 205 f
[750] Barta / Kalchschmid 43 ff
[751] Vgl. 4. Teil B. III. 1. c., S. 142 ff
[752] Vgl. 4. Teil A. III. 1. d. aa., S. 109 ff; 4. Teil B. III. 1. c., S.142 ff; 4. Teil C. I. 1., S. 163 ff
[753] Frick 32 ff
[754] Frick 32 ff
[755] Frick 32 ff m. w. N.

bei der Explantation schaffen soll, hat allerdings keine Sanktionen zur Folge, was einer Änderung bedarf.
Der Begriff des nächsten Angehörigen ist gesetzlich definiert. Er umfaßt auch nichtverwandte Personen, die in einer engen persönlichen Beziehung zum Verstorbenen standen.
Wenn keine Erklärung des Verstorbenen zur Organspende vorliegt, müssen in Deutschland die nächsten Angehörigen befragt werden, ob ihnen eine entsprechende Erklärung des Verstorbenen bekannt ist. Im Falle der Unkenntnis dürfen sie eine Entscheidung unter Beachtung des mutmaßlichen Willens des Verstorbenen treffen. Es handelt sich nicht um eine Entscheidungspflicht.
Hier zeigen sich beispielhaft Nachteile der erweiterten Zustimmungslösung gegenüber der Widerspruchslösung. Denn eine Kontrollmöglichkeit, ob die Angehörigen den Willen des Verstorbenen korrekt wiedergeben, besteht nicht. Die gesetzliche Forderung zur Beachtung des mutmaßlichen Willens des Verstorbenen ist aus diesem Grunde erst recht überflüssig. Hinzu kommt, daß eine fehlende Willensäußerung des Verstorbenen zum Thema Organspende mutmaßen läßt, daß er sich eben nicht entscheiden konnte oder wollte. Der Verweis auf den mutmaßlichen Willen hilft in den meisten Fällen daher nicht weiter. Hier bedarf es einer Korrektur des dTPG.
Trotz der umfangreichen gesetzlichen Regelungen zur Rechtsstellung der Angehörigen bleiben in Deutschland Fragen offen. Wie ist etwa der Fall zu bewerten, in dem ein vorrangiger Angehöriger sich in der Zeit, in der eine Organentnahme aus medizinischen Gründen vorgenommen werden müßte, nicht entscheiden kann, ein nachrangiger Angehöriger zu einem Entschluß aber bereit wäre? Hier sollte es möglich sein, dem vorrangigen Angehörigen ein maximales Zeitlimit für die Entscheidung zu setzen, um danach den Entscheid eines nachrangigen Angehörigen einholen zu können. Denn sonst würde ein lebensrettendes Organ wegen Unentschlossenheit nicht zum Einsatz kommen können. Dieses Ergebnis scheint in Zeiten des Organmangels weder vertretbar, noch interessengerecht, noch verhältnismäßig.
Unklar ist auch die Verfahrensweise, wenn ein nächster Angehöriger und andere Personen, die kurz vor dem Tod mit dem Verstorbenen Kontakt hatten, wie beispielsweise Rettungssanitäter, unterschiedliche Angaben zur mündlichen Erklärung des Verstorbenen zu Lebzeiten machen. Der Aussage der letzten Kontaktperson sollte ein höheres Gewicht beigemessen werden können, als es heute gesetzlich möglich ist. Schließlich kommt beiden Personengruppen eine Zeugenfunktion zu. Es ist kein Grund ersichtlich, einer glaubhaften Aussage einer glaubwürdigen Person weniger Beachtung zu schenken, nur weil die Person mit dem Verstorbenen nicht verwandt war.
Sind weder eine Erklärung des Verstorbenen noch seiner Angehörigen bekannt, dürfen in Deutschland keine Organe entnommen werden.
In der Schweiz müßte die Praxis, die trotz teilweise entgegenstehender gesetzlicher Lösungen die erweiterte Zustimmungslösung annimmt, nach den in

Deutschland gesetzlich verankerten Vorschriften vorgehen. Ein Verstoß gegen die aus der erweiterten Zustimmungslösung fließenden Rechte der Angehörigen hat in der Schweiz mangels einer gesetzlichen Normierung keine Sanktionsmaßnahmen zur Folge, es sei denn, es kommt ein Verstoß gegen allgemeine zivil- oder strafrechtliche Normen in Betracht. Eine Lösung der in Deutschland trotz dTPG herrschenden Probleme ist in der Schweiz nicht bekannt. Der schweizerische Gesetzgeber sollte diese Probleme in seinem geplanten Gesetz möglichst sofort behandeln.

In Österreich stellt sich die Rechtsstellung der Angehörigen völlig anders dar. Das KAG sieht ihre Beteiligung bei postmortalen Organentnahmen nicht vor. Ist den Ärzten kein ausdrücklicher Widerspruch des Verstorbenen bekannt, dürfen sie ihm Organe entnehmen. Allerdings fehlt eine Regelung im KAG, in welcher Form ein Widerspruch abgegeben werden muß, um Beachtung zu finden.

Die Praxis geht von einer Pflicht der Ärzte aus, das Widerspruchsregister und die Krankenakte einzusehen. Dann blieben mündliche Widersprüche allerdings unbeachtet. Das hätte wiederum zur Folge, daß der Gesetzgeber bestimmen müßte, daß diese nur an den vorstehend genannten Stellen wirksam abgegeben werden können.

Aus rechtsstaatlichen Gründen muß man zur Zeit daher zum Schutz des postmortalen Persönlichkeitsrechts eine Informationspflicht gegenüber den Angehörigen über geplante Explantationen annehmen, selbst wenn diese nicht gesetzlich gefordert wird. Denn nur so können auch mündlich geäußerte Widersprüche Beachtung finden.

Der österreichische Gesetzgeber hat diesen komplexen Bereich der Art und Form der Erklärung zur Organspende und der Stellung der Angehörigen zu klären. Dabei muß auch das Verfahren zur Feststellung der Erklärung geregelt werden. Nur so läßt sich das Ziel der Rechtssicherheit für Ärzte, Spender und Angehörige erreichen.

In Deutschland sieht das dTPG das Recht der Angehörigen vor, nach einer Explantation den Leichnam noch einmal zu sehen. Entsprechende Bestimmungen gibt es in Österreich und in der Schweiz nicht. Diese sind jedoch sinnvoll, da sie dem Schutz der Pietät dienen und die Ärzte zu einem würdevollen Umgang mit der Leiche bei Explantationen anhalten. Denn in der Regel werden nur die Angehörigen ein Interesse haben, die die Pietät schützende sorgsame Entnahmeweise zu kontrollieren.

In Deutschland und Österreich gilt die Feststellung des **irreversiblen Ausfalls des Gesamthirns** als Mindestvoraussetzung für eine postmortale Organspende.[756]

In Deutschland ergibt sich das bei vorher diagnostiziertem Herzstillstand allerdings nur indirekt aus dem Gesetz. Eine klare Definition wäre dahingehend

---

[756] Vgl. 4. Teil a. III. 1. d. aa., S. 112 f; 4. Teil B. III. 1. c., S. 150 f

wünschenswert, daß der irreversible Gesamthirnausfall immer und ohne Einschränkung für das Diagnoseverfahren nachzuweisen ist.
In Österreich läßt sich diese Voraussetzung nicht dem KAG entnehmen, sondern nur den Richtlinien des Obersten Sanitätsrats. Eine gesetzliche Verankerung ist dringend geboten.
In der Schweiz sind postmortale Organentnahmen nach Feststellung sowohl des irreversiblen Ausfalls des Gesamthirns als auch des **irreversiblen Herz-Kreislauf-Stillstands** erlaubt.[757] Aufgrund der Gefahren, die bei Organentnahmen nur nach Feststellung des irreversiblen Stillstands des Herz-Kreislauf-Systems bestehen, muß der schweizerische Gesetzgeber dringend den irreversiblen Ausfall des Gesamthirns als Mindestvoraussetzung für postmortale Explantationen fordern.
Nach dem dTPG haben zwei Ärzte unabhängig voneinander den Tod festzustellen. Sie dürfen nicht an der Transplantation oder damit zusammenhängenden Maßnahmen beteiligt oder an Weisungen von an der Transplantation beteiligten Ärzten gebunden sein. Dieses reicht nicht aus. So muß gesetzlich auch gefordert werden, daß die den Tod feststellenden Ärzte keine persönliche Beziehung weder zu Spender, noch Empfänger haben dürfen.
In Österreich reicht nach dem KAG die Feststellung des Todes lediglich durch einen nicht an Explantation oder Transplantation beteiligten Arzt aus. Die Praxis sieht allerdings die Todesfeststellung durch ein Ärzteteam vor, was vom österreichischen Gesetzgeber aufgegriffen werden sollte und für Deutschland und die Schweiz beispielhaft scheint. Auch in Österreich fehlt es an der gesetzlichen Forderung, daß eine persönliche Beziehung zwischen an der Transplantation beteiligten Ärzten und Empfänger sowie Spender nicht bestehen darf.
In der Schweiz ist weder die Anzahl, noch die Unabhängigkeit der den Tod feststellenden Ärzte von Maßnahmen der Transplantation oder an ihr beteiligten Ärzten, noch die fehlende persönliche Beziehung zu Empfänger und Spender gesetzlich gefordert, was in dem geplanten Gesetz nicht fehlen darf.

In keinem der drei Nachbarländer besteht ein gesetzliches Verbot, medizinische Untersuchungen zur Identifizierung einer Person als Organspender und organerhaltende Maßnahmen bereits vor der Feststellung des Todes durchzuführen. Diese Maßnahmen, die teilweise geeignet sind, das Leben zu gefährden, zumindest aber nicht der Gesundheit eines lebenden Patienten dienen, verstoßen gegen die Grundrechte auf Leben und Gesundheit sowie Menschenwürde, was gesetzlich unterbunden werden muß.[758]

Herz, Lunge, Leber, Nieren, Bauchspeicheldrüse und Darm sind Organe, die einerseits besonders dringend benötigt werden und andererseits möglichst

---

[757] Vgl. 4. Teil C. I. 1., S. 165
[758] Vgl. 4. Teil A. III. 1. d. aa., S. 113; 4. Teil B. III. 1. c., S. 151 f; 4. Teil C. I. 1., S. 165

schnell nach der Explantation mangels langfristiger Konservierungsmöglichkeiten wieder implantiert werden müssen.
Für ihre **Verteilung** gelten in allen drei Ländern besondere Regeln, die aber nur in Deutschland eine gesetzliche Form erhalten haben.[759]
Dort dürfen diese Organe nur in besonders zugelassenen Transplantationszentren übertragen werden, was der Qualitätssicherung und der Kontrolle von Transplantationen dient.
Die Entnahmen erfolgen regelmäßig durch ein mobiles Team des nächsten Transplantationszentrums in den Krankenhäusern, in denen der Spender verstorben ist.
In Österreich führen grundsätzlich ebenfalls Transplantationszentren die Organübertragungen durch. Besondere gesetzliche Anforderungen werden an die Transplantationsorte aber nicht gestellt, so daß die Organübertragungen auch in ärztlichen Ordinationen stattfinden dürften. Dagegen fordert das KAG allerdings die Vornahme von Explantationen nur in zugelassenen Krankenanstalten.
Um die Qualität von Organtransplantationen zu sichern und zu verbessern, ist in Österreich auch eine gesetzliche Regelung der Orte der Transplantationen erforderlich.
In der Schweiz finden sich keine Bestimmungen zu den Transplantationsorten. Auch hier ist eine gesetzliche Regelung ihres Anforderungsprofils nötig.
In allen drei Ländern entscheiden die Transplantationszentren über die Aufnahme von Patienten auf die Warteliste zur Organtransplantation.
Einzig in Deutschland sind die dabei anzuwendenden Kriterien beispielhaft im dTPG aufgezählt. Zur detaillierten Regelung besitzt die Bundesärztekammer eine Richtlinienkompetenz, wobei die entsprechenden Gremien laut dTPG interdisziplinär zusammengesetzt sein müssen.
Entsprechende Vorschriften, die insbesondere die nationale Gleichbehandlung der Patienten sichern und Diskriminierungen vorbeugen, fehlen in Österreich und in der Schweiz und sind von den Gesetzgebern auszuarbeiten. Dort entscheiden die Ärzte nach von Zentrum zu Zentrum unterschiedlichen Regeln über die Aufnahme von Patienten auf die Warteliste.
Die deutschen Transplantationszentren haben kein Verfügungsrecht über gespendete Organe. Die Organverteilung erfolgt patientenspezifisch durch eine eigens zu schaffende Vermittlungsstelle – zur Zeit Eurotransplant.
Auch für Österreich vermittelt Eurotransplant Organe. Gesetzlich zwingend ist das aber nicht. Ein Verstoß der österreichischen Transplantationszentren gegen die Vereinbarungen mit Eurotransplant hat weder national noch international Sanktionen zur Folge. In bestimmten Fällen dürfen in Österreich die Zentren die Organzuteilung sogar ausdrücklich selbst vornehmen. Einheitliche nationale Regeln gibt es hierbei nicht.

---

[759] Vgl. 2. Teil, S. 51 ff; 3. Teil E., S. 75 ff; 4. Teil A. III. 1. d. bb., S. 121 ff; 4. Teil B. III. 1. c., S. 142 ff; 4. Teil C. I. 1., S. 163 ff

Die Schweiz ist an kein internationales Organaustauschprogramm angeschlossen. Die Organverteilung übernimmt die national tätige Stiftung Swisstransplant. Die Zuteilung erfolgt dabei aber nur in seltenen Ausnahmefällen patientenspezifisch. Ansonsten wird sie zentrumsspezifisch durchgeführt. Die tatsächliche Zuteilung nehmen dann die Transplantationschirurgen vor. Die dabei angewendeten Kriterien differieren von Zentrum zu Zentrum.
In Österreich und in der Schweiz sind aus Gerechtigkeitsgesichtspunkten, insbesondere der Chancengleichheit, national einheitliche Kriterien in einem Transplantationsgesetz festzulegen. Eine gerechte Organverteilung ist in diesen Ländern zur Zeit nicht garantiert. Die deutschen Regelungen könnten beispielhaft sein. Zu beachten ist dabei, daß hinter den in allen drei Ländern als medizinisch bezeichneten Kriterien nicht rein medizinische, sondern auch ethische Prinzipien stehen. Eine breite interdisziplinäre Diskussion, wie sie in Deutschland gesetzlich gefordert wird, ist bei der Festlegung der Kriterien daher unerläßlich. Den Ärzten steht hier weder eine alleinige gesellschaftliche, noch fachliche Kompetenz zu.
Österreich und die Schweiz sollten in ihren zu schaffenden Transplantationsgesetzen die Organverteilung durch eine jeweils eigenständige Vermittlungsstelle, die beispielsweise auch die bereits vorhandene international tätige Stiftung Eurotransplant oder eine andere internationale Austauschorganisation sein kann, vorsehen. Hierdurch würden die Transplantationszentren vom Verdacht der willkürlichen Verteilung befreit und ihnen eine Konzentration auf ihre eigentlichen Aufgaben, nämlich die medizinische Versorgung, ermöglicht.
Besonders für die Schweiz scheint der Anschluß an eine internationale Organaustauschorganisation, wie etwa Eurotransplant, bedenkenswert. Die momentane nur nationale Organverteilung deckt dort den Organbedarf nicht ausreichend ab.

Die **Organisation** der mit einer Transplantation verbundenen Aufgaben und Maßnahmen übernimmt in Deutschland eine weitere Einrichtung, die Deutsche Stiftung Organtransplantation. Die Bereiche Koordination, Organvermittlung und Transplantation sollen so deutlich voneinander getrennt werden, um Transparenz und Kontrolle des Transplantationswesens zu gewährleisten.[760]
In Österreich und in der Schweiz übernehmen Transplantationskoordinatoren an den einzelnen Zentren die organisatorischen Aufgaben. Aufgrund der im Vergleich zu Deutschland geringen Anzahl an Transplantationszentren und Transplantationen in den beiden Ländern scheint dieses sinnvoll, wobei aber eine Kontrolle durch eine unabhängige Institution vom Gesetzgeber eingeführt werden sollte.[761]

---

[760] Vgl. 2. Teil B. I., S. 55 f; 4. Teil A. III. 1. d. bb., S. 121 ff
[761] Vgl. 2. Teil B. III., S. 56; 4. Teil B. III. 1. c., S. 152 ff; 4. Teil C. I. 1., S. 166 ff

Bei Aufrechterhaltung der begrüßenswerten Widerspruchslösung für Explantationen bis zu drei Organen in Österreich wäre gesetzlich zu klären, daß diese Lösung nicht für **Ausländer** gilt. Es kann nicht erwartet werden, daß insbesondere Urlauber sich mit den österreichischen Transplantationsvoraussetzungen für einen meist nur kurzen Aufenthalt in Österreich vertraut machen und gegebenenfalls einen Widerspruch im Widerspruchsregister eintragen lassen müssen.[762] In Deutschland und in der Schweiz besteht dieses Problem aufgrund der erweiterten Zustimmungslösung und dem dadurch herrschenden Verbot einer Explantation, wenn eine zu Lebzeiten erklärte Zustimmung des Verstorbenen oder seiner Angehörigen nach seinem Tod nicht vorliegt, nicht.

Nur in Deutschland ist die **Lebendspende** bundeseinheitlich und umfassend gesetzlich geregelt.[763]
Die österreichischen Vorschriften des KAG beschränken sich allein auf die postmortale Organspende.[764]
In der Schweiz gibt es in acht Kantonen gesetzliche Bestimmungen zur Lebendspende, die aber unterschiedliche Voraussetzungen beinhalten.[765]
In Deutschland dürfen Lebendspenden von Nieren, Leber- oder Lungensegmenten nur in **Transplantationszentren** vorgenommen werden.
In Österreich und in der Schweiz gibt es, wie bei der postmortalen Organspende, keine besonderen Anforderungen an den Transplantationsort, was aber zur Qualitätssicherung und Kontrollierbarkeit von Transplantationen geboten scheint.
Das deutsche dTPG fordert als Voraussetzungen für Lebendspenden ihre **subsidiäre** Anwendung sowie ihre Eignung, Leben zu retten oder schwerwiegende Krankheiten zu behandeln.
In Österreich und der Schweiz fehlen diese allgemein anerkannten restriktiven gesetzlichen Voraussetzungen für die Lebendspende.
In Deutschland können nur volljährige einwilligungsfähige Personen lebend Organe spenden. Eine Vertretung bei der Abgabe der Einwilligungserklärung ist, auch für einsichtsfähige Minderjährige und einsichtsunfähige Volljährige, ausgeschlossen.
In Österreich läßt man demgegenüber die Lebendspende auch von einsichtsfähigen Minderjährigen zu, sofern ein Vormundschaftsrichter seine zusätzliche Einwilligung gegeben hat. Ansonsten sieht man, wie in Deutschland, die Einwilligungserklärung zur Lebendspende als höchstpersönliche Erklärung an und schließt eine Vertretung aus. Das sollte gesetzlich abgesichert werden.
Die **Freiwilligkeit** ist in Deutschland gesetzliche Voraussetzung für die Zulässigkeit der Lebendspende, die in Österreich und in der Schweiz zwar allgemein

[762] Vgl. 4. Teil B. III. 1.c., S. 154 f
[763] Vgl. 3. Teil G., S. 81 ff; 4. Teil A. III. 1. e., S. 126 ff;
[764] Vgl. 4. Teil B. III. 1., S. 141 ff
[765] Vgl. 4. Teil C. I. 2., S. 170 ff

anerkannt ist, aber nicht eindeutig im Gesetz steht, was zum Schutz von Leben und Gesundheit in einem jeweiligen Transplantationsgesetz aufzunehmen ist.
Der **Empfängerkreis** für nicht regenerierungsfähige Organe ist in Deutschland durch das dTPG auf nahe Verwandte und Personen mit einer besonderen persönlichen Beziehung zum Spender begrenzt, was ein Verbot der **anonymen altruistischen Lebendspende** solcher Organe beinhaltet.
Dieses Verbot sollte der deutsche Gesetzgeber überdenken, da die anonyme altruistische Lebendspende unter der Voraussetzung der Wahrung des die Anonymität gewährleistenden Ablaufs über die Transplantationszentren, die DSO und Eurotransplant ethisch und rechtspolitisch wünschenswert und gesellschaftlich nützlich erscheint. Die bereits vorhandenen datenschützenden Normen würden zum Schutz der Anonymität und vor Organhandel beitragen.
Bei Aufrechterhaltung des Verbots ist zumindest der Sonderfall der **Cross-Spende** gesetzlich zuzulassen.
In Österreich werden in der Praxis weitgehend die in Deutschland geltenden Voraussetzungen angewandt, obwohl mangels einer gesetzlichen Regelung auch anonyme Lebendspenden grundsätzlich möglich wären. Ein österreichisches Transplantationsgesetz sollte anonyme altruistische Lebendspenden zulassen. Zur Wahrung der Anonymität und zum Schutz vor Organhandel könnte der für Deutschland vorgeschlagene Organisationsablauf bis auf die Einbeziehung einer Koordinationsstelle dienen. In jedem Falle sind aber Cross-Spenden gesetzlich zu gewährleisten.
In der Schweiz gelten bereits heute anonyme Lebendspenden unter der Voraussetzung der Unentgeltlichkeit als zulässig. Der momentane Entwurf eines schweizerischen Transplantationsgesetzes greift diese Praxis auf. Allerdings sollten auch hier zur Gewährleistung von Anonymität und zur Vorbeugung von Organhandel die Organe, wie für Deutschland und Österreich vorgeschlagen, unter Ausnutzung der Institutionen des Transplantationswesens, insbesondere der Vermittlungsstelle, vermittelt werden.
Den von Eurotransplant geplanten Organpool für (indirekte) Cross-Spenden, der auf anonyme altruistische Lebendspenden erweiterbar wäre,[766] könnten aufgrund der derzeitigen Rechtslage nur Österreich und nach entsprechender Vereinbarung die Schweiz nutzen. In Deutschland dürften über diesen Pool vermittelte Organe mangels eines besonderes Näheverhältnisses zwischen Spender und Empfänger, das in Deutschland für eine Lebendspende vorliegen muß und mangels eines direkten Organtauschs nicht durch diesen ersetzt wird, nicht transplantiert werden.[767]

Der Sonderfall der **Dominotransplantation** hat in keinem der drei Nachbarländer eine gesetzliche Regelung erfahren. Die in Deutschland gesetzlichen und

---

[766] Vgl. 3. Teil G., S. 86

[767] Vgl. 3. Teil G., S. 86; 4. Teil A. III. 1. e., S. 126 ff; 4. Teil B. III. 1. d., S. 155 ff; 4. Teil C. I. 2., S. 170 ff

in Österreich ungeschriebenen strengen (Spende-) Voraussetzungen für die Lebendspende können für den Patienten, der ein Organ erhält und gleichzeitig als Spender seines zu ersetzenden Organs in Betracht kommt, nicht gelten. Hier sollte gesetzlich geregelt sein, daß für diesen Sonderfall der Lebendspende die Freiwilligkeit der Spende als solche nicht vorliegen muß, die Alterseinschränkungen nicht gelten, die Organzuteilung nach den Regeln für postmortal gespendete Organe erfolgt und somit das Organ nicht nur an eine nahestehende Person weitergegeben werden darf.[768]

In Deutschland sind Lebendspender für den Fall des **Schadenseintritts** infolge der Spende gesetzlich versichert. Das gilt auch für Spätfolgen. Entsprechende Vorschriften sollten ebenfalls in Österreich und in der Schweiz eingeführt werden.[769]

Das **Verbot des Organhandels,** und damit das Gebot der Unentgeltlichkeit von Organspenden, ist in allen drei Ländern gesetzlich verankert.[770] Da in Österreich allerdings nur die postmortale Organspende gesetzlich geregelt ist, läßt sich die Geltung des Verbots für Lebendspenden nur aus dem Sinn und Zweck der §§ 62 a - c KAG entnehmen. Das ist ein weiterer Grund, in Österreich das Organtransplantationswesen umfassend gesetzlich zu regeln.

Verstöße gegen Regeln, die bei Organspenden einzuhalten sind, sind in Österreich und in der Schweiz völlig unzureichend mit **Sanktionsmaßnahmen** bedroht, was ein Transplantationsgesetz ändern sollte.[771]

In Österreich hat im Gegensatz zur Erarbeitung von Normen, die der Rechtssicherheit von Ärzten und Bevölkerung dienen, die **finanzielle Förderung** der Transplantationsmedizin eine gesetzliche Ausgestaltung erfahren. Der österreichische Gesetzgeber mißt offensichtlich der Steigerung der Organspenderate eine größere Bedeutung zu, als dem Rechtsschutz im Transplantationswesen. Die momentane gesetzliche finanzielle Förderung ist bedenklich und birgt viele Gefahren für die Rechte der Patienten auf Leben, Gesundheit und Menschenwürde in sich. Der österreichische Gesetzgeber sollte diese Regelungen überdenken und sich nicht zu einem Werkzeug der Transplantationsmediziner machen lassen, sondern für einen gerechten Ausgleich aller an Organtransplantationen Beteiligten Sorge tragen.[772]

---

[768] Vgl. 4. Teil A. III. 1. e., S. 131 f; 4. Teil B. III. 1. d., S. 155 ff; 4. Teil C. I. 2., S. 170 ff
[769] Vgl. 4. Teil A. III. 1. e., S. 132 f; 4. Teil B. III. 1. d., S. 155 ff; 4. Teil C. I. 2., S. 170 ff
[770] Vgl. 3. Teil G., S. 81 ff; 4. Teil A. III. 1. g., S. 134 f; 4. Teil B. III. 1. f., S. 159 f; 4. Teil C. I. 3., S. 172
[771] Vgl. 4. Teil B. III. 1. f., S. 159 f; 4. Teil C. I. 4., S. 172 f
[772] Vgl. 4. Teil B. III. 1. g., S. 160 ff

Aus Sicht des allgemeinen **Zivil- und Strafrechts** stellt sich die Beurteilung des Organtransplantationswesens in Deutschland, Österreich und in der Schweiz ähnlich dar.
Schadensverursacher können aus unerlaubter Handlung – bei postmortalen Organspenden unter Umständen von den Angehörigen – auf Schadensersatz in Anspruch genommen werden.
Die Körperverletzungs- und Tötungsdelikte sowie der Tatbestand der Störung der Totenruhe kommen als Straftatbestände in Betracht, wobei in Österreich und in der Schweiz aufgrund der fehlenden spezialgesetzlichen Regelungen, die die Besonderheiten des Transplantationswesens berücksichtigen, die Anwendung der Regeln über den Notstand streitig ist.[773]

Zusammenfassend läßt sich feststellen, daß sich die Beurteilung des Transplantationswesens in den drei Nachbarländern Deutschland, Österreich und Schweiz aus rechtlicher Sicht trotz der gemeinsamen medizinischen Probleme unterschiedlich darstellt. Jedes Land besitzt dabei Vor- und Nachteile.
Deutschland hat mit seinem umfassenden Transplantationsgesetz den Versuch unternommen, Rechtssicherheit zu schaffen. Im wesentlichen scheint dieses gelungen, wobei jetzt konsequenterweise den noch offenen Fragen und der damit einhergehenden bestehenden Rechtsunsicherheit, wie etwa zu Erklärungen der Angehörigen eines Verstorbenen, zur anonymen altruistischen Lebendspende, zur Dominotransplantation oder zur Cross-Spende nicht ausgewichen werden darf. Grundsätzlich ist es für Deutschland überlegenswert, zu geeigneter Zeit die für ein österreichisches Transplantationsgesetz vorgeschlagene Mischlösung aus Widerspruchs- und Zustimmungslösung einzuführen.
In Österreich finden sich nur die zur Zeit ihres Inkrafttretens im Jahr 1982 ausreichenden Normen zur postmortalen Organspende. Heute bieten sie allerdings keine Rechtssicherheit mehr. Der österreichische Gesetzgeber ist dringend aufgefordert, ein entsprechendes Gesetzgebungsverfahren zu initiieren. Ein Entwurf für ein österreichisches Transplantationsgesetz,[774] der im wesentlichen die aufgestellten Forderungen berücksichtigt, könnte hierbei beispielhaft sein.
In der Schweiz gibt es zur Zeit überhaupt keine umfassende bundeseinheitliche Regelung für das Organtransplantationswesen. Die bestehenden kantonalen Normen fördern aufgrund ihrer Unterschiede eher die Rechtsunsicherheit. Ein Gesetzentwurf befindet sich aber bereits in der Beratung.

---

[773] Vgl. 4. Teil A. III. 2. und 3., S. 135 ff; 4. Teil B. III. 2. und 3., S. 162 ; 4. Teil C. II. und III., S. 173

[774] Barta / Kalchschmid 43 ff

5. Teil: Rechtslage in Europa

Auf EU-Ebene ist das Transplantationswesen nur bruchstückhaft geregelt und unterliegt keinen rechtlich verbindlichen Auflagen.
Seit 1978 hat der Europarat den Mitgliedsstaaten in verschiedenen unverbindlichen Resolutionen Empfehlungen zur Ausgestaltung ihrer Gesetzgebung für Organtransplantationen gegeben.
In seiner **Resolution vom 11. Mai 1978** empfiehlt er für postmortale Organspenden, die Todesfeststellung durch an der Transplantation unbeteiligte Ärzte durchzuführen. Liegt eine Ablehnung des Verstorbenen gegenüber einer Organspende vor, soll sie unterbleiben.[775]
Wie für postmortale Spenden, rät er auch für Lebendspenden zur Wahrung der Anonymität des Spenders, sofern zwischen ihm und dem Empfänger keine enge familiäre Beziehung besteht. Lebende sollten regenerierungsfähige Organe nur an Verwandte spenden können. Verdienstausfall und Kosten von Lebendspendern sollen durch eine gesetzliche Versicherung erstattet werden.[776]
Weiterhin empfiehlt der Europarat ein Verbot des Organhandels.[777]
Die europäischen Gesundheitsminister bestätigten im Jahr 1987 diese Resolution und forderten weiterhin den Schutz der individuellen Rechte, ein Werbeverbot für Organspenden und Transplantationen außerhalb des eigenen Staatsgebiets sowie die Förderung der europäischen Zusammenarbeit.[778]
Die **Resolution des Europarates vom 14. September 1993** rät unter anderem zum Grundsatz der Unentgeltlichkeit und Freiwilligkeit der Spende sowie erneut zur Wahrung der Anonymität des Spenders.[779]
Seit 1997 gibt es weiterhin die **Menschenrechtskonvention zur Biomedizin** des Europarates, die in Art. 19 und 20 auch Fragen der Transplantationsmedizin regelt. Die Vorschriften betreffen allerdings ausschließlich Lebendspenden.
Diese sollen nur zu therapeutischen Zwecken erfolgen und subsidiär zu postmortalen Spenden angewendet werden. Weiterhin wird eine ausdrückliche Einwilligung des Spenders in schriftlicher Form oder durch Abgabe vor einer amtlichen Stelle gefordert.
Einwilligungsunfähige Personen sollen nur ausnahmsweise regenerierungsfähiges Gewebe spenden dürfen, wenn es keinen vergleichbar geeigneten einwilligungsfähigen Spender gibt, der Empfänger ein Geschwister des Spenders ist und sich die Lebendspende zur Lebensrettung eignet. Zudem muß der gesetz-

---

[775] Eidgenössisches Departement des Innern 70; Kalchschmid / Barta 32; Schweizerischer Bundesrat 34 (1997)
[776] Eidgenössisches Departement des Innern 70; Kalchschmid / Barta 32; Schweizerischer Bundesrat 34 (1997)
[777] Eidgenössisches Departement des Innern 70; Kalchschmid / Barta 32; Schweizerischer Bundesrat 34 (1997)
[778] Kalchschmid / Barta 32; Schweizerischer Bundesrat 35 (1997)
[779] Eidgenössisches Departement des Innern 72; Kalchschmid / Barta 33; Schweizerischer Bundesrat 36 (1997)

liche Vertreter zugestimmt und die zuständige Behörde eine Genehmigung erteilt haben. Der potentielle Spender darf die Lebendspende nicht ablehnen.
Der **Entwurf eines Zusatzprotokolls** zur Menschenrechtskonvention zur Biomedizin sieht für die Transplantation von Organen und Geweben Regelungen sowohl zur postmortalen Spende als auch zur Lebendspende vor. Danach soll insbesondere den Patienten ein gleicher Zugang zu den Transplantationsleistungen gewährleistet werden. Für die Organallokation werden transparente, sachlich gerechtfertigte Kriterien gefordert. Weitere Regelungen betreffen Aufklärungspflichten, Qualitätssicherung, Werbeverbot und Handelsverbot.
Für Lebendspenden gelten teilweise engere Voraussetzungen als in der Menschenrechtskonvention für Biomedizin, wobei demgegenüber Lebendspenden einwilligungsunfähiger Spender geringeren Anforderungen unterliegen. Offen bleiben auch hier für postmortale Organspenden die Definition des Todes und die Anforderungen an sein Diagnoseverfahren sowie die Frage, welcher Lösung (erweiterte Zustimmungs- oder Widerspruchslösung) der Vorzug zu geben ist. Einzig die Notstandslösung ist ausgeschlossen.[780]
Die Menschenrechtskonvention für Biomedizin erlangt nur Rechtsverbindlichkeit, wenn sie ratifiziert wird. Dann müßten die Gesetze in den jeweiligen Ländern ihrem Inhalt angepaßt oder neu erlassen werden.
Gleiches gilt für das Zusatzprotokoll, das gesondert ratifiziert werden muß, um in einem Land Geltung zu erlangen.

So wie der Vergleich der Rechtslage der Transplantationsmedizin in den drei Nachbarländern Deutschland, Österreich und Schweiz große Unterschiede aufweist, stellt sich dies europaweit dar.
Die postmortale Organspende haben Belgien, Italien, Luxemburg, Polen, Portugal, Slowakai, Slowenien, Spanien, Tschechien und Ungarn wie Österreich auf der Grundlage der Widerspruchslösung,[781] Dänemark, Finnland, Griechenland, Großbritannien, Island, Jugoslawien (Serbien und Montenegro), Niederlande, Rumänien, Rußland, Türkei und Weißrußland (Belarus) wie Deutschland nach der Zustimmungslösung[782] gesetzlich geregelt.
Für den Fall, daß eine Erklärung des Verstorbenen zur Organspende nicht vorliegt, stellt sich die Rechtslage selbst der Länder mit gleicher Lösung teilweise unterschiedlich dar. Manche sehen dann eine Beteiligung der Angehörigen an der Entscheidung für oder gegen eine Explantation vor, andere nicht.
In einigen Ländern müssen Widerspruch oder Zustimmung in ein Register eingetragen werden, um Rechtswirksamkeit zu erlangen, in anderen Ländern können sie formlos abgegeben werden.

---

[780] Kopetzki 137 ff (2001)
[781] Vgl. 3. Teil C. III., S. 68 ff und 4. Teil B. III. 1. c., S. 142 ff
[782] Vgl. 3. Teil C. I., S. 64 ff und 4. Teil A. III. 1. d., 109 ff

Frankreich, Lettland, Liechtenstein, Norwegen, Schweden und Zypern sehen in ihren Gesetzen die Informationslösung[783] vor.
Bulgarien hat die postmortale Organspende sogar gesetzlich nach der Notstandslösung[784] geregelt.
Die Lebendspende hat, wie in Deutschland, in Belgien, Bulgarien, Dänemark, Finnland, Frankreich, Griechenland, Großbritannien, Italien, Luxemburg, Niederlande, Norwegen, Polen, Rumänien, Rußland, Schweden, Slowakai, Spanien, Tschechien, Türkei, Ungarn und Zypern eine gesetzliche Ausgestaltung erfahren, wobei die Voraussetzungen vollkommen unterschiedlich sind.[785]

Aufgrund der in Europa gleichen medizinischen und gesellschaftlich ähnlichen Probleme der Transplantationsmedizin, insbesondere im Hinblick auf Organmangel und Organverteilung, scheint eine einheitliche europäische Lösung angezeigt. Dabei sollten allerdings lediglich die Grundprinzipien einheitlich geregelt sein,[786] um beispielsweise in einem Land bereits vorhandene und bewährte Organisationsstrukturen nutzen und die Meinung der Bevölkerung berücksichtigen zu können, um deren Akzeptanz der Transplantationsmedizin zu erhöhen.
Ein gemeinsamer rechtlicher Rahmen zum Schutz der Menschenrechte könnte der Tendenz, ethische und rechtliche Grenzen zu unterlaufen oder gar aufzuheben, entgegenwirken.[787]
Für postmortale Organentnahmen sollte als Beitrag zur Rechtssicherheit für Bevölkerung und Ärzteschaft europaweit eine einheitliche Lösung (Widerspruchs- oder erweiterte Zustimmungslösung oder „Mischlösung" aus beiden)[788] einschließlich einer Regelung der Art und Weise der Erklärung für oder gegen eine Organspende bestehen. So wäre auch das Problem, welchen Erklärungsvoraussetzungen im Ausland Verstorbene für Explantationen unterliegen, hinfällig.
Einheitliche Kriterien für die Todesfeststellung vor Organentnahmen würden ebenfalls zur Rechtssicherheit und Akzeptanz der Organspende europaweit beitragen.
Gleiches gilt für die Organverteilung, wobei der Anschluß aller Länder an eine Austauschorganisation sinnvoll scheint, um die Chance, einen geeigneten Empfänger für ein Organ zu finden, zu erhöhen. Nur ein großer Spenderpool eröffnet die Möglichkeit, den Organbedarf zu decken und gleichzeitig die Ergebnisse der Transplantationen zu verbessern.
Auch die Lebendspende bedarf zum Schutz der Spender und vor Mißbrauch einer einheitlichen Regelung in Grundsatzfragen. Das gilt vor allem für die Ein-

---

[783] Vgl. 3. Teil C. II., S. 68
[784] Vgl. 3. Teil IV., S. 70 f
[785] Nickel / Schmidt-Preisigke / Sengler, Einführung, Rn 8 ff
[786] Barta, Rechtsfragen 21 (2001)
[787] Laufs 776
[788] Vgl. 3. Teil C. III., S. 68 ff und 4. Teil B. III. 1. c., S. 146 f

willigungsfähigkeit zur Lebendspende, die Freiwilligkeit und die Unentgeltlichkeit.
Das Verbot des Organhandels sollte überall in gleicher Weise geschützt und durchgesetzt werden können. Als internationales Problem kann der Organhandel auf nur nationaler Ebene rechtlich kaum zufriedenstellend gelöst werden.[789] So kommt es beispielsweise immer wieder vor, daß im Ausland Lebenden entnommene Organe selbst in Ländern mit einem strikten Verbot des Organhandels zum Kauf angeboten werden.[790] Internationale Regelungen könnten dem wirksamer begegnen.[791] Das Verbot darf aber nicht in den einzelnen Ländern durch eine gesetzlich geregelte finanzielle Förderung des Transplantationswesens, wie es in Spanien der Fall und in Österreich ansatzweise bereits eingeführt ist, unterlaufen werden.[792]
Unterschiedliche rechtliche Regelungen sind dagegen in den Bereichen der Koordination von Transplantationen denkbar. In Ländern mit vielen Transplantationszentren und hoher Zahl an Spendermeldungen scheint eine eigens eingerichtete Koordinierungsstelle sinnvoll, in anderen Ländern, mit wenigen Zentren infolge des geringeren Organisationsaufwands, nicht.
International einheitliche Rahmengesetze für Toten- und Lebendspenden würden auch das Problem des Transplantationstourismus beseitigen. Denn zur Zeit versuchen immer wieder Patienten, sich in mehreren Ländern auf Wartelisten registrieren zu lassen, um die Chance auf den Erhalt eines Organs zu erhöhen.
Patienten, die einen potentiellen Lebendspender gefunden haben, der bereit ist, sein Organ gegen ein Entgelt zu spenden, versuchen, in Ländern, in denen die Lebendspende nicht gesetzlich geregelt ist und vor allem eine besondere persönliche Beziehung zwischen Spender und Empfänger vom Gesetz nicht gefordert wird, transplantiert zu werden.[793]
Für den internationalen Organaustausch hätten gemeinsame Organspendevoraussetzungen den Vorteil, daß Länder, die aufgrund strenger rechtlicher Entnahmekriterien mehr Organe aus Ländern mit geringeren Explantationsvoraussetzungen importieren als sie selbst exportieren, keinen Anlaß mehr zu Konflikten mit Ländern bieten würden, die mehr Organe abgeben als einführen. Allerdings dürfen nicht einfach die niedrigen gesetzlichen Anforderungen einiger Länder vereinheitlicht werden.

---

[789] Weber 16

[790] Vor einiger Zeit bot eine Prager Firma deutschen Dialysepatienten Nieren von Lebenden zum Kauf an. Mainzer Allgemeine Zeitung v. 8.11.2000

[791] Weber 16

[792] Vgl. 3. Teil I., S. 88 ff und 4. Teil B. III. 1. g., S. 160 ff

[793] So versuchte beispielsweise ein deutscher Rechtsanwalt im österreichischen Innsbruck, wo die Lebendspende nicht gesetzlich geregelt ist, sich ein Organ von einem ihm mitgebrachten Lebendspender, der für sein Organ ein Entgelt erhalten sollte, transplantiert zu werden. Die Ethikkommission der Uniklinik in Innsbruck lehnte die Transplantation ab.

Die als wünschenswert erachtete Steigerung des Organaustauschs, insbesondere in dringenden Fällen oder bei schwierigen Gewebeverträglichkeiten,[794] dürfte sich nur bei Vorliegen gleicher internationaler rechtlicher Rahmenbedingungen erreichen lassen, um die Organspende unter gleichen Voraussetzungen zu regeln und so die internationale Akzeptanz des Transplantationswesens zu stärken.

Nach dem Ergebnis meiner Umfrage halten 95,0 % der Deutschen und 91,7 % der Österreicher eine einheitliche rechtliche Regelung in Europa für das Transplantationswesen für sinnvoll.[795]

---

[794] Vgl. 2. Teil A. I., S. 51 ff

[795] Vgl. 6. Teil, S. 226

6. Teil: Akzeptanz der Organspende in Deutschland und Österreich[796]

Mit einer Umfrage habe ich die Akzeptanz der Organspende in Deutschland und Österreich untersucht. Dabei sollten die Befragten auch ihre Meinung zu einigen Organallokationskriterien und ihre Einstellung gegenüber den verschiedenen noch in der Forschung befindlichen anderen Behandlungsmöglichkeiten, die einmal als Ersatz zur „herkömmlichen“ Organtransplantation in Betracht kommen, äußern.
Die nicht repräsentativen Ergebnisse geben einen Hinweis auf die Meinung in der Bevölkerung zu verschiedenen Problemen der Transplantationsmedizin und sollten in der rechtspolitischen Debatte Berücksichtigung finden.

Insgesamt wurden 120 Personen – 60 (30 Männer und 30 Frauen) in Deutschland und 60 (30 Männer und 30 Frauen) in Österreich – befragt.
Sie stammten aus verschiedenen Alters- und Berufsgruppen (vgl. Abb. 1 und 2).
Ihre Ausbildung, familiären Verhältnisse und die Art ihrer Krankenversicherung sind in Abb. 3 bis 5 dargestellt.

Abb. 1: Altersstruktur der befragten Personen

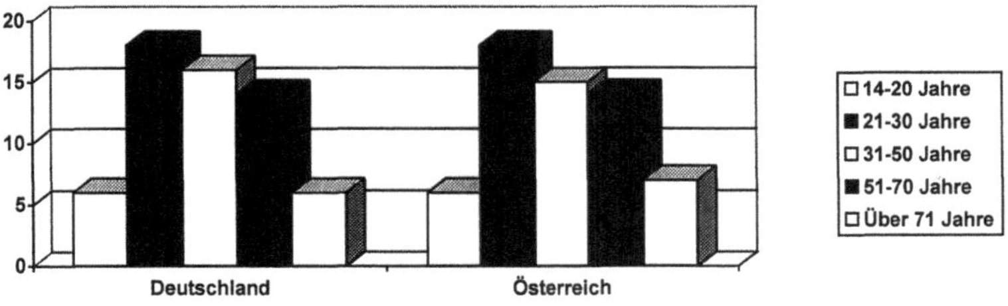

Alter	Anzahl der befragten Personen	
	Deutschland	**Österreich**
14 - 20 Jahre	6	6
21 - 30 Jahre	18	18
31 - 50 Jahre	16	15
51 - 70 Jahre	14	14
Über 71 Jahre	6	7

[796] Vgl. zu den ethischen und rechtlichen Aspekten der in den Fragen angesprochenen Themen: 3. und 4. Teil, S. 59 ff

Abb. 2: Tätigkeit der befragten Personen

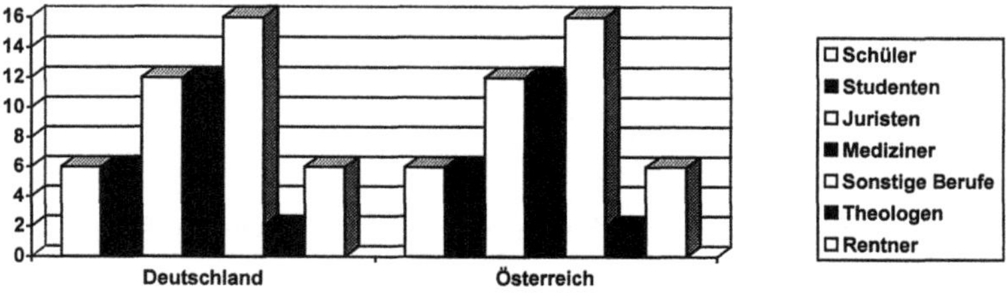

Tätigkeit	**Anzahl der befragten Personen (jeweils zur Hälfte Männer und Frauen)**	
	Deutschland	**Österreich**
Schüler / innen	6	6
Studenten / innen (je 2 der Fächer Jura, Medizin und sonstige Wissenschaften)	6	6
Juristen / innen	12	12
Mediziner / innen	12	12
Theologen / innen	2	2
Sonstige Berufe	16	16
Rentner / innen	6	6

Abb. 3: Ausbildung der befragten Personen

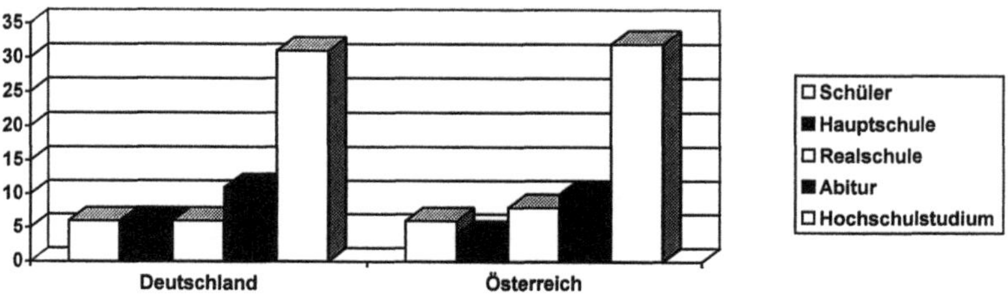

Ausbildung	Anzahl der befragten Personen	
	Deutschland	Österreich
Schüler / innen	6	6
Hauptschule	6	4
Realschule	6	8
Abitur	11	10
Hochschulstudium	31	32

Abb. 4: Familiäre Verhältnisse der befragten Personen

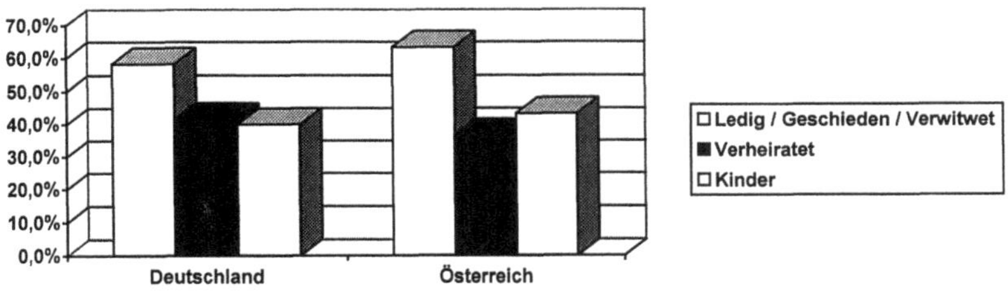

	Deutschland	Österreich
Ledig / Geschieden / Verwitwet	58,3 %	63,3 %
Verheiratet	41,7 %	36,7 %
Vorhandene Kinder	40,0 %	43,3 %

Abb. 5: Krankenversicherung der befragten Personen

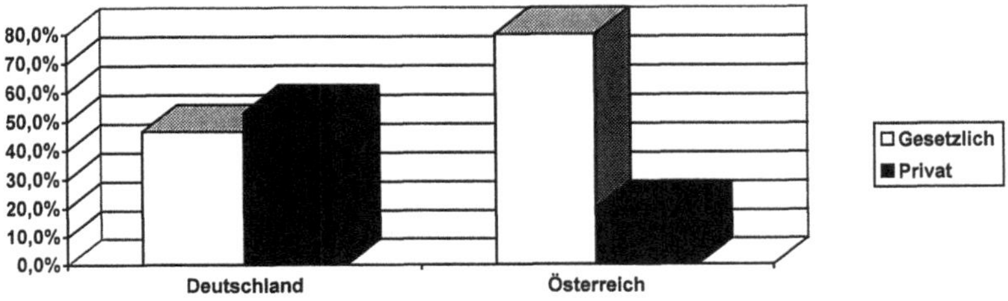

	Deutschland	Österreich
Gesetzlich	46,7 %	80,0 %
Privat	53,3 %	20,0 %

75,0 % der Deutschen und 73,3 % der Österreicher haben schon einmal **Informationen** zum Thema Organspende erhalten (vgl. Abb. 6 a).

Abb. 6 a: Haben Sie schon einmal **Informationen** über das Thema Organspende erhalten?

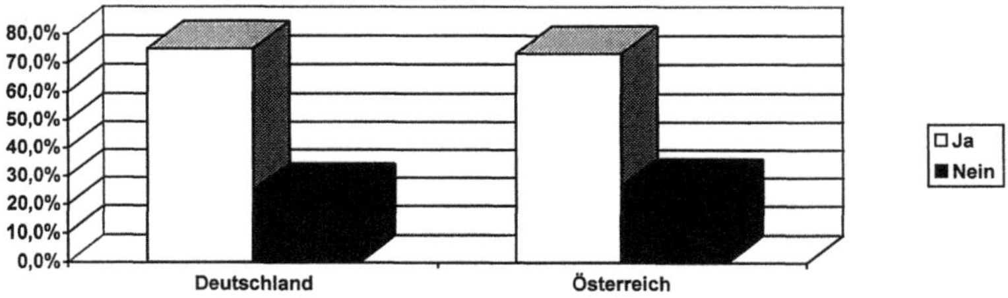

	Deutschland	Österreich
Ja	75,0 %	73,3 %
Nein	25,0 %	26,7 %

Informationsquellen waren in Deutschland bei 15,6 % die Krankenkasse, bei 53,3 % die Zeitung, bei 37,8 % das Fernsehen und bei 60,0 % sonstiges wie etwa Broschüren, Hausarzt, Studium und Beruf. In Österreich hatten 6,8 % von der Krankenkasse, 68,2 % durch die Zeitung, 70,5 % durch das Fernsehen und 38,6 % über sonstige Quellen, die im wesentlichen denen in Deutschland entsprechen, Informationen bezogen (vgl. Abb. 6 b).

Abb. 6 b: Wenn ja, durch wen?

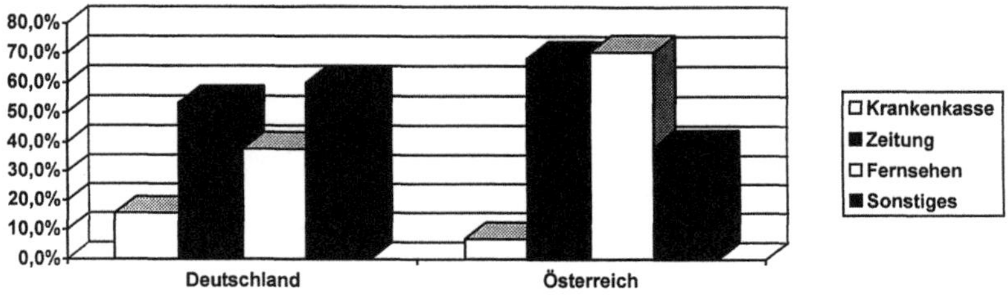

	Deutschland	Österreich
Krankenkasse	15,6 %	6,8 %
Zeitung	53,3 %	68,2 %
Fernsehen	37,8 %	70,5 %
Sonstiges	60,0 %	38,6 %

Von den Personen, die schon einmal Informationen bekommen haben, fühlen sich in Deutschland 62,2 % und in Österreich 56,8 % in Österreich gut informiert, 37,8 % der Deutschen und 43,2 % der Österreicher nicht. (vgl. Abb. 6 c).

Abb. 6 c: Wenn ja, fühlen Sie sich gut informiert?

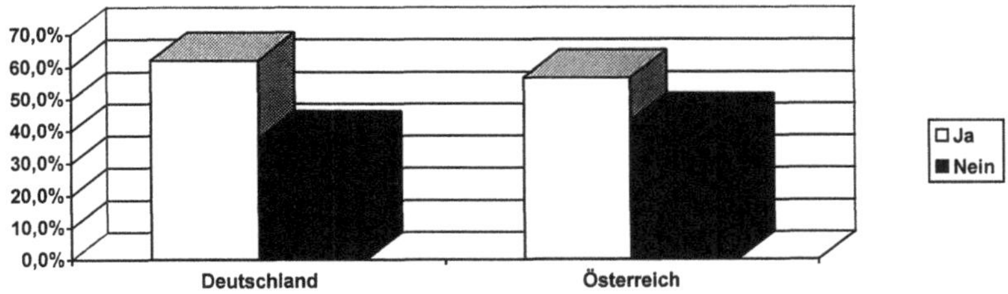

	Deutschland	Österreich
Ja	62,2 %	56,8 %
Nein	37,8 %	43,2 %

33,3 % der Deutschen und 15,0 % der Österreicher haben sich schon einmal intensiv, 53,3 % der Deutschen und 60,0 % der Österreicher ein wenig und 13,3 % der Deutschen und 25,0 % der Österreicher überhaupt nicht mit dem Thema Organspende **auseinandergesetzt** (vgl. Abb. 7).

Abb. 7: Haben Sie sich schon einmal persönlich mit dem Thema Organspende **auseinandergesetzt**?

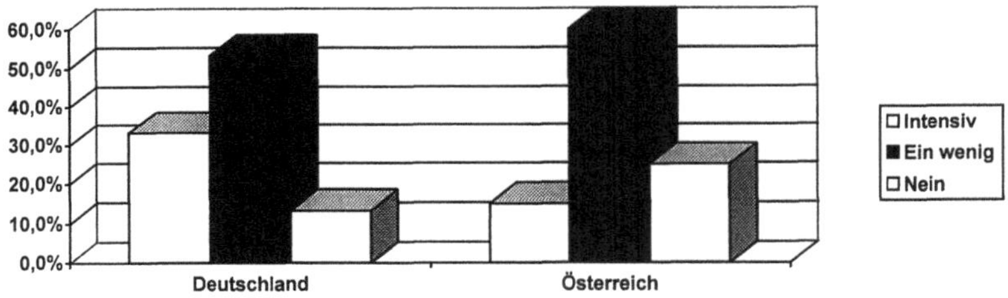

	Deutschland	Österreich
Intensiv	33,3 %	15,0 %
Ein wenig	53,3 %	60,0 %
Nein	13,3 %	25,0 %

Trotz der geringen Anzahl an Personen, die sich schon einmal intensiv mit dem Thema befaßt haben, steht der überwiegende Teil der Befragten – 88,3 % der Deutschen und 95,0 % der Österreicher – der Organspende **positiv** gegenüber. Nur 3,3 % der deutschen und sogar keiner der österreichischen Befragten stehen der Organspende generell **negativ** gegenüber. 8,3 % der Deutschen und 3,3 % der Österreicher ist das Thema Organspende **gleichgültig**. 1,7 % der Österreicher gaben keine Antwort auf diese Frage (vgl. Abb. 8).

Abb. 8: Stehen Sie der Organspende generell **positiv, negativ oder gleichgültig** gegenüber?

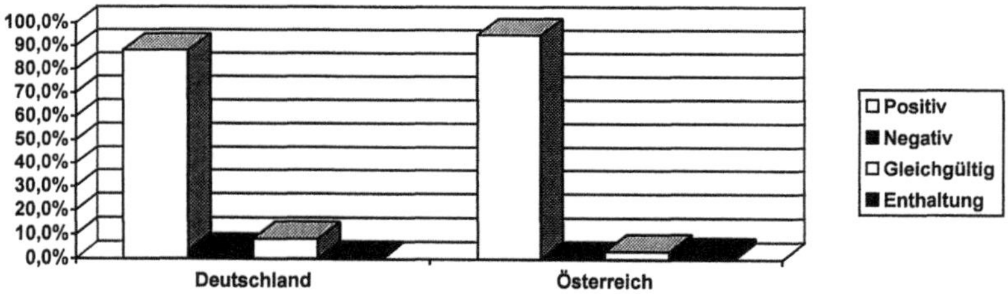

	Deutschland	Österreich
Positiv	88,3 %	95,0 %
Negativ	3,3 %	0 %
Gleichgültig	8,3 %	3,3 %
Enthaltung	0 %	1,7 %

Trotz der unterschiedlichen Inhalte und zeitlichen Dauer der Gesetze in den Vergleichsländern ist die Kenntnis um das Vorhandensein der jeweiligen **Gesetze** in Deutschland und Österreich vergleichbar.

68,3 % der Deutschen wußten, daß es ein dTPG gibt. 65,0 % der Österreicher hatten Kenntnis vom Bestand der Regelungen im KAG (vgl. Abb. 9 a und 9 b).

Abb. 9 a: Wußten Sie, daß es in Deutschland seit 1997 ein **Transplantationsgesetz** gibt? **(Nur in Deutschland gefragt.)**

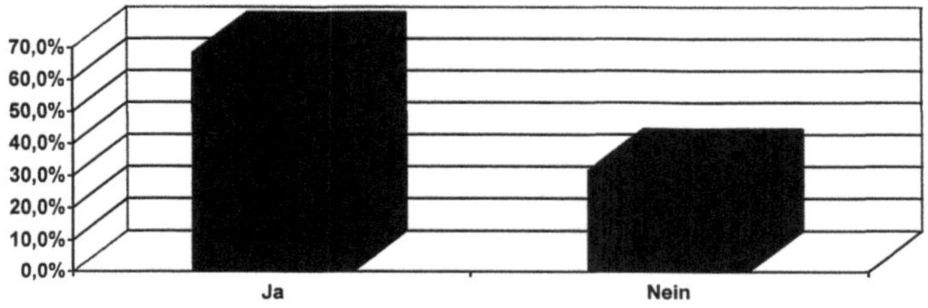

Ja	68,3 %
Nein	31,7 %

Abb. 9 b: Wußten Sie, daß es in Österreich seit 1982 **gesetzliche Regelungen** für die Organspende gibt? **(Nur in Österreich gefragt.)**

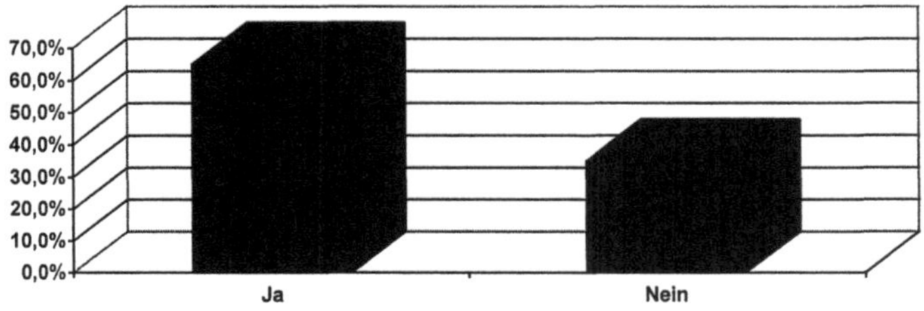

Ja	65,0 %
Nein	35,0 %

20,0 % in Deutschland und 23,3 % in Österreich glauben, die **rechtlichen Voraussetzungen** für eine Organspende in etwa zu kennen. 38,3 % der Deutschen und 48,3 % der Österreicher kennen sie nicht. 41,7 % der deutschen und 28,3 % der österreichischen Befragten sind der Meinung, die Voraussetzungen teilweise zu kennen (vgl. Abb. 10).

Abb. 10: Kennen Sie in etwa die **rechtlichen Voraussetzungen** für eine Organspende?

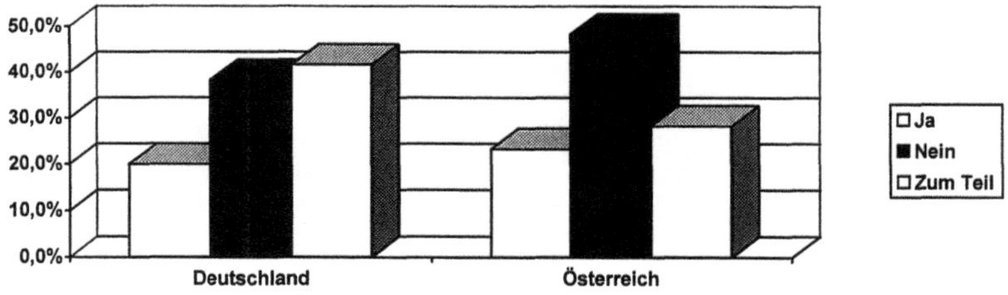

	Deutschland	Österreich
Ja	20,0 %	23,3 %
Nein	38,3 %	48,3 %
Zum Teil	41,7 %	28,3 %

Für den Fall, daß sie eine Organentnahme **nach ihrem Tod** wünschen oder ablehnen, glauben 75,0 % in Deutschland und 63,3 % in Österreich zu wissen, was sie zu veranlassen haben (vgl. Abb. 11).

Abb. 11: Wissen Sie, was zu tun ist, wenn Sie eine eigene Organspende **nach Ihrem Tod** wünschen oder ablehnen?

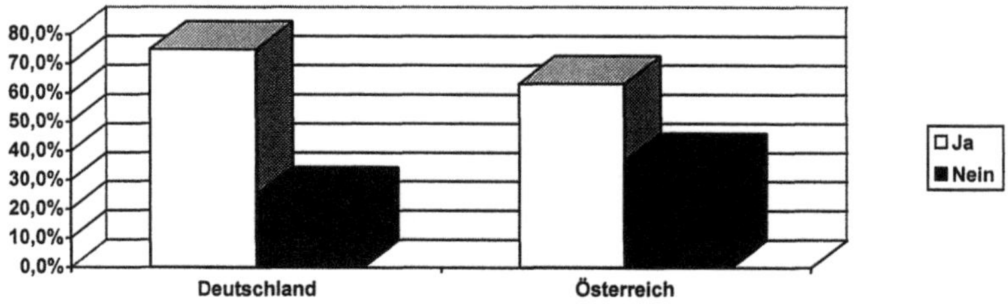

	Deutschland	Österreich
Ja	75,0 %	63,3 %
Nein	25,0 %	36,7 %

Das Umfrageergebnis zu einer Kontrollfrage weicht davon allerdings ab.

Eine deutliche Mehrheit der deutschen Befragten – 93,3 % – wußte, daß es ihrer persönlichen Einwilligung zu Lebzeiten oder der Zustimmung ihrer Angehörigen für eine postmortale Organentnahme bedarf. 6,7 % wußten es nicht (vgl. Abb. 12 a). Das Wissen um diese gesetzliche Entnahmevoraussetzung beruht also bei vielen nicht auf einer Gesetzeskenntnis. Dagegen wußten in Österreich weniger Befragte – 58,3 % –, als es vorher geglaubt hatten, die österreichischen Entnahmevoraussetzungen zu kennen, daß es ihres ausdrücklichen Widerspruchs bedarf, falls sie eine postmortale Organspende ablehnen. 41,7 % kannten die Voraussetzungen nicht (vgl. Abb. 12 b). Häufig zeigten sich die österreichischen Befragten mir gegenüber überrascht, wenn sie hörten, daß Organe ohne ihre zu Lebzeiten erklärte Einwilligung oder die Zustimmung ihrer Angehörigen entnommen werden dürfen.

Abb. 12 a: Wußten Sie, daß es Ihrer persönlichen **Einwilligung** zu Lebzeiten oder der **Zustimmung** Ihrer Angehörigen für eine Organentnahme nach Ihrem Tod bedarf? **(Nur in Deutschland gefragt.)**

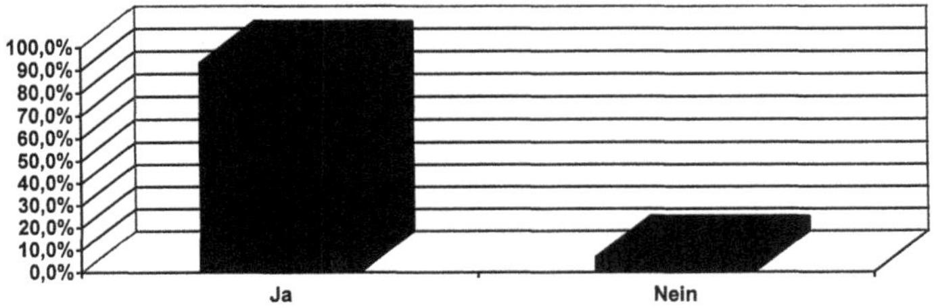

Ja	93,3 %
Nein	6,7 %

Abb. 12 b: Wußten Sie, daß es Ihres ausdrücklichen persönlichen zu Lebzeiten erklärten **Widerspruchs** bedarf, falls Sie eine Organentnahme nach Ihrem Tod ablehnen? **(Nur in Österreich gefragt.)**

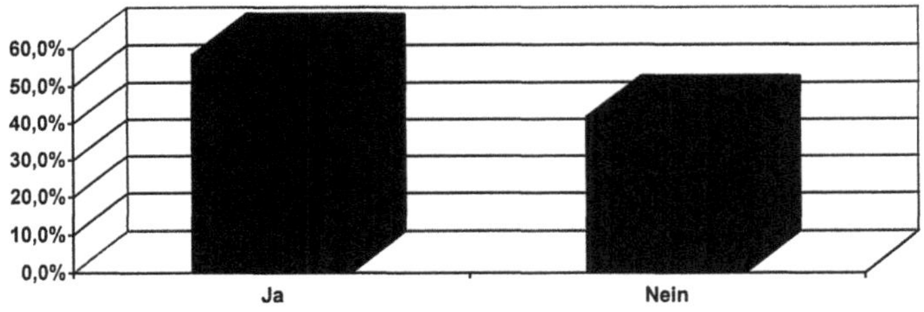

Ja	58,3 %
Nein	41,7 %

Dennoch würden die meisten der Befragten – 76,7 % in Deutschland und ebenso viele in Österreich – einer postmortalen Organentnahme **zustimmen**. Lediglich 10,0 % in Deutschland und 13,3 % in Österreich lehnen eine Organentnahme nach ihrem Tod ab. 13,3 % der Deutschen und 10,0 % der Österreicher wußten nicht, wie sie sich entscheiden sollten (vgl. Abb. 13 a).

Abb. 13 a: Würden Sie einer Organentnahme nach Ihrem Tod **zustimmen**?

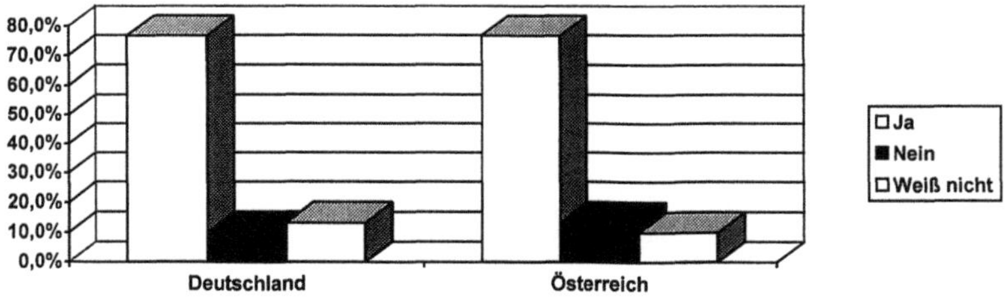

	Deutschland	Österreich
Ja	76,7 %	76,7 %
Nein	10,0 %	13,3 %
Weiß nicht	13,3 %	10,0 %

82,6 % der deutschen und 89,1 % der österreichischen Befragten, die einer postmortalen Organspende zustimmen, sind mit einer Entnahme aller Organe einverstanden. 2,2 % der Österreicher möchten, daß ihnen nur ein Organ entnommen wird. In Deutschland sind 4,3 % und in Österreich 2,2 % mit der Entnahme von bis zu zwei Organen einverstanden. Bis zu drei Organe würden sich 4,3 % der deutschen und 6,5 % der österreichischen Befragten entnehmen lassen. 8,7 % der Deutschen setzen eine Grenze für die Anzahl der zu entnehmenden Organe bei fünf Organen (vgl. Abb. 13 b).

Abb. 13 b: Wenn ja, auf **wie viele Organe** sollte die Entnahme beschränkt sein?

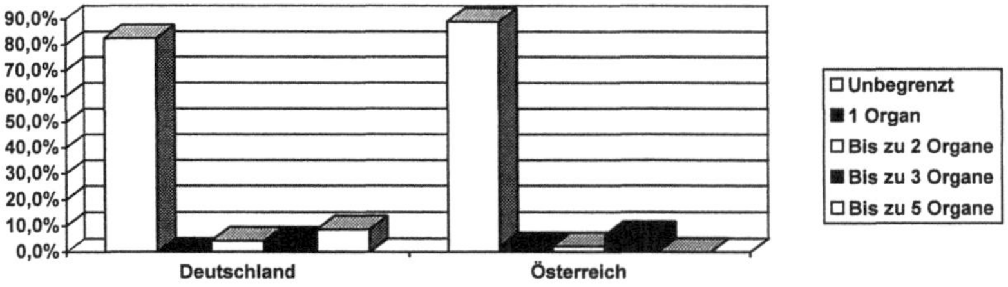

	Deutschland	Österreich
Unbegrenzt	82,6 %	89,1 %
1 Organ	0 %	2,2 %
Bis zu 2 Organe	4,3 %	2,2 %
Bis zu 3 Organe	4,3 %	6,5 %
Bis zu 5 Organe	8,7 %	0 %

Auf die Kontrollfrage, **welche Organe** entnommen werden dürfen, antworteten nur noch 56,5 % der Deutschen und 63,0 % der Österreicher mit „alle Organe" (vgl. Abb. 14 a).
Von den 43,5 % der Deutschen und 37,0 % der Österreicher, die nun eine Entnahme aller Organe ablehnten, wählte keiner aus einer Auswahlliste von Organen den Kopf aus. Am häufigsten sind die Befragten zur Spende von Nieren und Leber bereit. Gliedmaßen rangieren vor dem Kopf an vorletzter Stelle (vgl. Abb. 14 b).

Abb. 14: Wenn ja, **welche Organe** sollten entnommen werden dürfen?

Abb. 14 a: Alle Organe

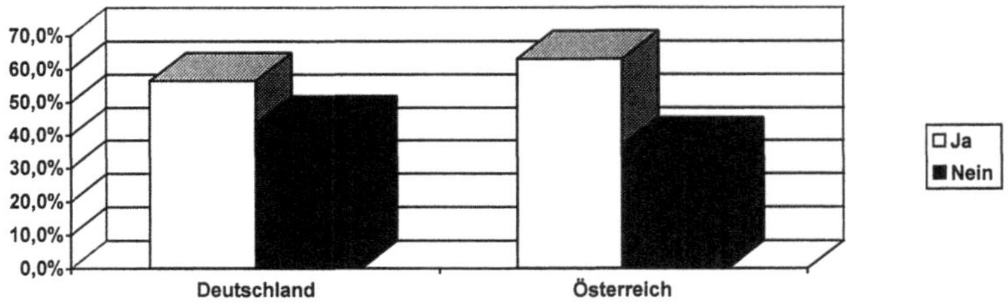

	Deutschland	Österreich
Ja	56,5 %	63,0 %
Nein	43,5 %	37,0 %

Abb. 14 b: Von denen, die nicht alle Organe entnommen haben wollen, stimmen einer Entnahme folgender Organe zu:

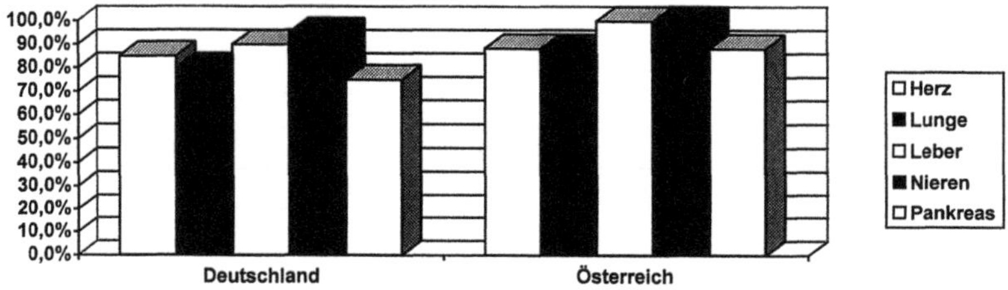

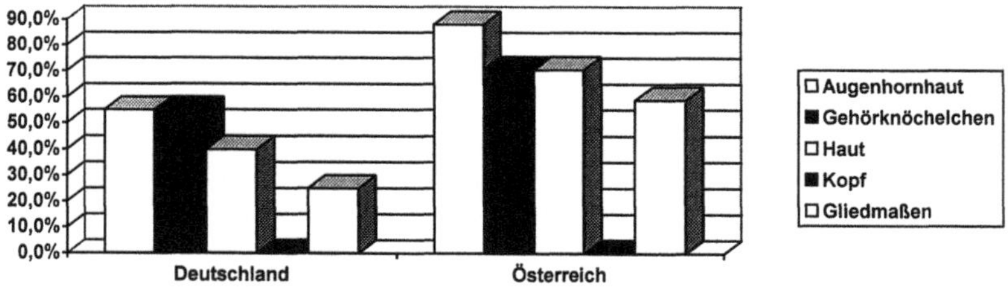

	Deutschland	Österreich
Herz	85,0 %	88,2 %
Lunge	80,0 %	88,2 %
Leber	90,0 %	100,0 %
Nieren	95,0 %	100,0 %
Pankreas	75,0 %	88,2 %
Augenhornhaut	55,0 %	88,2 %
Gehörknöchelchen	55,0 %	70,6 %
Haut	55,0 %	70,6 %
Kopf	0 %	0 %
Gliedmaßen	25,0 %	58,8 %

Daß man Zustimmung oder Ablehnung zur Organspende auf bestimmte Organe **begrenzen** kann, halten 73,3 % der Deutschen und 50,0 % der Österreicher für sinnvoll (vgl. Abb. 15).

Abb. 15: Halten Sie es für sinnvoll, daß man die Zustimmung oder die Ablehnung zur Organspende auf bestimmte Organe **begrenzen** kann?

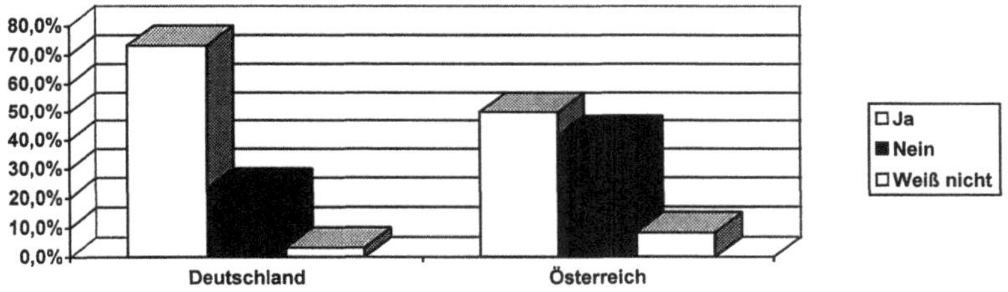

	Deutschland	Österreich
Ja	73,3 %	50,0 %
Nein	23,3 %	41,7 %
Weiß nicht	3,3 %	8,3 %

Die Frage, ob ihre **Angehörigen** die Entscheidung der Befragten für oder gegen eine postmortale Organentnahme kennen, bejahen 50,0 % der Deutschen und nur 30,0 % der Österreicher. Die Angehörigen von 50,0 % der deutschen und von 70,0 % der österreichischen Befragten kennen die Entscheidung nicht (vgl. Abb. 16).

Abb. 16: Kennen Ihre **Angehörigen** Ihre Entscheidung für oder gegen eine Organspende nach Ihrem Tod?

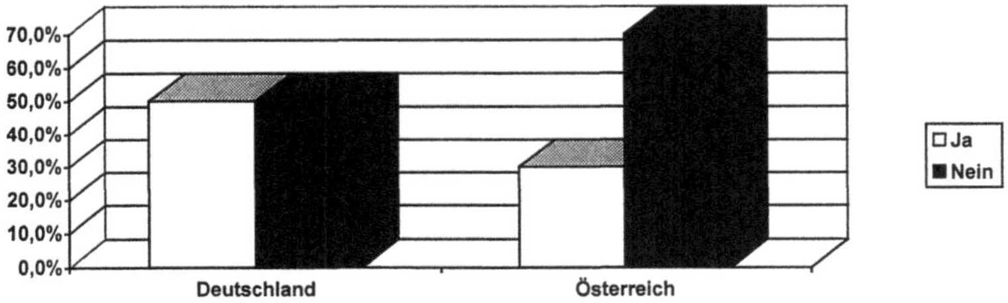

	Deutschland	Österreich
Ja	50,0 %	30,0 %
Nein	50,0 %	70,0 %

In Deutschland, wo es im Gegensatz zu Österreich kein **Register** für Eintragungen von Erklärungen zur Organspendebereitschaft gibt, würden 81,7 % der Befragten ein Register in Anspruch nehmen, wenn es zur Verfügung stünde. 10,0 % würden keine Eintragung vornehmen lassen und 8,3 % wissen nicht, wie sie sich entscheiden würden (vgl. Abb. 17 a).
Keiner der von mir in Österreich Befragten hat einen Widerspruch im Widerspruchsregister eintragen lassen (vgl. Abb. 17 b).[797]

Abb. 17 a: In Deutschland gibt es kein **zentrales Register**, in dem Einwilligungen oder Widersprüche zur Organspende nach dem Tod eingetragen werden können.
Würden Sie ein solches Register in Anspruch nehmen, wenn es zur Verfügung stünde? **(Nur in Deutschland gefragt.)**

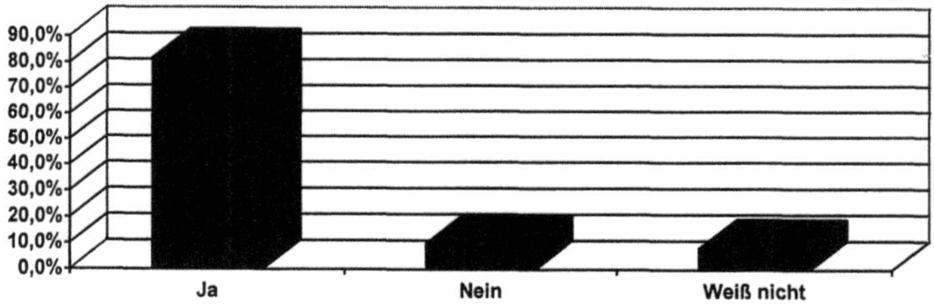

Ja	81,7 %
Nein	10,0 %
Weiß nicht	8,3 %

[797] Vgl. aber: Statistik 6, S. 36

Abb. 17 b: Haben Sie einen Widerspruch im **Widerspruchsregister** des Österreichischen Bundesinstituts für Gesundheit eintragen lassen? **(Nur in Österreich gefragt.)**

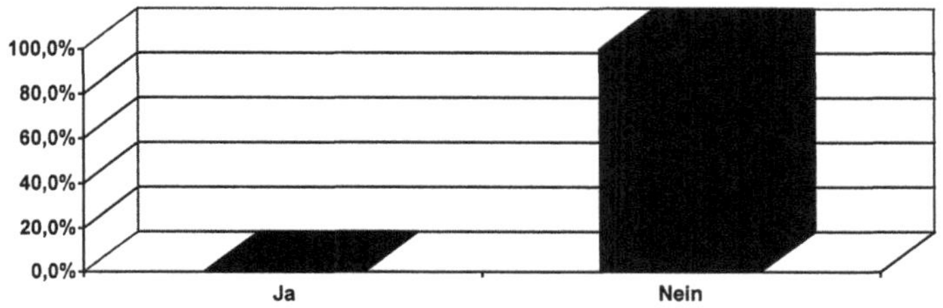

Ja	0 %
Nein	100,0 %

In Österreich, wo laut § 62 a Abs 1 S 1 KAG nur **„einzelne Organe"** entnommen werden dürfen, verstehen 36,7 % unter dem Begriff „einzelne" alle Organe. 13,3 % meinen, daß dadurch die Entnahme von nur einem Organ erlaubt sei. 15,0 % sehen „einzelne" als eine Mengengrenze für die Entnahme von bis zu zwei Organen. 18,3 % meinen, „einzelne" umfasse die Explantation von bis zu drei Organen. 5,0 % glauben, das Wort bedeute die Zulässigkeit der Entnahme von bis zu fünf Organen. 11,7 % sehen in dem Begriff keine mengenmäßige Grenze, sondern eine „räumliche" Abgrenzung im Sinne eines Verbots der En-bloc-Entnahme (vgl. Abb. 18).

Abb. 18: In Österreich ist es gesetzlich erlaubt, bei fehlendem Widerspruch einem Toten einzelne Organe zu entnehmen.
Was verstehen Sie unter **„einzelne Organe"**? **(Nur in Österreich gefragt.)**

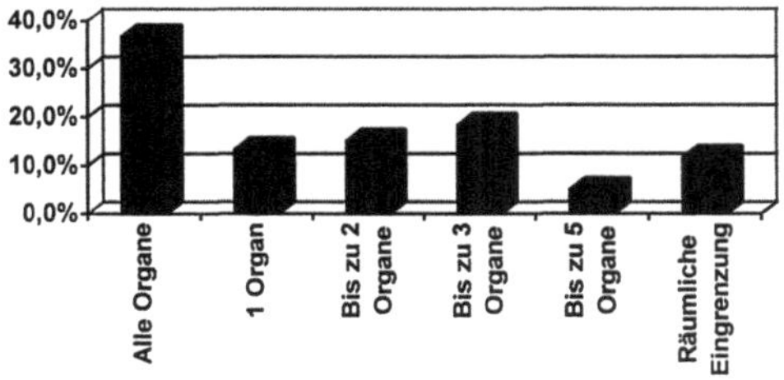

Alle Organe	36,7 %
1 Organ	13,3 %
Bis zu 2 Organe	15,0 %
Bis zu 3 Organe	18,3 %
Bis zu 5 Organe	5,0 %
Keine mengenmäßige, sondern „räumliche“ Eingrenzung	11,7 %

10,0 % der Deutschen und 8,3 % der Österreicher wollen – eine aus rechtsstaatlicher Sicht unhaltbare Meinung –, daß ihre Organe nur einem **bestimmten Patientenkreis** zukommen – wie Verwandten, jungen Menschen, Patienten mit guten Heilungschancen. 81,7 % der deutschen und 88,3 % der österreichischen Befragten lehnen dieses ab. 8,3 % in Deutschland und 3,3 % in Österreich konnten sich nicht entscheiden (Abb. 19 a und 19 b).

Abb. 19 a: Sollten Ihre nach dem Tod entnommenen Organe nur einem **bestimmten Patientenkreis** zustehen?

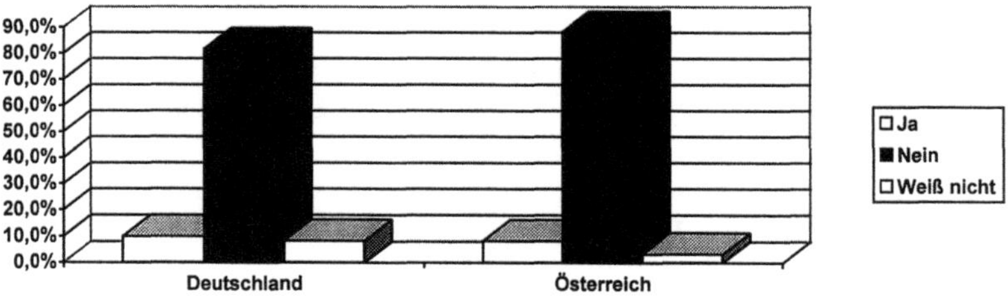

	Deutschland	Österreich
Ja	10,0 %	8,3 %
Nein	81,7 %	88,3 %
Weiß nicht (Enthaltungen als „Weiß nicht“ gewertet)	8,3 %	3,3 %

Abb. 19 b: Wenn ja, welchem Patientenkreis?

Patientenkreis	Deutschland	Österreich
Familie / Verwandte / gute Bekannte	1	3
Junge Menschen	1	-
Arme Menschen	-	1
Sehr kranke Patienten	-	1
Patienten mit reeller Chance auf eine verlängerte Lebensdauer	-	1
Keine Patienten, die durch eigenes Verschulden ein Organ benötigen	1	-
Tumorpatienten, Alkoholiker	1	-

15,0 % der deutschen und 18,3 % der österreichischen Befragten würden die Einführung einer **gesetzlichen Pflicht** zur postmortalen Organspende befürworten. 80,0 % in Deutschland und 75,0 % in Österreich sprechen sich dagegen aus. 5,0 % der Deutschen und 6,7 % der Österreicher konnten sich nicht entscheiden (vgl. Abb. 20).

Abb. 20: Weltweit besteht ein Mangel an Spenderorganen, so daß die zur Verfügung stehenden Organe von Verstorbenen nach bestimmten Regeln verteilt werden müssen.
Würden Sie die Einführung einer **gesetzlichen Pflicht** zur Organspende nach dem Tod befürworten?

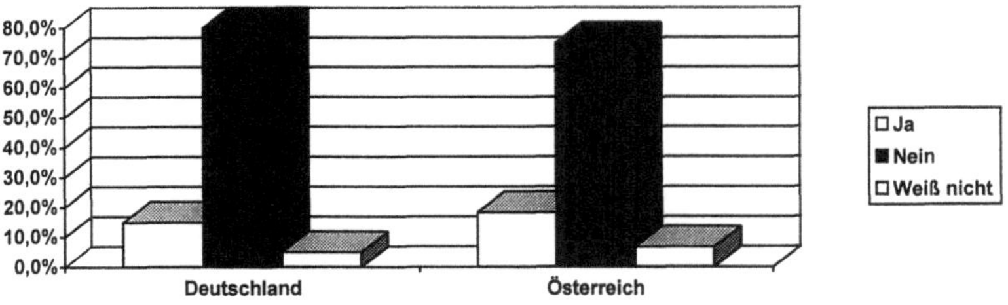

	Deutschland	Österreich
Ja	15,0 %	18,3 %
Nein	80,0 %	75,0 %
Weiß nicht	5,0 %	6,7 %

33,3 % der deutschen und 28,3 % der österreichischen Befragten würden es bejahen, den Erhalt eines Spenderorgans von der **eigenen Spendenbereitschaft** des Empfängers abhängig zu machen. 56,7 % in Deutschland und 68,3 % in Österreich sind dagegen. 10,0 % Deutsche und 3,3 % Österreicher konnten sich nicht entscheiden (vgl. Abb. 21).

Abb. 21: Würden Sie es befürworten, den Erhalt eines Spenderorgans von der **eigenen Spendenbereitschaft** des Empfängers abhängig zu machen?

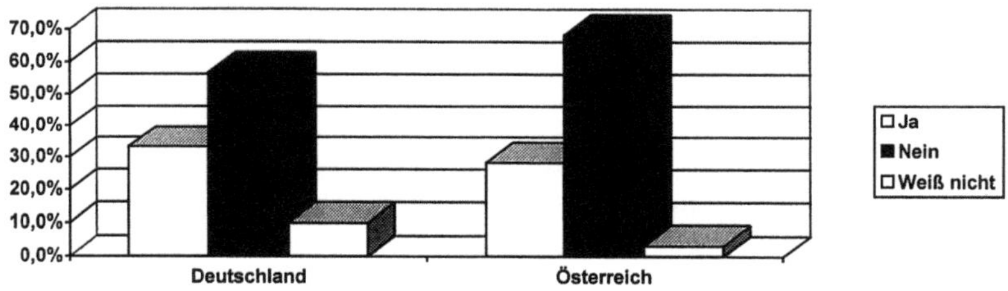

	Deutschland	Österreich
Ja	33,3 %	28,3 %
Nein	56,7 %	68,3 %
Weiß nicht	10,0 %	3,3 %

Nach Meinung von 53,3 % der Deutschen und 76,7 % der Österreicher sollten bei der Organverteilung **alte Menschen** ebenso berücksichtigt werden wie junge. 36,7 % in Deutschland und 16,7 % in Österreich sind dagegen. 10,0 % der Deutschen und 6,7 % der Österreicher konnten sich nicht entscheiden. Die Gegner einer Gleichbehandlung von alten und jungen Menschen wollen überwiegend nicht ausschließlich das Alter als Abgrenzungskriterium gelten lassen. Erfolgsaussicht, Lebenserwartung und Dringlichkeit der Transplantation sollen nach Meinung vieler ebenfalls eine Rolle spielen (vgl. Abb. 22 a und 22 b).

Abb. 22 a: Sollten bei der Organverteilung **alte Menschen** ebenso berücksichtigt werden wie junge?

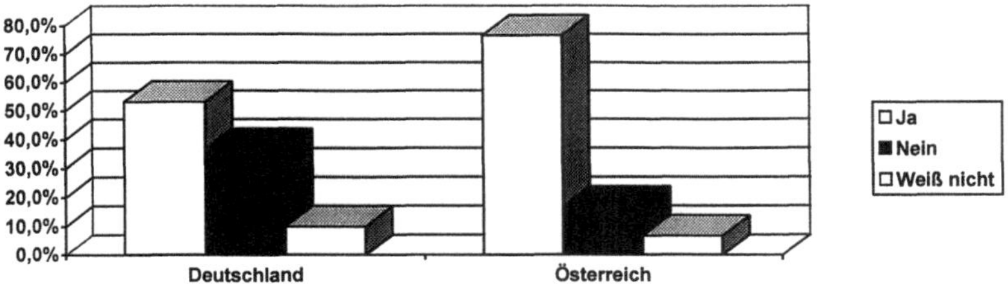

	Deutschland	Österreich
Ja	53,3 %	76,7 %
Nein	36,7 %	16,7 %
Weiß nicht	10,0 %	6,7 %

Abb. 22 b: Wenn nein, wie soll die Organverteilung für alte Menschen aussehen?

Kriterien	Deutschland	Österreich
Erfolgsaussicht	5	2
Lebenserwartung	5	5
Dringlichkeit / Schwere der Krankheit / medizinische Kriterien	6	5
Biologisches Alter	-	1
Einzelfallentscheidung	3	-
Nur das Alter soll entscheiden	1	-
Junge Menschen sollen auf der Warteliste einen Bonus erhalten	1	-
Alte Menschen sollen keine Organe erhalten	1	-

Kinder sollten nach Auffassung von 46,7 % in Deutschland und ebenso vielen in Österreich bei der Organverteilung bevorzugt werden. 40,0 % der Deutschen und 45,0 % der Österreicher sprechen sich gegen eine Bevorzugung von Kindern aus. 13,3 % der deutschen und 8,3 % der österreichischen Befragten konnten sich nicht entscheiden. Viele der Befürworter wollen nicht das Alter als alleiniges Abgrenzungskriterium heranziehen. Auch hier sollen Erfolgsaussicht, Lebenserwartung und Dringlichkeit der Transplantation nach überwiegender Meinung Berücksichtigung finden (vgl. Abb. 23 a und 23 b).

Abb. 23 a: Sollten bei der Organverteilung **Kinder** bevorzugt werden?

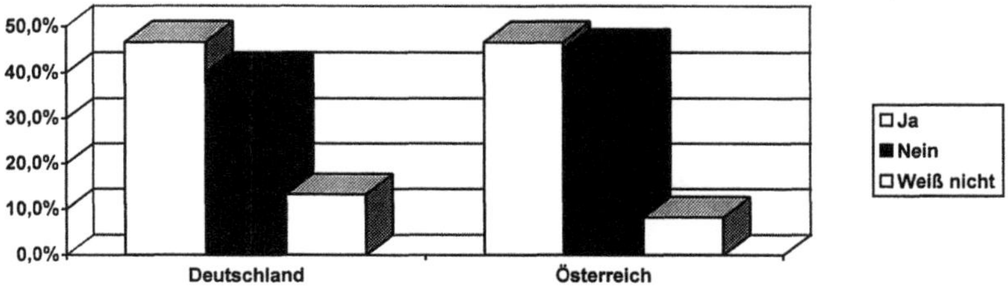

	Deutschland	Österreich
Ja	46,7 %	46,7 %
Nein	40,0 %	45,0 %
Weiß nicht (Enthaltungen als „Weiß nicht“ gewertet)	13,3 %	8,3 %

Abb. 23 b: Wenn ja, wie soll die Organverteilung für Kinder aussehen?

Kriterien	Deutschland	Österreich
Erfolgsaussicht	7	6
Lebenserwartung	2	8
Dringlichkeit / Schwere der Krankheit / medizinische Kriterien	10	11
Einzelfallentscheidung	3	-
Patienten bis zu 40 Jahren sollten bevorzugt werden	1	-
Bei gleicher Wartezeit sollten Kinder bevorzugt werden	-	1

8,3 % der Deutschen und 10,0 % der Österreicher würden es begrüßen, wenn man **postmortal entnommene Organe** kaufen könnte. Der überwiegende Teil der Befragten – 83,3 % in Deutschland und 85,0 % in Österreich – spricht sich dagegen aus. 8,3 % der Deutschen und 5,0 % der Österreicher konnten keine Meinung hierzu äußern (vgl. Abb. 24).

Abb. 24: Der **Handel mit Organen Verstorbener** ist gesetzlich verboten. Sollte es Ihrer Meinung nach möglich sein, daß Patienten, die auf ein Organ warten, ein Organ eines Verstorbenen **kaufen** können (abgesehen von der Frage, wem der Erlös zustehen sollte)?

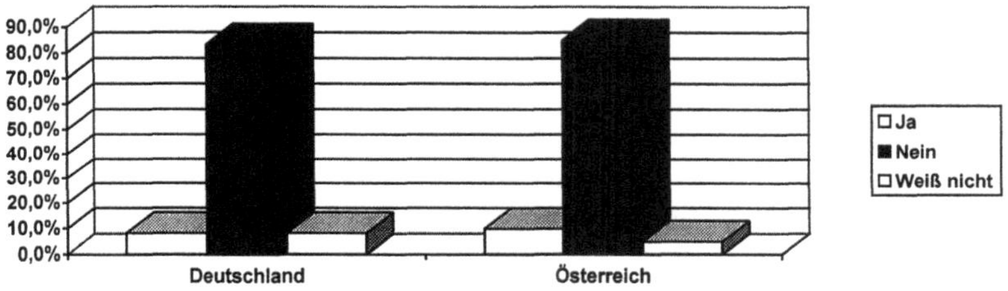

	Deutschland	**Österreich**
Ja	8,3 %	10,0 %
Nein	83,3 %	85,0 %
Weiß nicht	8,3 %	5,0 %

Die Mehrheit der Befragten – 80,0 % der Deutschen und 83,3 % der Österreicher – würde eine Organtransplantation **an sich selbst vornehmen lassen**. 5,0 % der deutschen und 6,7 % der österreichischen Befragten lehnen eine Transplantation für sich ab. 15,0 % in Deutschland und 10,0 % in Österreich konnten sich nicht entscheiden (vgl. Abb. 25).

Abb. 25: Würden Sie, falls Sie einmal ein Spenderorgan benötigen sollten, eine Organtransplantation **an sich vornehmen lassen**?

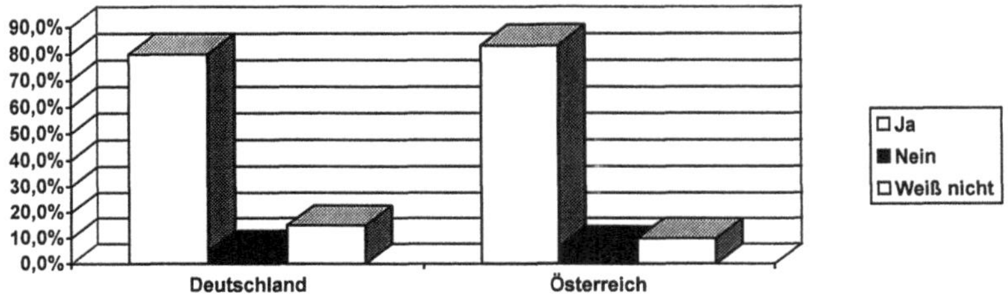

	Deutschland	Österreich
Ja	80,0 %	83,3 % (1 x nur die Niere)
Nein	5,0 %	6,7 %
Weiß nicht	15,0 %	10,0 %

Sowohl in Deutschland als auch in Österreich würden 95,0 % der Befragten einem **Familienangehörigen** ein Organ **als Lebender** spenden. Keiner der Deutschen und 3,3 % der Österreicher lehnt eine solche Spende ab. 5,0 % der deutschen und 1,7 % der österreichischen Befragten wissen nicht, ob sie zu dieser Spende bereit wären (vgl. Abb. 26).

Abb. 26: Würden Sie einem **nahen Angehörigen** (z. B. Eltern, Geschwister, Ehepartner, Kinder) ein Organ **als Lebender** spenden, soweit für Sie keine erheblichen Risiken damit verbunden sind?

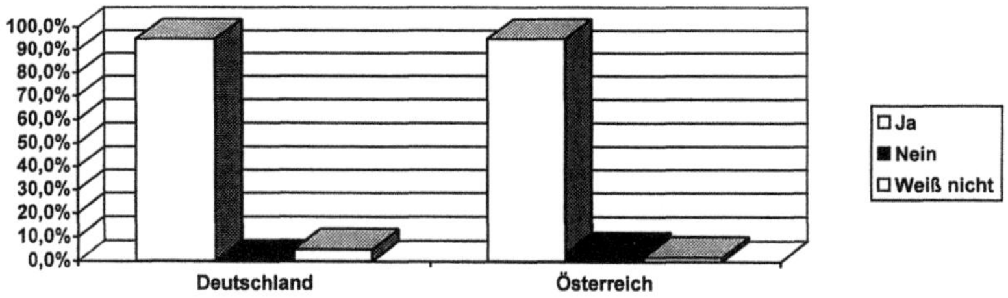

	Deutschland	Österreich
Ja	95,0 %	95,0 % (1 x nur die Niere)
Nein	0 %	3,3 %
Weiß nicht	5,0 %	1,7 %

73,3 % der Deutschen und 76,7 % der Österreicher würden jemandem, dem sie sehr **nahe stehen**, zu dem sie aber keine familiäre Beziehung haben, ein Organ **als Lebende** spenden. 13,3 % der in Deutschland und 15,0 % der in Österreich Befragten sprechen sich gegen diese Spende aus. 13,3 % der Deutschen und 8,3 % der Österreicher konnten sich nicht entscheiden (vgl. Abb. 27).

Abb. 27: Würden Sie jemandem, dem Sie sehr **nahe stehen**, zu dem Sie aber keine familiäre Beziehung haben (z. B. Lebenspartner, Freunde), ein Organ **als Lebender** spenden, soweit für Sie keine erheblichen Risiken damit verbunden sind?

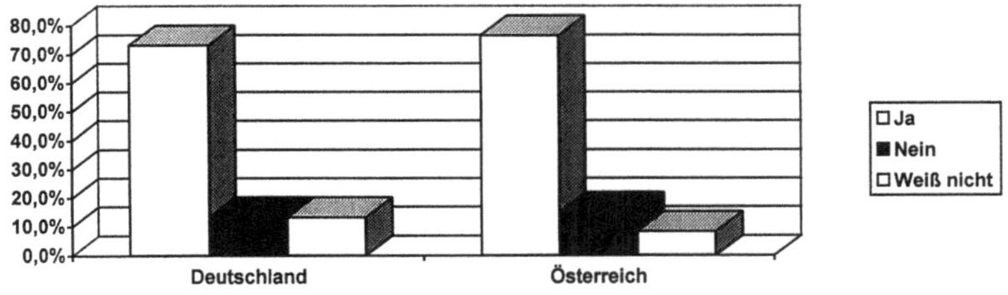

	Deutschland	**Österreich**
Ja	73,3 %	76,7 %
Nein	13,3 %	15,0 %
Weiß nicht	13,3 %	8,3 %

Die Frage zur Bereitschaft zu einer **anonymen Lebendspende** bejahen in Deutschland 13,3 % und in Österreich 23,3 %. 60,0 % der Deutschen und 58,3 % der Österreicher lehnen eine anonyme Lebendspende ab. 26,7 % der deutschen und 18,3 % der österreichischen Befragten konnten sich nicht entscheiden (vgl. Abb. 28).

Abb. 28: Würden Sie jemandem, den Sie überhaupt **nicht kennen**, ein Organ **als Lebender** spenden, soweit für Sie keine erheblichen Risiken damit verbunden sind?

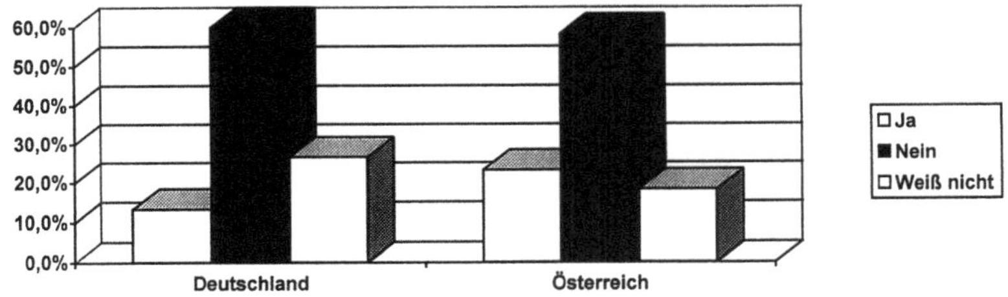

	Deutschland	Österreich
Ja	13,3 %	23,3 % (1 x nur Knochenmark)
Nein	60,0 %	58,3 %
Weiß nicht	26,7 %	18,3 %

Nach Meinung von 68,3 % der Deutschen und 71,7 % der Österreicher sollten Organe von Toten gegenüber Organen von Lebenden **bevorzugt** transplantiert werden. In Deutschland sprechen sich 13,3 % und in Österreich 15,0 % dagegen aus. 18,3 % der Deutschen und 13,3 % der Österreicher wissen nicht, welchen Organen der Vorzug gegeben werden sollte (vgl. Abb. 29).

Abb. 29: Sollten Organe von Toten gegenüber Organen von Lebenden **bevorzugt** transplantiert werden?

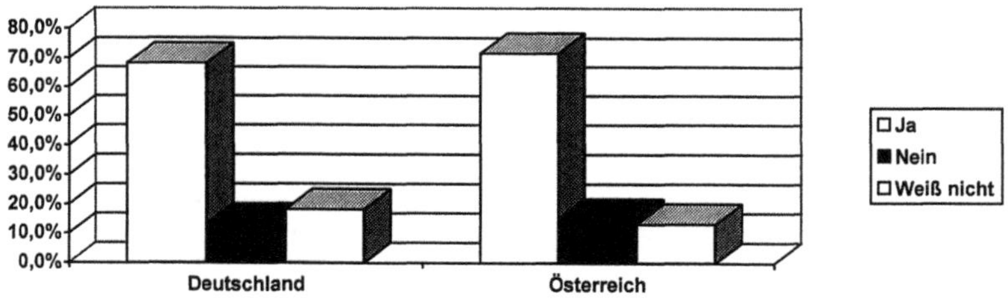

	Deutschland	Österreich
Ja	68,3 %	71,7 %
Nein	13,3 %	15,0 %
Weiß nicht	18,3 %	13,3 %

In Deutschland würden es 8,3 % und in Österreich 10,0 % befürworten, wenn Lebende ihre Organe an Kranke **verkaufen** könnten. 91,7 % der Deutschen und 90,0 % der Österreicher sind dagegen (vgl. Abb. 30).

Abb. 30: Auch der **Handel mit Organen Lebender** ist gesetzlich verboten. Sollte es Ihrer Meinung nach möglich sein, daß Lebende ihre Organe – soweit dies aus medizinischer Sicht vertretbar ist – an Kranke **verkaufen**?

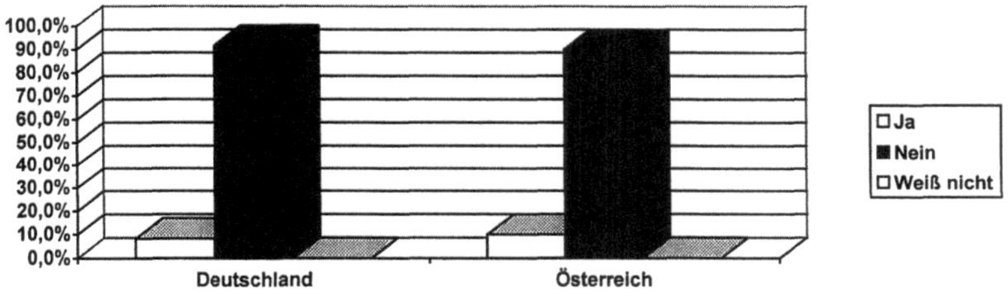

	Deutschland	Österreich
Ja	8,3 %	10,0 %
Nein	91,7 %	90,0 %
Weiß nicht	0 %	0 %

Die Mehrheit der Befragten – 95,0 % in Deutschland und 91,7 % in Österreich – halten eine einheitliche rechtliche Regelung der Organtransplantation in **Europa** für sinnvoll. Keiner der Deutschen und 3,3 % der Österreicher sprechen sich gegen einheitliche Gesetze aus. Jeweils 5,0 % in den Vergleichsländern wissen nicht, ob eine einheitliche rechtliche Regelung in Europa sinnvoll wäre (vgl. Abb. 31 a).
Allerdings wollen nicht alle, die sich für eine einheitliche Regelung aussprechen, daß die Organe in den beteiligten Ländern **unabhängig vom Herkunftsland** von Spender und Empfänger nach gleichen Regeln verteilt würden. 96,5 % der deutschen und 94,5 % der österreichischen Befürworter einer einheitlichen europäischen Regelung stimmen auch für eine vom Herkunftsland unabhängige Organallokation. In Deutschland spricht sich keiner dagegen aus. In Österreich sind 1,8 % der Befragten dagegen. 3,5 % der Deutschen und 3,6 % der Österreicher wissen nicht, ob sie für oder gegen eine vom Herkunftsland unabhängige Organallokation sind (vgl. Abb. 31 b und 31 c).

Abb. 31 a: Halten Sie eine einheitliche rechtliche Regelung der Organtransplantation in **Europa** für sinnvoll?

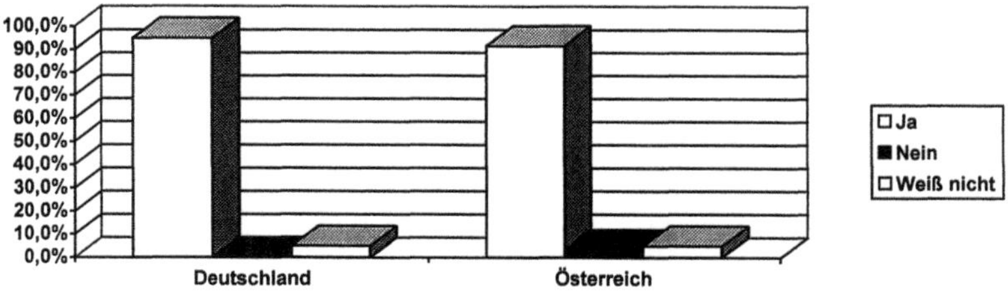

	Deutschland	**Österreich**
Ja	95,0 %	91,7 %
Nein	0 %	3,3 %
Weiß nicht	5,0 %	5,0 %

Abb. 31 b: Wenn ja, sollten die Organe in den beteiligten Ländern **unabhängig vom Herkunftsland** von Spender und Empfänger nach gleichen Regeln verteilt werden?

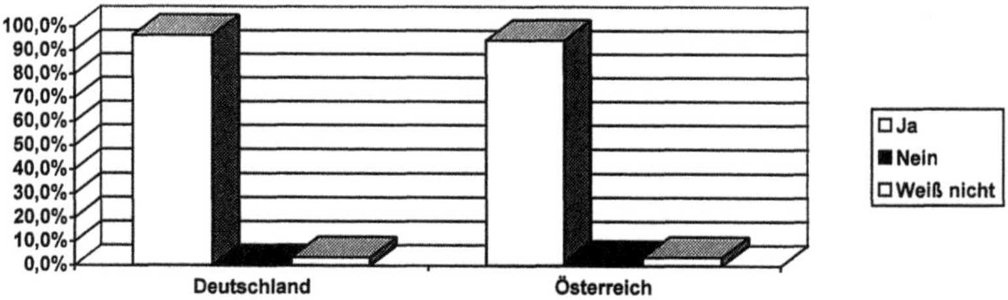

	Deutschland	**Österreich**
Ja	96,5 %	94,5 %
Nein	0 %	1,8 %
Weiß nicht	3,5 %	3,6 %

Abb. 31 c: Wenn nein, wie sollten die Organe zwischen den beteiligten europäischen Ländern verteilt / ausgetauscht werden?

	Österreich
Länder, die mehr Organe exportieren als importieren, sollten bevorzugt werden	1

Die meisten der Befragten – 96,7 % der Deutschen und 91,7 % der Österreicher – befürworten den Ausbau der Zusammenarbeit der verschiedenen europäischen **Organvermittlungsstellen**. Nur 5,0 % der Österreicher sprechen sich dagegen aus. Jeweils 3,3 % der Befragten in den beiden Ländern konnten sich nicht entscheiden (vgl. Abb. 32).

Abb. 32: Die Verteilung von Spenderorganen Verstorbener übernehmen in Europa **Vermittlungsstellen** für verschiedene Länder. Für Belgien, Deutschland, Luxemburg, Niederlande, Österreich und Slowenien ist dies Eurotransplant, für die Schweiz Swisstransplant, für die skandinavischen Länder Scandiatransplant, für Frankreich das Etablissement Francais des Greffes und für Spanien Hispano-Transplant. Daneben gibt es noch einige mehr.
Wenn ein gespendetes Organ nicht im Zuständigkeitsbereich einer Vermittlungsstelle transplantiert werden kann, bietet sie es anderen Vermittlungsstellen an.
Befürworten Sie den Ausbau der Zusammenarbeit der verschiedenen Vermittlungsstellen untereinander?

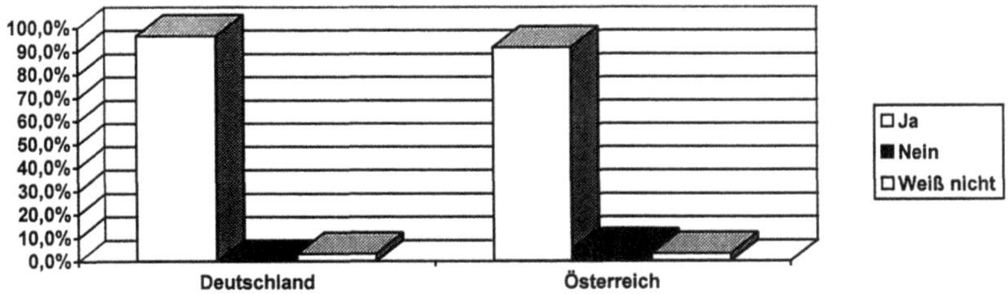

	Deutschland	**Österreich**
Ja	96,7 %	91,7 %
Nein	0 %	5,0 %
Weiß nicht	3,3 %	3,3 %

Der **Xenotransplantation** stehen die Befragten kritisch gegenüber. 56,7 % in Deutschland und 63,3 % in Österreich würden sich ein Tierorgan einsetzen lassen, falls sie einmal ein Ersatzorgan benötigen sollten. 16,7 % der Deutschen und 21,7 % der Österreicher lehnen die Xenotransplantation ab. Die Gründe hierfür sind insbesondere Ekelgefühle aufgrund der Unterschiede zwischen Tier und Mensch, Tierschutz und Angst vor der Übertragung von unbekannten Krankheiten. 26,7 % in Deutschland und 15,0 % in Österreich können sich zur Zeit nicht für oder gegen eine Xenotransplantation aussprechen (vgl. Abb. 33 a und 33 b).

Abb. 33 a: Zur Zeit wird aufgrund des Organmangels daran geforscht, inwieweit man Organe von Tieren auf den Menschen zu Behandlungszwecken übertragen kann (**Xenotransplantation**).
Würden Sie, sollten Sie einmal ein Ersatzorgan benötigen, der Einpflanzung eines Tierorgans zustimmen?

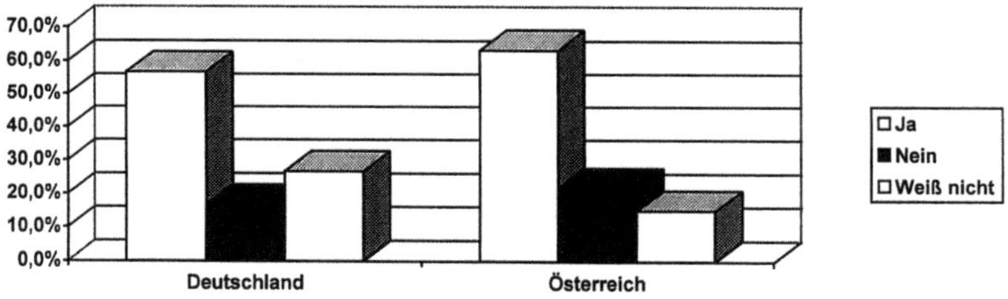

	Deutschland	Österreich
Ja	56,7 %	63,3 %
Nein	16,7 %	21,7 %
Weiß nicht	26,7 %	15,0 %

Abb. 33 b: Wenn nein, warum nicht?

	Deutschland	Österreich
Ich würde auch kein menschliches Organ nehmen	2	-
Zu unerforscht	4	3
Gefahr der Virenübertragung	1	2
Unterschied zwischen Mensch und Tier / Ekel	2	4
Ethische Gründe	-	3
Tierquälerei	-	2
Aus Altersgründen	-	1

Dagegen würden 83,3 % der deutschen und 88,3 % der österreichischen Befragten der Einpflanzung eines **künstlichen Organs** zustimmen. 5,0 % in Deutschland und 3,3 % in Österreich sprechen sich dagegen aus, weil sie beispielsweise Zweifel an der Organfunktion haben. 11,7 % der Deutschen und 8,3 % der Österreicher wissen nicht, wie sie sich entscheiden würden (vgl. Abb. 34 a und 34 b).

Abb. 34 a: Durch **künstliche Organe** (z. B. Kunstherz) läßt sich ein Organausfall meist nur kurzfristig überbrücken. Es wird daran geforscht, inwiefern künstliche Organe auch langfristig als Organersatz und damit als Alternative zur Organtransplantation in Betracht kommen.
Würden Sie, sollten Sie einmal ein Ersatzorgan benötigen, der Einpflanzung eines künstlichen Organs zustimmen?

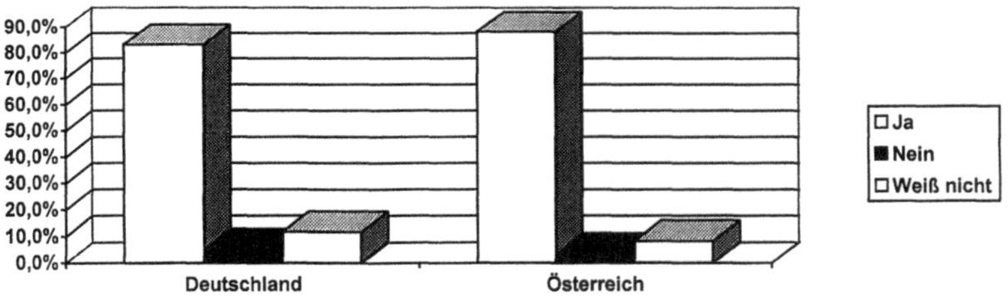

	Deutschland	Österreich
Ja	83,3 %	88,3 %
Nein	5,0 %	3,3 %
Weiß nicht	11,7 %	8,3 %

Abb. 34 b: Wenn nein, warum nicht?

	Deutschland	Österreich
Ich würde auch kein menschliches Organ nehmen	1	-
Zweifel an der Organfunktion	1	1
Überschreitet meine Grenze	-	1

Auf die größte Ablehnung stößt die Vorstellung, sich im Bedarfsfall ein Ersatzorgan, das aus **embryonalen Stammzellen** geschaffen wurde, einpflanzen zu lassen. Nur 43,3 % der Deutschen und 33,3 % der Österreicher würden der Implantation eines solchen Organs zustimmen. 31,7 % in Deutschland und 50,0 %

in Österreich würden dies ablehnen. Die meisten der Befragten geben ethische Gründe für ihre ablehnende Haltung an. Viele sprechen auch von Mord oder Tötung eines Menschenlebens. Die Rettung eines Menschenlebens rechtfertige nicht, ein Menschenleben künstlich zu schaffen und wieder zu opfern. 25,0 % der deutschen und 16,7 % der österreichischen Befragten wissen nicht, ob sie der Einpflanzung eines solchen Organs zustimmen würden (vgl. Abb. 35 a und 35 b).

Abb. 35 a: Die Forschung beschäftigt sich momentan auch mit der Züchtung von Stammzellen. Diese können aus sich heraus alle möglichen Körpergewebe wie etwa auch Organe bilden.
Bei der Gewinnung von Stammzellen wird teilweise auf **embryonale Stammzellen** zurückgegriffen. Zu deren Herstellung wird ein wenige Tage alter künstlich geschaffener Embryo getötet.
Würden Sie, sollten Sie einmal ein Ersatzorgan benötigen, der Einpflanzung eines auf diese Weise hergestellten Organs zustimmen?

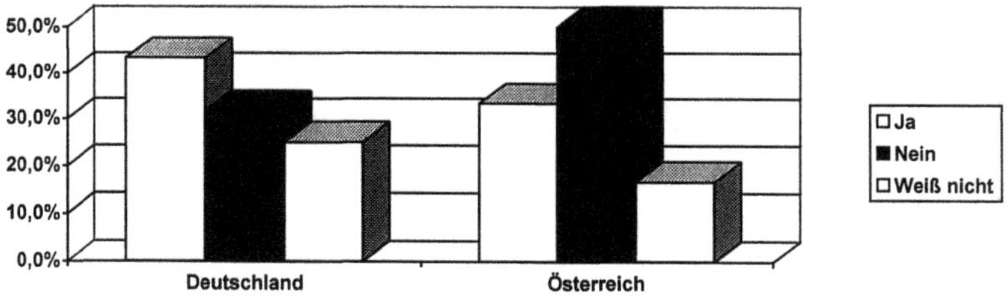

	Deutschland	Österreich
Ja	43,3 %	33,3 %
Nein	31,7 %	50,0 %
Weiß nicht	25,0 %	16,7 %

Abb. 35 b: Wenn nein, warum nicht?

	Deutschland	Österreich
Ethische Gründe	8	22
Mord / Tötung	1	7
Ein Menschenleben darf nicht zur Rettung eines anderen künstlich gezüchtet und wieder geopfert werden	4	8
Ich bin auch gegen Abtreibung	1	-
Ist gegen meine Überzeugung	2	-

Mißbrauchsgefahr	1	1
Ich würde auch kein menschliches Organ nehmen	1	-
Technisch überholt / es gibt andere Stammzellquellen	-	1
Ich bin gegen Genforschung	-	1
Religiöse Gründe	-	1

Auf positive Resonanz stößt die Vorstellung, sich im Bedarfsfall ein Ersatzorgan, das aus **adulten Stammzellen** geschaffen wurde, einpflanzen zu lassen. 91,7 % der Deutschen und 88,3 % der Österreicher wären hierzu bereit. 1,7 % der deutschen und 3,3 % der österreichischen Befragten würden die Implantation eines solchen Organs ablehnen. 6,7 % in Deutschland und 8,3 % in Österreich wissen nicht, wie sie sich entscheiden würden (vgl. Abb. 36 a und 36 b).

Abb. 36 a: Bei der Gewinnung von Stammzellen wird teilweise auch auf **andere Stammzellquellen** wie Nabelschnurblut oder das Knochenmark zurückgegriffen. Deren Gewinnung schadet niemandem.
Würden Sie, sollten Sie einmal ein Ersatzorgan benötigen, der Einpflanzung eines auf diese Weise hergestellten Organs zustimmen?

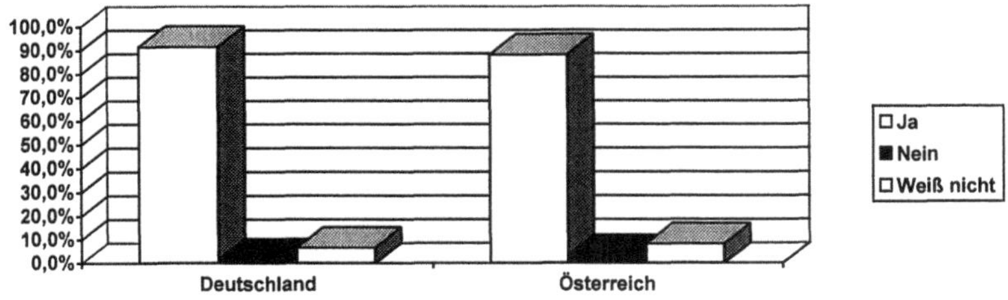

	Deutschland	Österreich
Ja	91,7 %	88,3 %
Nein	1,7 %	3,3 %
Weiß nicht	6,7 %	8,3 %

Abb. 36 b: Wenn nein, warum nicht?

	Deutschland	Österreich
Ich würde auch kein menschliches Organ nehmen	1	-
Ethische Gründe	-	1
Ich kann doch nicht bei der Geburt Blut behalten, das ich mit 50 Jahren brauche	-	1

Die Mehrheit der Befragten – 95,0 % in Deutschland und 96,7 % in Österreich – hält die Organtransplantation für **gesellschaftlich wertvoll.** 3,3 % der Deutschen und 1,7 % der Österreicher sind nicht dieser Meinung. Jeweils 1,7 % der in den Vergleichsländern befragten Personen konnten sich nicht entscheiden (vgl. Abb. 37).

Abb. 37: Halten Sie die Organtransplantation insgesamt für **gesellschaftlich wertvoll**?

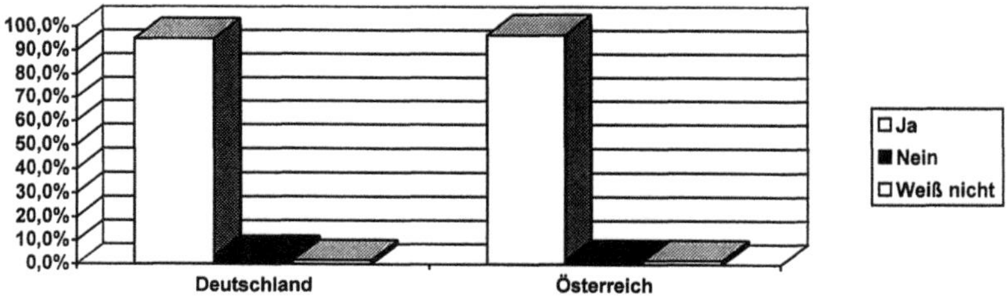

	Deutschland	Österreich
Ja	95,0 %	96,7 %
Nein	3,3 %	1,7 %
Weiß nicht	1,7 %	1,7 %

7. Teil: Zusammenfassung

Die Organtransplantation ist heute ein etabliertes Behandlungsverfahren für schwer kranke Patienten, die an einer nicht anders therapierbaren Dysfunktion eines Organs leiden.
An ihrer Durchführung sind viele Menschen beteiligt, deren Interessen teilweise gegensätzlich sind. Das Ziel einer Transplantation – Lebensrettung und Wiederherstellung der Gesundheit – wird von allen aus unterschiedlichen Motivationsgründen verfolgt. In der rechtspolitischen Diskussion müssen alle Standpunkte berücksichtigt und möglichst zu einem Konsens geführt werden. Um die Existenz und Weiterentwicklung der Organtransplantation zu sichern, darf es bei der Diskussion nicht allein darauf ankommen, die Organspenderzahl zu erhöhen. Wichtiger ist es, das Vertrauen von Nicht-Medizinern in die Transplantationsmedizin zu stärken.[798] Ist dieses vorhanden, wird sich das auch positiv auf die Spendenquote auswirken.
Das Vertrauen kann mit Hilfe klarer rechtlicher Regelungen geschaffen werden. Dabei ist jedoch darauf zu achten, daß es sich nicht um starre Vorschriften handelt, die die Transplantationsmedizin durch bürokratische Vorgaben behindern, sondern daß die Normen den sich ständig ändernden Bedürfnissen der Gesellschaft angepaßt werden können.
Organtransplantationen sind allgemein unter Beachtung der Grenze ihres Einsatzes zur Lebensrettung und Leidensminderung ethisch vertretbar und wünschenswert. Diese Ziele müssen jedoch gesetzlich festgelegt werden.
Die Beachtung des Willens potentieller verstorbener Spender ist für die Akzeptanz der Organspende in der Bevölkerung ein wichtiger Punkt, der zur Schaffung von Rechtssicherheit in einem Gesetz klar geregelt sein muß. Hier kommt dem Gesetzgeber die besondere Aufgabe zu, einen Ausgleich zwischen den Interessen von Organempfängern und potentiellen Organspendern zu schaffen. Zur Feststellung des Willens eines Verstorbenen für oder gegen eine Organspende sind Lösungsvorschläge, wie enge Zustimmungslösung oder Notstandslösung, die die Interessen der einen oder der anderen Seite bedingungslos in den Vordergrund stellen oder unberücksichtigt lassen, abzulehnen. Anderenfalls würde das Ansehen der Transplantationsmedizin derart geschädigt, daß sie entweder aufgrund der praktischen Anwendung – so bei der engen Zustimmungslösung – oder der fehlenden Akzeptanz in der Bevölkerung – so denkbar bei der Notstandslösung – zum Erliegen käme.
Erweiterte Zustimmungslösung oder Widerspruchslösung stellen heute für die Feststellung des Willens eines Verstorbenen die sinnvollsten Lösungen dar, wobei ihre Kombination – Widerspruchslösung für die Explantation von bis zu drei Organen und erweiterte Zustimmungslösung für die Entnahme von mehr als drei Organen – und die Einführung von Registern zur Eintragung von

[798] Schlich 30

Zustimmungen oder Widersprüchen ihre praktische Anwendung erst sinnvoll macht.
Unabdingbare Voraussetzung postmortaler Organspenden ist die Feststellung des Todes anhand des nahezu weltweit anerkannten Merkmals des irreversiblen Ausfalls des Gesamthirns. Die Diagnose des Gesamthirnausfalls bedeutet nicht eine besondere oder unsichere Form des Todes, sondern lediglich ein Merkmal zu seiner Feststellung, wie etwa das des irreversiblen Herz-Kreislauf-Stillstands auch, wobei letzteres erheblichen Unsicherheiten unterliegt. Eine klare Festschreibung der Diagnose des irreversiblen Gesamthirnausfalls als Mindestvoraussetzung bei der Todesfeststellung vor postmortalen Organspenden in einem Transplantationsgesetz wäre sinnvoll, da sonst keine Rechtssicherheit zu erlangen ist. Denn die, wenn auch sehr selten vertretene Meinung, Menschen, bei denen der irreversible Ausfall des Gesamthirns diagnostiziert wurde, seien noch Lebende, bei denen aufgrund des unumkehrbaren Sterbeprozesses aber trotzdem selbst lebenswichtige Organe entnommen werden dürften, könnte die Ärzteschaft verunsichern. Nach dieser Meinung würden sich die Transplanteure nach geltendem Recht dem Vorwurf einer strafbaren Tötung aussetzen. Das hätte eine zurückhaltende Anwendung der Transplantation als Behandlungsmethode zur Folge.
Bedeutsam ist auch eine gesetzliche Regelung der Verteilung postmortal gespendeter Organe. Aufgrund des deutlichen Mangels an Spenderorganen geht es dabei für jeden Patienten um Leben und Tod. Bei der Erstellung der Verteilungskriterien spielen medizinische, ethische und rechtliche Aspekte eine Rolle, so daß sie interdisziplinär und nicht nur von Medizinern festzulegen sind. Die Beurteilung des Vorliegens der Kriterien liegt aus praktischen Gründen bei den Ärzten, da sie in jedem Falle die körperliche Untersuchung vornehmen müssen. Doch aus rechtsstaatlichen Gesichtspunkten ist für einen Patienten, der wegen angeblich fehlender Voraussetzungen kein Organ erhalten hat, die Möglichkeit wichtig, die Entscheidung des Arztes nach objektiven gesetzlichen Kriterien prüfen zu lassen. Schließlich hängt davon das Leben des Patienten ab.
Gleiches gilt für die Aufnahme von Kranken auf die Warteliste.
Wichtige Aufgabe eines Gesetzes ist es in diesem Zusammenhang auch, die Gefahr zu bannen, bestimmte Personengruppen – sei es etwa aufgrund ihrer gesellschaftlichen Stellung, ihres Lebenswandels oder ihrer politischen und moralischen Anschauungen – zu bevorzugen oder zu benachteiligen. Die patientenbezogene Organzuteilung ist dabei eine Grundvoraussetzung, um Mißbrauch und ärztlicher Willkür vorzubeugen.
Die Lebendspende stellt aufgrund des Mangels an postmortal gespendeten Organen eine immer wichtigere Form der Organspende dar. Es sind gesetzliche Normen erforderlich, die so weit wie möglich sicherstellen, daß die Lebendspende freiwillig und ohne finanzielle Gegenleistung erfolgt und durch besondere Anforderungen an die Qualität der Behandlung und Nachsorge sowie

finanzielle Absicherung für den Schadensfall dem Lebendspender ein hohes Maß an Schutz bieten.
Anonyme altruistische Lebendspende und Cross-Spende als besondere Formen der Lebendspende stellen sich aus ethischer und rechtspolitischer Sicht grundsätzlich als wünschenswert dar. Unter Wahrung des Prinzips der „ultima ratio" der Lebendspende, ihrer Freiwilligkeit und Ausschluß finanzieller Gegenleistung sollten diese Formen in der Praxis Anwendung finden können.
Auch neue Forschungsergebnisse, wie beispielsweise bei Xenotransplantation und Organkonservierung, sollten vom Gesetzgeber rechtzeitig wahrgenommen und diskutiert werden, damit für den Fall ihrer Umsetzung in die Praxis ihre Folgen, insbesondere für die Organallokation, gut vorbereitet geregelt werden können.
Die finanzielle Förderung der Transplantationsmedizin durch Zahlungen an Krankenhäuser oder Einzelpersonen für die Meldung potentieller Organspender ist aus ethischer Sicht inakzeptabel. Ein Gesetzgeber darf sich nicht von einzelnen Interessengruppen instrumentalisieren lassen und diesen Mißstand per Gesetz legalisieren. Denn letztlich verstoßen solche Zahlungen gegen die Menschenwürde und das Verbot des Organhandels. Ihre gesetzliche Ausgestaltung ändert daran nichts.

Trotz der gemeinsamen medizinischen und der ähnlichen ethischen sowie rechtspolitischen Probleme finden sich in Europa die unterschiedlichsten Gesetze zur Regelung des Transplantationswesens. In einigen Ländern gibt es sogar überhaupt keine speziellen Normen.
So stellt sich beispielsweise, wie aufgezeigt, die Rechtslage in den drei Nachbarländern Deutschland, Österreich und Schweiz sehr unterschiedlich dar.

Deutschland hat seit 1997 ein umfassendes Transplantationsgesetz, das das Ziel, Rechtssicherheit für alle an Organtransplantationen Beteiligten zu schaffen, weitestgehend verwirklicht. Es regelt die drei großen Bereiche postmortale Organspende, Lebendspende und Organverteilung. Daneben enthält es Strafvorschriften für den Fall der Mißachtung der Regelungen und insbesondere für den Organhandel.
Im Detail gibt es aber auch in Deutschland noch viele Probleme, zu denen das dTPG keine Lösung bietet. Fragen zum Anwendungsbereich, zu Erklärungen von Angehörigen und deren Rechte, zur anonymen altruistischen Lebendspende, zur Cross-Spende oder zur Dominotransplantation bleiben offen. Einige der mit diesen Fragen verbunden Probleme lassen sich nur aus dem Sinn und Zweck des Gesetzes und den allgemeinen Rechtsgrundsätzen lösen. Das dTPG sollte aber auch hier Regelungen bieten, um insbesondere juristischen Laien und Medizinern klare Vorgaben zu geben oder Regelungslücken zu schließen. Der deutsche Gesetzgeber sollte daher die rechtspolitische Diskussion wieder aufgreifen, um das Gesetz zu vervollständigen.

In Österreich gibt es im KAG spezialgesetzliche Normen zur Regelung des Transplantationswesens. Diese betreffen jedoch nur postmortale Organspenden. Im Jahre 1982 inkraftgetreten, sind diese Regelungen heute unzureichend. Das Ziel der Rechtssicherheit erreichen die zur damaligen Zeit möglicherweise ausreichenden §§ 62 a - c KAG heute nicht mehr.
Selbst für postmortale Organspenden gewährleistet das KAG insbesondere potentiellen Organspendern sowie ihren Angehörigen keinen hinreichenden Schutz und gibt Ärzten keinen ausreichend rechtlich klaren Handlungsrahmen vor. So sind beispielsweise die Voraussetzung des heute allgemein anerkannten irreversiblen Ausfalls des Gesamthirns als Explantationsvoraussetzung und das entsprechende Diagnoseverfahren nicht gesetzlich gesichert. Die Organallokation ist nicht geregelt. Sie verbleibt größtenteils in der Hand der Transplantationsmediziner, die weder eine fachliche noch eine gesellschaftliche Qualifikation hierfür besitzen. Regelungen für Lebendspenden fehlen ebenfalls.
Insbesondere zum Schutz von Organspendern und -empfängern, aber auch zur Rechtssicherheit der Ärzte, hat der österreichische Gesetzgeber dringend ein österreichisches Transplantationsgesetz zu erlassen.

In der Schweiz gibt es überhaupt keine bundeseinheitlichen Regelungen für das Transplantationswesen. Für alle an Transplantationen Beteiligten herrscht hier große Rechtsunsicherheit. Zwar gibt es in den meisten Kantonen Transplantationsgesetze. Aufgrund ihrer großen Unterschiede und Regelungslücken wirken sie im Hinblick auf eine einheitliche schweizerische Rechtslage kontraproduktiv. In der Praxis finden sie kaum Beachtung. Der schweizerische Gesetzgeber hat diese unbefriedigende Situation bereits erkannt. Ein Transplantationsgesetz, das im Jahr 2004 erlassen werden soll, befindet sich in der Beratung.

In allen drei Nachbarländern gilt es, für die weitere rechtspolitische Diskussion stets die Meinung der Bevölkerung zu berücksichtigen. Das Funktionieren der Transplantationsmedizin hängt insbesondere von der Organspendenbereitschaft der Bevölkerung ab. Nur wer Vertrauen in diesen wichtigen medizinischen Bereich hat, wird auch bereit sein, nach dem Tod oder auch als Lebender eines oder mehrere Organe zu spenden. Medizin und Recht, zwei der Grundelemente unserer Gesellschaft, dürfen nicht an den Bedürfnissen und am Willen der Bevölkerung vorbeigehen. Ein Transplantationsgesetz sollte daher, um das Vertrauen der Bevölkerung zu wecken und zu stärken, deren Meinung und Interessen hinreichend berücksichtigen. Die Gesetzgeber müssen dabei auch den Mut haben, ethisch nicht vertretbaren Entwicklungen, wie sie sich schon heute in Versuchen der Transplantation von Kopf, Gesicht, Uterus oder Gliedmaßen zeigen, die weder der Lebensrettung dienen noch die einzige Möglichkeit zur Wiederherstellung der Gesundheit eines schwer kranken Menschen darstellen, Grenzen zu setzen.

Allerdings nutzen Transplantationsgesetze nichts, wenn ihre Beachtung in der Praxis nicht kontrolliert und sie insbesondere von Transplantationsmedizinern mißachtet werden. In Österreich setzen sich die Chirurgen beispielsweise über die geltenden §§ 62 a - c KAG hinweg, indem sie Multiorganentnahmen an Verstorbenen vornehmen. Selbst wenn die Bestimmungen des KAG nicht mehr zeitgemäß sind, dürfen Ärzte nicht einfach faktische Verhältnisse schaffen. Vielmehr müßten gerade sie, die sich besonders gegen eine gesetzliche Neuregelung wehren, auf ein neues Gesetz dringen, wollen sie sich nicht weiter dem Vorwurf illegalen beziehungsweise strafbaren Handelns ausgesetzt sehen.
Die zuständigen Ministerien sind daher dazu aufgefordert, die Transplantationsmediziner auf Beachtung der Normen zu kontrollieren, und zwar für die gesamte Dauer ihrer Gültigkeit, auch wenn sie nicht mehr zeitgemäß sein sollten.

Die Gesetzgeber haben weiterhin die Entwicklung der Erforschung anderer Behandlungsmöglichkeiten, die einmal als Ersatz zur „herkömmlichen" Organtransplantation in Betracht kommen sollen, beispielsweise der langfristigen Organkonservierung, zu beachten. Im Falle ihrer Praxisrelevanz wird sich das heutige Transplantationswesen entscheidend verändern. Die Rechtmäßigkeit der Transplantation menschlicher Organe und insbesondere die derzeit geltenden Allokationsregeln werden ganz anders zu bewerten sein. Aufgrund der schnellen Forschungsentwicklung sollten sich die Gesetzgeber auf mögliche Veränderungen im Transplantationswesen bereits jetzt einstellen, um mit ihren rechtlichen Regelungen der medizinisch-technischen Entwicklung, bei der es letztlich um Leben und Tod zahlreicher Patienten geht, nicht, wie es beispielsweise in Deutschland der Fall war, fast vierzig Jahre hinterherzuhinken und so Medizinern und Bevölkerung die Last der Rechtsunsicherheit und Mißbrauchsgefahr aufzubürden.
Gerade in der Transplantationsmedizin gilt es – um mit dem Hinweis auf die Prometheus-Sage im Eingangszitat zu enden – prometheisch, also vorausbedenkend, zu handeln.[799]

[799] Barta, Rechtsdenken 90 (2001)

Literatur

Ach, J., Xenotransplantation, Bioethik und Verlust der „Natürlichkeit", in: Brudermüller, G. / Seelmann, K. (Hg.), Organtransplantation, 43 ff

Ach, J. / Wiesing, U., Ethische Aspekte des Organmangels und der Organverteilung, in: Brudermüller, G. / Seelmann, K. (Hg.), Organtransplantation, 139 ff

Aicher, J., in: Rummel, P., Kommentar zum ABGB

Albert, F., Medizinische Möglichkeiten der Organtransplantation, in: Albert, F. / Land, W. / Zwierlein, E. (Hg.), Transplantationsmedizin, 33 ff

Albert, F. / Land, W. / Zwierlein, E. (Hg.), Transplantationsmedizin und Ethik – Auf dem Weg zu einem gesellschaftlichen Konsens (Lengerich / Berlin / Riga / Scottsdale AZ (USA) / Wien / Zagreb, 1994)

Albrecht, V., Die rechtliche Zulässigkeit postmortaler Transplantatentnahmen (Marburg, 1986)

Alexandre, G. / Wonigeit, K. / Bunzendahl, H., Immunsuppression, in: Pichlmayr, R. (Hg.), Transplantationschirurgie, 205 ff

Angstwurm, H., Ärztlich-ethische Überlegungen zur Organspende nach dem Tod, in: Toellner, R. (Hg.), Organtransplantation, 81 ff

Arbeitskreis Organspende (Hg.), Kein Weg zurück ... Informationen zum Hirntod (Neu-Isenburg, 1999)

Arbeitskreis Organspende, Mit Herz und Verstand über Organspende reden (Neu-Isenburg, Stand: Juni 2001)

Bär, W., Transplantation, in: Honsell, H. (Hg.), Handbuch, 427 ff

Barta, H., Recht, Gesellschaft und Verantwortlichkeit am Ende der „Moderne", in: Barta, H. / Ernst, W. / Moser, H. (Hg.), Wissenschaft und Verantwortlichkeit (1994), 78 ff

Barta, H., Zivilrecht – Einführung und Grundriß (Wien, 2000)

Barta, H., Rechtsfragen der Transplantationsmedizin in Österreich – Organtransplantation zwischen rechtlicher Bindung und gesellschaftlichem Konsens –

Überlegungen zum Verhältnis von Recht und Medizin in modernen Gesellschaften, in: Barta, H. / Weber, K. (Hg.), Rechtsfragen (2001), 19 ff

Barta, H., Rechtsdenken und Organtransplantation – Rechtliche Rahmenbedingungen der Transplantationsmedizin, in: Köchler, H. (Hg.), Transplantationsmedizin (2001), 89 ff

Barta, H. / Ernst, W. / Moser, H. (Hg.), Wissenschaft und Verantwortlichkeit (Wien, 1994)

Barta, H. / Kalchschmid, G., Entwurf eines Transplantationsgesetzes, in: Barta, H. / Weber, K. (Hg.), Rechtsfragen, 43 ff

Barta, H. / Kalchschmid, G., / Kopetzki, C. (Hg.), Rechtspolitische Aspekte des Transplantationswesens (Wien, 1999)

Barta, H. / Weber, K. (Hg.), Rechtsfragen der Transplantationsmedizin in Europa (Wien, 2001)

Bauer, K., Über Rechtsfragen bei homologer Organtransplantation aus der Sicht des Klinikers (unter besonderer Berücksichtigung der Krebsübertragung), in: Der Chirurg 1967, 245 ff

Baumann, W., in: Staudinger von, J., Kommentar zum Bürgerlichen Gesetzbuch (1996), § 2229

Berchtold, R. / Hamelmann, H. / Peiper, H.-J. / Bruch, H.-J. / Trentz, O. (Hg.), Chirurgie (Wien / Baltimore, 1994[3])

Berchtold, R. / Hamelmann, H. / Peiper, H.-J. / Bruch, H.-J. / Trentz, O. (Hg.), Chirurgie (München / Jena, 2001[4])

Bernat, E. (Hg.), Ethik und Recht an der Grenze zwischen Leben und Tod (Graz, 1993)

Berndt, C., Innere Werte – Chirurgen fordern einen legalen Handel mit Organen, in: Süddeutsche Zeitung v. 8.6.2002

Bickelböller, R. / Gossmann, J. / Kramer, W. / Scheuermann, E., Sich in besonderer Weise offensichtlich nahestehen – Eine Interpretation des Gesetzestextes zur Lebendspende im Sinne der personalen Freundschaft, in: Zeitschrift für medizinische Ethik, Bd. 44 (1998), 325 ff

Birnbacher, D., Organtransplantation – Stand der ethischen Debatte, in: Brudermüller, G. / Seelmann, K. (Hg.), Organtransplantation, 13 ff

Blankart, C. / Thiel, G., Was hat die Ökonomik mit Organspende zu tun? – Bemerkungen zum schweizerischen Transplantationsgesetz, in: Neue Zürcher Zeitung v. 31.3.2001

Blume von, W., Fragen des Totenrechts, in: Archiv der civilistischen Praxis 112 (1914), 365 ff

Brandstetter, W., Strafrechtliche und rechtspolitische Aspekte der Verwendung von Organen Verstorbener, Lebender und Ungeborener, in: Brandstetter, W. / Kopetzki, C. (Hg.), Organtransplantationen, 90 ff

Brandstetter, W. / Kopetzki, C. (Hg.), Organtransplantationen – Medizinische und rechtliche Aspekte der Verwendung menschlicher Organe zu Heilzwecken (Wien, 1987)

Broelsch, C., in: Berndt, C., Innere Werte

Brudermüller, G. / Seelmann, K. (Hg.), Organtransplantation (Würzburg, 2000)

Brüstle, O., Die Mechanismen entschlüsseln und auf adulte Zellen anwenden, in: Deutsches Ärzteblatt, Jg. 98 (2001), B-1361 ff

Buchborn, E., Derzeitige medizinische Möglichkeiten der Organtransplantation, in: Hiersche, H.-D. / Hirsch, G. / Graf-Baumann, T. (Hg.), Rechtliche Fragen der Organtransplantation, 4 ff

Bücherl, E. (Hg.), Künstliche Organe (Darmstadt, 1995)

Bücherl, E., Das künstliche Herz, in: Bücherl, E. (Hg.), Künstliche Organe, 41 ff

Bülow von, D., Aufgaben des Gesetzgebers, in: Hiersche, H.-D. / Hirsch, G. / Graf-Baumann, T. (Hg.), Rechtliche Fragen der Organtransplantation, 79 ff

Bundesärztekammer, Richtlinien für die allogene Knochenmarktransplantation mit nichtverwandten Spendern, in: Deutsches Ärzteblatt, Jg. 91 (1994), B-578 ff

Bundesärztekammer, Richtlinien zur Feststellung des Hirntodes, in: Deutsches Ärzteblatt, Jg. 95 (1998), B-1509 ff

Bundesärztekammer, Empfehlungen für die Zusammenarbeit zwischen Krankenhäusern und Transplantationszentren bei der postmortalen Organentnahme, in: Deutsches Ärzteblatt, Jg. 96 (1999), B-1652 ff

Bundesärztekammer, Stellungnahme des Wissenschaftlichen Beirates der Bundesärztekammer zur Xenotransplantation, in: Deutsches Ärzteblatt, Jg. 97 (2000), B-279 ff

Bundesärztekammer, Richtlinien für die Wartelisten, in: Deutsches Ärzteblatt, Jg. 97 (2000), B-352 ff

Bundesärztekammer, Empfehlungen zur Lebendorganspende, in: Deutsches Ärzteblatt, Jg. 97 (2000), B-2764 ff

Bundesärztekammer, Zur Frage der Verbindlichkeit von Richtlinien, Leitlinien, Empfehlungen und Stellungnahmen, www.baek.de/cgi-bin/printVersion.cgi (Stand: 22.7.2001)

Bundesärztekammer, Erklärung zum Hirntod, in: Deutsches Ärzteblatt, Jg. 98 (2001), B-1203

Bundesärztekammer, Anforderungen an die im Zusammenhang mit einer Organentnahme und -übertragung erforderlichen Maßnahmen zur Qualitätssicherung, in: Deutsches Ärzteblatt, Jg. 98 (2001), B-1907

Bundesamt für Gesundheit, Verfassungsbestimmung über die Transplantationsgesetzgebung – Dokumentation (Bern, Stand: Dezember 1998)

Carstens, T., Das Recht der Organtransplantation – Stand und Tendenzen des deutschen Rechts im Vergleich zu ausländischen Gesetzen (Frankfurt a. M. / Berlin / Las Vegas, 1978)

Conrads, C., Eurotransplant und UNOS – Modelle der Organallokation?, in: Medizinrecht 1996, 300 ff

Deutsch, E., Medizinrecht – Arztrecht, Arzneimittelrecht und Medizinprodukterecht (Berlin / Heidelberg / New York, 1997[3])

Deutsch, E., Das Transplantationsgesetz vom 5.11.1997, in: Neue Juristische Wochenschrift 1998, 777 ff

Deutsch, E., Festschrift (Köln / Berlin / Bonn / München, 1999)

Deutsch, E., Medizinrecht – Arztrecht, Arzneimittelrecht und Medizinprodukterecht (Berlin / Heidelberg / New York, 1999[4])

Deutsch, E., Das Schwein als Arzneimittelhersteller, in: Bundesärztekammer, Stellungnahme des Wissenschaftlichen Beirates (2000), B- 280 f

Deutsche Bischofskonferenz, Organtransplantationen (Bonn / Hannover, 1990)

Deutsche Stiftung Organtransplantation (Hg.), Der Hirntod als der Tod des Menschen (Neu-Isenburg, 1995)

Deutsche Stiftung Organtransplantation (Hg.), Organspende und Transplantation in Deutschland 1997 (Neu-Isenburg, 1998)

Deutsche Stiftung Organtransplantation (Hg.), Organspende und Transplantation in Deutschland 1999 (Neu-Isenburg, 2000)

Deutsche Stiftung Organtransplantation (Hg.), Organspende und Transplantation in Deutschland 2000 (Neu-Isenburg, 2001)

Deutsche Stiftung Organtransplantation (Hg.), Organspende und Transplantation in Deutschland 2001 (Neu-Isenburg, 2002)

Deutsche Transplantationsgesellschaft (DTG), Transplantationskodex, in: Transplantationsmedizin 1995, 154 ff

Drees, G. / Scheld, H., Herztransplantation – ethische und juristische Aspekte, in: Toellner, R. (Hg.), Organtransplantation, 27 ff

Dreher, E., Strafgesetzbuch (München, 1970[32])

Duden, Bedeutungswörterbuch (Mannheim / Wien / Zürich, 1985[2])

Dufková, J., Zur Frage der Zulässigkeit von sog. Cross-Spenden bei Nierentransplantationen lebender Organspender unter Berücksichtigung der Entscheidung des Bundesverfassungsgerichts vom 11.8.1999 zur altruistischen fremdnützigen Lebendspende, in: Medizinrecht 2000, 408 ff

Eder-Rieder, M., Die gesetzliche Grundlage zur Vornahme von Transplantationen, in: Österreichische Juristen-Zeitung 1984, 289 ff

Edlbacher, O., Die Entnahme von Leichenteilen zu medizinischen Zwecken aus zivilrechtlicher Sicht, in: Österreichische Juristen-Zeitung 1965, 449 ff

Edlbacher, O., Körperliche, besonders ärztliche, Eingriffe an Minderjährigen aus zivilrechtlicher Sicht, in: Österreichische Juristen-Zeitung 1982, 365 ff

Eidgenössisches Departement des Innern, Transplantationsgesetz – Erläuternder Bericht zum Entwurf (1999)

Eigler, F., Organquellen, in: Albert, F. / Land, W. / Zwierlein, E. (Hg.), Transplantationsmedizin, 47 ff

Elias, M., Kindness motivates newest kidney donors, in: USA Today v. 19.6.2002

Engisch, K., Über Rechtsfragen bei homologer Organtransplantation – Ergänzende Bemerkungen aus der Sicht des Juristen (des Kriminalisten), in: Der Chirurg 1967, 252 ff

Erichsen, H.-U. / Kollhosser, H. / Welp, J. (Hg.), Recht der Persönlichkeit (Berlin, 1996)

Eser, A., in: Schönke, A. / Schröder, H., Strafgesetzbuch (2001[26])

Eurotransplant, Annual Report 1997 (Leiden, 1998)

Eurotransplant, Annual Report 1998 (Leiden, 1999)

Eurotransplant, Annual Report 1999 (Leiden, 2000)

Eurotransplant, Annual Report 2000 (Leiden, 2001)

Eurotransplant, Annual Report 2001 (Leiden, 2002)

Eurotransplant, Eurotransplant – Eine internationale Schlüsselstellung (Leiden, Stand: Dezember 2000)

Eurotransplant, Eurotransplant – Information für Patienten (Leiden, Stand: Dezember 2000)

Feldkamp, A., in: Arbeitskreis Organspende (Hg.), Kein Weg zurück

Fieber, A. (Hg.), Chancen und Risiken der Organverpflanzung: die Grenzen der Machbarkeit (Wien, 1991)

Finkel, M., Complications, in: The New York Times Magazine, Section 6 v. 27.5.2001, 26 ff

Foregger, E. / Serini, E., Strafgesetzbuch (Wien, 1975)

Foregger, E. / Fabrizy, E., Strafgesetzbuch samt ausgewählten Nebengesetzen – Kurzkommentar (Wien, 1999[7])

Frick, M.-Th., Persönlichkeitsrechte – Rechtsvergleichende Studie über den Stand des Persönlichkeitsschutzes in Österreich, Deutschland, der Schweiz und Liechtenstein (Wien, 1991)

Fritsch-Oppermann, S. (Hg.), Loccumer Protokolle 61 / 96 – Organtransplantation und kulturelle Unterschiede (Rehberg-Loccum, 1997)

Fritsch-Oppermann, S., Medizin in radikal verschiedenen Kulturen – Einige Beispiele für das Verstehen von Leben, Heil und Leiden im interkulturellen Kontext, in: Fritsch-Oppermann, S. (Hg.), Loccumer Protokolle, 145 ff

Fuhrmann, H., Transplantate – § 190 / 1 StGB, in: Österreichische Richterzeitung 1980, 259 f

Gaisbauer, G., Gesetzliche Regelung der Organentnahme zum Zwecke der Transplantation in Österreich, in: Versicherungsrecht 1983, 520 ff

Gerhardt, G., Hexenwerk oder Segen für die Menschheit?, in: Mainzer Allgemeine Zeitung v. 3.2.2001

Gerlach, J., Hybride Organe und hybride Organunterstützungssysteme, in: Bücherl, E. (Hg.), Künstliche Organe, 82 ff

Gruber, C., Meldepflicht potentieller Organspender – § 10 TPG im Lichte von an Transplantationszentren praktizierten Organisationsmodellen einer „ambulanten“ Hirntoddiagnostik, in: Zeitschrift für Rechtspolitik 1998, 127 ff

Grundmann, R. / Pichlmayr, H., Organkonservierung, in: Pichlmayr, R. (Hg.), Transplantationschirurgie, 123 ff

Gubernatis, G., Der Organspender: Organisatorische und rechtliche Probleme, in: Kleinberger, G. / Lenz, K. / Ritz, R. / Schuster, H.-P. / Stockenhuber, F. (Hg.), Transplantation (1995), 5 ff

Gubernatis, G., Solidarmodell – mehr Gerechtigkeit in der Organverteilung, mehr Wahrhaftigkeit bei der Organspende – ein Weg zu multipler Problemlösung in der Transplantationsmedizin, in: Lachmann, R. / Meuter, N. (Hg.), Zur Gerechtigkeit der Organverteilung (1997), 15 ff

Gubernatis, G., Intensivierung der Organspende durch Regionalisierung, in: Med-Report 1998, Nr. 9, 12 ff

Gutmann, T., Rechtsphilosophische Aspekte der Lebendspende von Organen: Zehn Thesen, in: Albert, F. / Land, W. / Zwierlein, E. (Hg.), Transplantationsmedizin (1995), 131 ff

Gutmann, T., Probleme einer gesetzlichen Regelung der Lebendspende von Organen, in: Medizinrecht 1997, 147 ff

Gutmann, T. / Land, W., Ethische und rechtliche Fragen der Organverteilung: Der Stand der Debatte, in: Brudermüller, G. / Seelmann, K. (Hg.), Organtransplantation, 87 ff

Gutmann, T. / Schroth, U., Recht, Ethik und die Lebendspende von Organen – der gegenwärtige Problemstand, in: Transplantationsmedizin 2000, 174 ff

Hammer, C. / Schreiber, H.-L. / Sewing, K.-Fr., Schlußwort, in: Bundesärztekammer, Stellungnahme des Wissenschaftlichen Beirates, B-281 f

Harbich, H., Das Recht zu sterben – Lebensverlängerung um jeden Preis? – Eine juristische Betrachtung, in: Österreichische Richterzeitung 1968, 115 ff

Hein, T., Ich verwende keine Säge, sondern Skalpell und Schere. Die Köpfe müssen ja sehr sorgfältig vom Rumpf getrennt werden, in: Magazin der Süddeutschen Zeitung Nr. 34 v. 25.8.2000

Heinrichs, H., in: Palandt, O., Bürgerliches Gesetzbuch

Heinze, M., Allokationsprobleme in der Transplantationsmedizin aus zivilrechtlicher Sicht, in: Lachmann, R. / Meuter, N. (Hg.), Zur Gerechtigkeit der Organverteilung, 83 ff

Herrmann, U. (Hg.), Die Seele verpflanzen? – Organtransplantation als psychische und ethische Herausforderung (Gütersloh, 1996)

Heuer, S. / Conrads, C., Aktueller Stand der Transplantationsgesetzgebung 1997, in: Medizinrecht 1997, 195 ff

Heun, W., Der Hirntod als Kriterium des Todes des Menschen – Verfassungsrechtliche Grundlagen und Konsequenzen, in: Juristenzeitung 1996, 213 ff

Hirsch, G. / Schmidt-Didczuhn, A., Transplantation und Sektion – Die rechtliche und rechtspolitische Situation nach der Wiedervereinigung (Heidelberg, 1992)

Hiersche, H.-D. / Hirsch, G. / Graf-Baumann, T. (Hg.), Rechtliche Fragen der Organtransplantation (Berlin / Heidelberg / New York, 1990)

Hobom, B., Immunsystem toleriert fremde Organe, in: Frankfurter Allgemeine Zeitung v. 4.9.2002

Höfling, W., Hirntodkonzeption und Transplantationsgesetzgebung, in: Medizinrecht 1996, 6 ff

Hoerster, N., Sterbehilfe im säkularen Staat (Frankfurt a. M., 1998)

Hoff, J. / In der Schmitten, J. (Hg.), Wann ist der Mensch tot? – Organverpflanzung und „Hirntod"-Kriterium (Reinbeck bei Hamburg, 1994)

Hoff, J. / In der Schmitten, J., Kritik der „Hirntod"-Konzeption – Plädoyer für ein menschenwürdiges Todeskriterium, in: Hoff, J. / In der Schmitten, J. (Hg.), Wann ist der Mensch tot?, 153 ff

Hoheisel, K., Organtransplantation aus jüdischer, islamischer und anthroposophischer Sicht, in: Herrmann, U. (Hg.), Die Seele verpflanzen?, 89 ff

Holczabek, W. / Kopetzki, C., Rechtsgrundlagen von Organtransplantationen, in: Wiener klinische Wochenschrift 1986, 417 ff

Holznagel, B. Die Vermittlung von Spenderorganen nach dem geplanten Transplantationsgesetz, in: Deutsches Verwaltungsblatt 1997, 393 ff

Honsell, H. (Hg.), Handbuch des Arztrechts (Zürich, 1994)

Honsell, H., Wem gehören die Organe eines Verstorbenen?, in: Largiadèr, F. / Candinas, D. / Mosimann, F. (Hg.), Organ-Allokation, 15 ff

Humml, S., Einstieg in Züchtung von Menschen?, in: Mainzer Allgemeine Zeitung v. 21.12.2000

Jarosch, K., Agonie und Todeseintritt in ihrer rechtlichen Konsequenz, in: Österreichische Richterzeitung 1971, 163 ff

Kalchschmid, G., Die Organtransplantation – Überlegungen de lege lata und de lege ferenda (Wien, 1997)

Kalchschmid, G. / Barta, H., Rechtspolitische Überlegungen zur Organtransplantation – Plädoyer für ein Transplantationsgesetz, in: Barta, H. / Kalchschmid, G. / Kopetzki, C. (Hg.), Rechtspolitische Aspekte, 13 ff

Karl, C., Todesbegriff und Organtransplantation – gezeigt am Beispiel der Bundesrepublik Deutschland, der ehemaligen DDR und Österreich (Wien, 1995)

Keller, M., Operation Niere, in: Die Zeit v. 5.12.2002

Kern, B.-R., Die Bedeutung des Betreuungsgesetzes für das Arztrecht, in: Medizinrecht 1991, 66 ff

Kern, B.-R., Arzt und Betreuungsrecht, in: Medizinrecht 1993, 245 ff

Kleinberger, G. / Lenz, K. / Ritz, R. / Schuster, H.-P. / Stockenhuber, F. (Hg.), Transplantation (Wien / New York, 1995)

Klinge, I., Todesbegriff, Totenschutz und Verfassung – Der Tod in der Rechtsordnung unter besonderer Berücksichtigung der verfassungsrechtlichen Dimension (Baden-Baden, 1996)

Kloth, K., Rechtsprobleme der Todesbestimmung und der Organentnahme von Verstorbenen (Berlin, 1994)

Köchler, H. (Hg.), Transplantationsmedizin und personale Identität – Medizinische, ethische, rechtliche und theologische Aspekte der Organverpflanzung (Frankfurt a. M. / Berlin / Bern / Bruxelles / New York / Oxford / Wien, 2001)

Kohlhaas, M., Rechtsfragen zur Transplantation von Körperorganen, in: Neue Juristische Wochenschrift 1967, 1489 ff

Kollhosser, H., Persönlichkeitsrecht und Organtransplantationen, in: Erichsen, H.-U. / Kollhosser, H. / Welp, J. (Hg.), Recht der Persönlichkeit, 147 ff

Kopetzki, C., Rechtsgrundlagen der Organgewinnung zu Transplantationszwecken, in: Brandstetter, W. / Kopetzki, C. (Hg.), Organtransplantationen (1987), 60 ff

Kopetzki, C., Organgewinnung zu Zwecken der Transplantation – Eine systematische Analyse des geltenden Rechts (Wien / New York, 1988)

Kopetzki, C., Die Biomedizinkonvention des Europarats und das Transplantationsrecht, in: Barta, H. / Weber, K. (Hg.), Rechtsfragen (2001), 121 ff

Kühl, K., in: Lackner, K. / Kühl, K. (Hg.), Strafgesetzbuch

Kühn, H., Die Motivationslösung – Neue Wege im Recht der Organtransplantation (Berlin, 1998)

Lachmann, R. / Meuter, N. (Hg.), Zur Gerechtigkeit der Organverteilung: ein Problem der Transplantationsmedizin aus interdisziplinärer Sicht (Stuttgart / Jena / Lübeck / Ulm, 1997)

Lackner, K. / Kühl, K. (Hg.), Strafgesetzbuch mit Erläuterungen (München 2001[24])

Land, W. (Hg.), Breitner Chirurgische Operationslehre, Bd. XII, Transplantationschirurgie (München / Wien / Baltimore, 1996[2])

Land, W., Historie, Terminologie, immunologische Grundlagen und klinische Ergebnisse der Organtransplantation, in: Land, W. (Hg.), Breitner Chirurgische Operationslehre, 1 ff

Land, W., Prinzipien der Organspende, in: Land, W. (Hg.), Breitner Chirurgische Operationslehre, 11 ff

Lange, R., Herzchirurgie, in: Siewert, J., Chirurgie, 359 ff

Largiadèr, F., Checkliste Organtransplantation (Stuttgart / New York, 1999[2])

Largiadèr, F. / Candinas, D. / Mosimann, F. (Hg.), Organ-Allokation – Zuteilung von Organen für die Transplantation (Bern / Göttingen / Toronto / Seattle, 1997)

Laufs, A., Das Menschenrechtsübereinkommen zur Biomedizin und das deutsche Recht, in: Neue Juristische Wochenschrift 1997, 776

Lauterbach, H. (Hg.), Unfallversicherung – Sozialgesetzbuch VII – Kommentar zum Siebten Buche des Sozialgesetzbuchs und zu weiteren die Unfallversicherung betreffenden Gesetzen (Stuttgart / Berlin / Köln, Stand: Mai 2001[4])

Lemke, M., Stand der Diskussion zum Entwurf eines Transplantationsgesetzes – Eine rechtspolitische Bestandsaufnahme, in: Medizinrecht 1991, 281 ff

Lenckner, T.; in: Schönke A. / Schröder, H. Strafgesetzbuch (2001[26])

Leukauf, O. / Steininger, H., Kommentar zum Strafgesetzbuch (Eisenstadt, 1984[2])

Leukauf, O. / Steininger, H., Kommentar zum Strafgesetzbuch (Eisenstadt, 1992[3])

Lilie, H., Zur Verbindlichkeit eines Organspenderausweises nach dem Tode des Organspenders, in: Medizinrecht 1983, 131 ff

Lilie, H., Wartelistenbetreuung nach dem Transplantationsgesetz, in: Festschrift für Deutsch, 643 ff (1999)

Linck, J., Vorschläge für ein Transplantationsgesetz, in: Zeitschrift für Rechtspolitik 1975, 249 ff

Loebenstein, H., Die strafrechtliche Haftung des Arztes bei operativen Eingriffen, in: Österreichische Juristen-Zeitung 1978, 309 ff

Lutterotti von, N. Wenn der Patient ärztlichen Rat ignoriert, in: Frankfurter Allgemeine Zeitung v. 15.8.2001

Mange, K., Transplantatüberleben abhängig von Dialysedauer, in: Deutsches Ärzteblatt, Jg. 98 (2001), B-2467

Margreiter, R., Hirntod und Hirntoddiagnostik, in: Fieber, A. (Hg.), Chancen und Risiken, 26 ff

Matesanz, R. / Miranda, B., International figures on organ donation and transplantation – 1998, in: Newsletter Transplant Vol. 4, No. 1 (Oktober 1999)

Matesanz, R. / Miranda, B., International figures on organ donation and transplantation – 2001, in: Newsletter Transplant Vol. 7, No. 1 (September 2002)

Maurer, H., Die medizinische Organtransplantation in verfassungsrechtlicher Sicht – Bemerkungen zum Entwurf eines Transplantationsgesetzes, in: Die öffentliche Verwaltung 1980, 7 ff

Mayer-Maly, T., Rechtsphilosophie (Wien / New York, 2001)

Mayrhofer, O., Die Todesfeststellung, in: Brandstetter, W. / Kopetzki, C. (Hg.), Organtransplantationen, 54 ff

Molzahn, M. / Tuffs, A. / Köhler, A., in: Deutsche Stiftung Organtransplantation (Hg.), Organspende und Transplantation in Deutschland 2000

Nagel, E., Die Zukunft der Organtransplantation: Was macht das Leben lebenswert? (Dortmund, 1999)

Nagel, E. / Bartels, M. / Pichlmayr, R., Transplantation, in: Berchtold, R. / Hamelmann, H. / Peiper, H.-J. / Bruch, H.-J. / Trentz, O. (Hg.), Chirurgie (2001[4]), 311 ff

Neuhaus, P. / Pfitzmann, R., Organtransplantation, in: Siewert, J. (Hg.), Chirurgie, 779 ff

Nickel, L., Verfassungsrechtliche Probleme der Transplantationsgesetzgebung am Beispiel des Gesetzesbeschlusses des rheinland-pfälzischen Landtags, in: Medizinrecht 1995, 139 ff

Nickel, L., Die Entnahme von Organen und Geweben bei Verstorbenen zum Zwecke der Transplantation (Bonn, 1999)

Nickel, L. / Schmidt-Preisigke, A. / Sengler, H., Transplantationsgesetz – Kommentar (Stuttgart / Berlin / Köln, 2001)

Österreichisches Bundesinstitut für Gesundheitswesen, Jahresbericht 1995 (Wien, 1995)

Österreichisches Bundesinstitut für Gesundheitswesen, Jahresbericht 1997 (Wien, 1998)

Österreichisches Bundesinstitut für Gesundheitswesen, Jahresbericht 1999 (Wien, 2000)

Österreichisches Bundesinstitut für Gesundheitswesen, Jahresbericht 2001 (Wien, 2002)

Olshausen, W., in: Staudinger von, J., Kommentar zum Bürgerlichen Gesetzbuch (1997), § 2339

Palandt, O., Bürgerliches Gesetzbuch (München, 2002[61])

Pendl, G., Der Hirntod – Eine Einführung in seine Diagnostik und Problematik (Wien / New York, 1986)

Pichlmayr, I. / Pichlmayr, R., Lebenschance Organtransplantation (Stuttgart, 1991)

Pichlmayr, R. (Hg.), Transplantationschirurgie (Berlin / Heidelberg / New York, 1981)

Pichlmayr, R. / Lauchart, W. / Wonigeit, K., Allgemeines zur Physiologie und Pathophysiologie der Organtransplantation, in: Pichlmayr, R. (Hg.), Transplantationschirurgie, 19 ff

Pichlmayr, R. / Nagel, E., Organtransplantation und Transplantationsimmunologie, in: Berchtold, R. / Hamelmann, H. / Peiper, H.-J. / Bruch, H.-J. / Trentz, O. (Hg.), Chirurgie (1994^{3})

Pohlmann-Eden, B., Medizinisch-naturwissenschaftliche Grundlagen der Hirntoddiagnose, in: Brudermüller, G. / Seelmann, K. (Hg.), Organtransplantation, 65 ff

Pschyrembel, Klinisches Wörterbuch (Berlin / New York, 1994^{257})

Richter, A., Anzahl der Spenderorgane reicht nicht aus, in: Deutsches Ärzteblatt, Jg. 98 (2001), B-2071

Rieder, M., Die strafrechtliche Beurteilung von Organtransplantationen de lege lata et ferenda, in: Österreichische Juristen-Zeitung 1978, 113 ff

Rittner, C. / Besold, A. / Wandel, E., Die anonymisierte Lebendspende nach § 9 Satz 1 TPG geeigneter Organe (§ 8 I 2 TPG lege ferenda) – ein Plädoyer pro vita und gegen ärztlichen und staatlichen Paternalismus, in: Medizinrecht 2001, 118 ff

Rummel, P., Kommentar zum Allgemeinen bürgerlichen Gesetzbuch, 1. Band, §§ 1 bis 1174 ABGB (Wien, 2000^{3})

Samson, E., Legislatorische Erwägungen zur Rechtfertigung der Explantation von Leichenteilen, in: Neue Juristische Wochenschrift 1974, 2030 ff

Sass, H.-M. (Hg.), Medizin und Ethik (Ditzingen, 1999)

Sass, H.-M., Hirntod und Hirnleben, in: Sass, H.-M. (Hg.), Medizin und Ethik, 160 ff

Sasse, R., Das deutsche Transplantationsgesetz, in: Barta, H. / Weber, K. (Hg.), Rechtsfragen, 105 ff

Schaupp, W., Organtransplantation und christliches Liebesgebot – Zur Relevanz eines zentralen Prinzips christlicher Ethik für Fragen der Organspende, in: Köchler, H. (Hg.), Transplantationsmedizin, 103 ff

Schick, P., Todesbegriff, Sterbehilfe und aktive Euthanasie. Strafrechtsdogmatische und kriminalpolitische Erwägungen, in: Bernat, E. (Hg.), Ethik und Recht, 121 ff

Schlake, H.-P. / Roosen, K., in: Deutsche Stiftung Organtransplantation (Hg.), Der Hirntod

Schlich, T., Medizingeschichte und Ethik der Transplantationsmedizin – Die Erfindung der Organtransplantation, in: Albert, F. / Land, W. / Zwierlein, E. (Hg.), Transplantationsmedizin, 11 ff

Schlumpf, R., Nationale Koordination und Organverteilung, in: Largiadèr, F. / Candinas, D. / Mosimann, F. (Hg.), Organ-Allokation, 17 ff

Schmidt, U., Organhandel als Mittel der Organbeschaffung und -verteilung?, in: Albert, F. / Land, W. / Zwierlein, E. (Hg.), Transplantationsmedizin, 93 ff

Schmidt, V., Ist die Verteilung knapper Gesundheitsgüter ein medizinisches Problem? – Überlegungen am Beispiel der Transplantationsmedizin, in: Lachmann, R. / Meuter, N. (Hg.), Zur Gerechtigkeit der Organverteilung, 49 ff

Schmidt-Didczuhn, A., Transplantationsmedizin in Ost und West im Spiegel des Grundgesetzes, in: Zeitschrift für Rechtspolitik 1991, 264 ff

Schmidt-Jortzig, E., Wann ist der Mensch tot? (München, 1999)

Schönke, A. / Schröder, H., Strafgesetzbuch (München, 1972[16])

Schönke, A. / Schröder, H., Strafgesetzbuch (München, 2001[26])

Schreiber, H.-L., Für ein Transplantationsgesetz, in: Toellner, R. (Hg.), Organtransplantation, 97 ff

Schreiber, H.-L. / Wolfslast, G., Ein Entwurf für ein Transplantationsgesetz, in: Medizinrecht 1992, 189 ff

Schroeder, F.-C., Gegen die Spendenlösung bei der Organabgabe, in: Brudermüller, G. / Seelmann, K. (Hg.), Organtransplantation, 173 ff

Schwab, G., Die schönsten Sagen des klassischen Altertums (Wien)

Schwägerl, C., Strohhalme für die Ethik – Embryonen, die keine sind: Die Forschung hat neue Ideen, in: Frankfurter Allgemeine Zeitung v. 20.10.2001

Schwägerl, C., Erste Schritte zur Klonindustrie? – Versuche mit geringer Erfolgsquote und mangelnder Transparenz, in: Frankfurter Allgemeine Zeitung v. 27.11.2001

Schwägerl, C., Die ultimative Stammzelle?, in: Frankfurter Allgemeine Zeitung v. 21.6.2002

Schweizerische Akademie der Medizinischen Wissenschaften, Medizinisch-ethische Richtlinien zur Definition und Feststellung des Todes im Hinblick auf Organtransplantationen, www.samw.ch (Stand: 14.6.2002)

Schweizerischer Bundesrat, Botschaft zu einer Verfassungsbestimmung über die Transplantationsmedizin (1997)

Schweizerischer Bundesrat, Botschaft zum Bundesgesetz über die Transplantation von Organen und Zellen, www.bag.admin.ch/transpla/gesetz/d/BOTSCHAFT-TxG-120901.pdf (Stand Mai 2002)

Schwerdtfeger, U., § 2 SGB VIII, in: Lauterbach, H. (Hg.), Unfallversicherung

Seidenath, B., Lebendspende von Organen – Zur Auslegung des § 8 Abs 1 S 2 TPG, Medizinrecht 1998, 253 ff

Siewert, J. (Hg.), Chirurgie (Berlin / Heidelberg / New York, 2001[7])

Smit, H. / Sasse, R. / Zickgraf, T. / Schoeppe, W. / Molzahn, M., in: Deutsche Stiftung Organtransplantation (Hg.), Organspende und Transplantation in Deutschland 1997

Smit, H. / Molzahn, M. / Kirste, G. / Grupp, R. / Köhler, A., in: Deutsche Stiftung Organtransplantation (Hg.), Organspende und Transplantation in Deutschland 1999

Spann, W., Voraussetzungen der Explantation, in: Hiersche, H.-D. / Hirsch, G. / Graf-Baumann, T. (Hg.), Rechtliche Fragen der Organtransplantation, 21 ff

Staudinger von, J., Kommentar zum Bürgerlichen Gesetzbuch mit Einführungsgesetzen und Nebengesetzen, Fünftes Buch, Erbrecht, §§ 2197 - 2264 (Berlin, 1996[13])

Staudinger von, J., Kommentar zum Bürgerlichen Gesetzbuch mit Einführungsgesetzen und Nebengesetzen, Fünftes Buch, Erbrecht, §§ 2339 - 2385 (Berlin, 1997[13])

Stellamor, K. / Steiner, W., Handbuch des österreichischen Arztrechts, Arzt – Recht – Ethik, Bd. I: Arzt und Recht (Wien, 1999[2])

Stübner, G., Sprache als Wegbegleiterin des Wünschbaren, in: Bundesärztekammer, Stellungnahme des Wissenschaftlichen Beirates, B- 279 ff

Swisstransplant, www.swisstransplant.org (Stand 23.3.2001)

Swisstransplant, www.swisstransplant.org (Stand 6.2.2002)

Swisstransplant, www.swisstransplant.org (Stand 22.1.2003)

Thiel, G., Autonomer Organspendeentscheid für alle – ein Zwei-Stufen-Projekt, in: Largiadèr, F. / Candinas, D. / Mosimann, F., (Hg.), Organ-Allokation, 28 ff (1997)

Thiel, G., Wie soll die Organentnahme bei Toten zum Zweck der Transplantation geregelt werden? – Gedanken eines Schweizer Arztes, in: Brudermüller, G. / Seelmann, K. (Hg.), Organtransplantation (2000), 201 ff

Toellner, R. (Hg.), Organtransplantation – Beiträge zu ethischen und juristischen Fragen (Stuttgart / New York, 1991)

Tröndle, H. / Fischer, T. (Hg.), Strafgesetzbuch und Nebengesetze (München, 2001[50])

Ugowski, P., Rechtsfragen der Lebendspende von Organen (Münster, 1998)

Wade, N., Stem cells yield promising results, in: New York Times v. 31.3.2001

Wagner, E., Geschichtlicher Abriß der Organtransplantation, in: Pichlmayr, R. (Hg.), Transplantationschirurgie, 11 ff

Walter, U., Befugnisse der Angehörigen bei der Organentnahme nach dem Transplantationsgesetz, in: Brudermüller, G. / Seelmann, K. (Hg.), Organtransplantation, 181 ff

Weber, K., Transplantationsrecht – ein Problemaufriß, in: Barta, H. / Weber, K. (Hg.), Rechtsfragen, 13 ff

Wölkart, N., Rechtliche und ethische Grundlagen für die Verwertung menschlicher Gewebe zu therapeutischen Zwecken, in: Wiener medizinische Wochenschrift 1961, 81 ff

Wolfslast, G., Rechtliche Grundlagen der Organentnahme vom Verstorbenen, in: Albert, F. / Land, W. / Zwierlein, E. (Hg.), Transplantationsmedizin, 99 ff

Wonigeit, K., Gegenwärtiger Stand der Immunsuppression bei der Organtransplantation, in: Der Chirurg 1988, 447 ff

Wujciak, T. / Döhler, B. / Opelz, G., CTS-Jahresbericht 2000 – Deutschland (Heidelberg, 2000)

Zankl, W. Eigenmächtige Heilbehandlung und Gefährdung des Kindeswohls, in: Österreichische Juristen-Zeitung 1989, 299 ff

Zylka-Menhorn, V., Therapeutisches Klonen – Dammbruch, in: Deutsches Ärzteblatt, Jg. 97 (2000), B-1869

Zylka-Menhorn, V., Brisante Forderung, in: Deutsches Ärzteblatt 99 (2002), B-1460 f

Stichwortverzeichnis

www.ingramcontent.com/pod-product-compliance
Ingram Content Group UK Ltd.
Pitfield, Milton Keynes, MK11 3LW, UK
UKHW021909290926
8980IPUK00015B/1153

9 783631 509005